撬动汽车质量管理

——IATF 16949：2016 运用指南

道尔（中国）有限公司　组织编写

沈思华　主编

知识产权出版社
全国百佳图书出版单位

图书在版编目（CIP）数据

撬动汽车质量管理：IATF 16949：2016 运用指南/道尔（中国）有限公司组织编写；沈思华主编. —北京：知识产权出版社，2018.6

ISBN 978-7-5130-5628-1

Ⅰ.①撬…　Ⅱ.①道…②沈…　Ⅲ.①质量管理体系—国际标准—指南　Ⅳ.①F273.2-65

中国版本图书馆 CIP 数据核字（2018）第 126143 号

责任编辑：石陇辉　　责任校对：谷　洋
封面设计：章丹露　　责任印制：刘译文

撬动汽车质量管理
——IATF 16949：2016 运用指南

道尔（中国）有限公司　组织编写
沈思华　主编

出版发行：知识产权出版社有限责任公司　　网　址：http://www.ipph.cn
社　址：北京市海淀区气象路 50 号院　　邮　编：100081
责编电话：010-82000860 转 8175　　责编邮箱：shilonghui@cnipr.com
发行电话：010-82000860 转 8101/8102　　发行传真：010-82000893/82005070/82000270
印　刷：三河市国英印务有限公司　　经　销：各大网上书店、新华书店及相关专业书店
开　本：787mm×1092mm　1/16　　印　张：17.5
版　次：2018 年 6 月第 1 版　　印　次：2018 年 6 月第 1 次印刷
字　数：383 千字　　定　价：69.00 元

ISBN 978-7-5130-5628-1

前　言

国际汽车工作组（International Automotive Task Force，IATF）是由世界上主要的汽车制造商及协会于1996年成立的一个专门机构。2002年3月1日，ISO与IATF公布国际汽车质量的技术规范《质量管理体系——汽车行业生产件与相关服务件的组织实施ISO 9001：2000的特殊要求》（ISO/TS 16949：2002），它是在ISO 9001：2000的基础上加进了汽车行业的技术规范。ISO/TS 16949：2002适用于整个汽车产业生产零部件与服务件的供应链，包括整车厂。

2015年9月ISO 9001：2015正式发布，IATF于2016年10月1日发布了《汽车生产件及服务组织的质量管理体系要求》（IATF 16949：2016），目标是在供应链中开发提供持续改进、强调缺陷预防，以及减少变差和浪费的质量管理体系。

IATF 16949：2016采用了ISO 9001：2015高阶结构的标准，由顾客特殊要求、汽车行业标准和ISO 9001：2015标准构成，突出了以顾客要求为导向，将部分CSR融入标准之中。在标准的某些条款中只是提出了"要求"，但并没有定义该怎么去做，于是这些仅规定了"要求"，而没有规定"怎么做"的内容，以指南的形式定义在标准的"附录B"中，附录B为组织正确实施IATF 16949：2016提供了指南。除非客户有特殊要求，否则组织应基于附录B选择适用的工具、方法、理论，帮助组织有效实施IATF 16949：2016。

IATF自发布IATF 16949：2016以来，收到大量的反馈和意见。经过近一年的时间，2017年10月13日，IATF终于在其官网发布了自新标准发布以来的第1版解释"Sanctioned Interpretations #1－9（SIs）"。**本书已经将SIs的内容更新到各自的条款中（除了"3术语"中的"顾客要求"），所以在阅读时可能会发现部分条款与标准原文有不一致的地方。**

本书不包含对ISO 9001：2015等同条款的解析，读者学习时可与《撬动质量管理——ISO 9001：2015运用指南》一起研读。

为了与ISO 9001：2015的转版一致，IATF给出旧版证书的有效期也是到2018年9

月，这就意味着如果企业要从旧版转换成新版并通过认证只有不到2年的时间，比正常的3年转换期少1年。单从时间上来说对企业已经增加难度，更何况新版标准的要求比旧版更严格。新版标准要求组织理解其运行情境，并以确定风险作为策划的基础，基于风险的思维和PDCA循环相结合的方法，应用于策划和实施质量管理体系的过程，并借以确定形成文件信息的范围和程度，来确保实现组织预期结果。

我们希望能通过这本“蓝宝书”对标准的正确解读和案例实践来帮助企业将标准融入业务过程，真正做到标准落地，让标准为企业的业绩保驾护航。

在此衷心感谢汽车行业质量精英的鼎力支持，经过半年的策划、编写、自审、互审及终稿复审，才使本书终于得以和大家见面。同时也感谢道尔（中国）有限公司品牌设计师章丹露女士的倾情设计和市场总监苏喆女士的全程协助。

参与本书编写的汽车行业质量精英

全晶丽	刘　威	杨　君	刘喜丽	杨　静	魏江涛	董　伟	温爱军
天马行空	林佳燕	单庆文	刘小力	倪晓群	王　强	董　雪	闫东明
林少田	张　松	谢续记	杨　琴	纪兰洁	陈连杰	江名宗	刘永生
潘　蕾	熊正武	邱　丰	陈　燕	蔡　彤	周瑞之	张　弛	张立强
王晓徽	郑文杰	刘克勤	石春利	张少瑜	袁亚红	朱　琦	陈明珠
鲁亚珍	刘晓艺	许　明					

道尔（中国）有限公司

沈思华

目　录

1 确定质量管理体系的范围

IATF 16949：2016 条款原文

4.3.1　确定质量管理体系的范围（补充）

支持功能，无论是在现场或外部（如设计中心、公司总部和配送中心），都应包含在质量管理体系（QMS）的范围中。

本汽车 QMS 标准唯一允许的删减是 ISO 9001 第 8.3 条中的产品设计和开发要求，删减应以形成文件的信息（见 ISO 9001 第 7.5 条）的形式进行证明和保持。

允许的删减不包括制造过程设计。

条款解析

强化质量管理体系的范围，包含支持场所（现场或外部），如设计中心、公司总部和配送中心等。

“3.1 术语”对“现场”及“外部场所”定义如下：

- 现场：发生增值的制造过程的场所。
- 外部场所：支持现场并且为非生产过程发生的场所。

删减条款为 IATF 16949：2016 的 1.0，即无生产线现场不得进行 IATF 16949 认证。ISO 9001：2015 条款 8.3 中包含服务及制造过程设计要求，因此，删减条款仅限产品设计和开发要求。组织必须文件化删减产品设计开发条款的原因。

应用要点

1）支持功能定义：需同时定义支持现场及被支持现场。如公司总部的支持功能，在总部现场文件中应定义对分公司的支持，分公司文件中同时定义接受总部对应的支持。支持场所的定义涵盖除制造外的所有过程（如设计、营销、采购、财务和管理评审等），可包含于不同的地址中。

2）支持功能的接口：需明确定义接口运作流程及责任人。

3）删减原因：在质量管理体系范围定义中说明无产品设计过程的原因。如代工厂、需按照顾客提供的图纸和指定的材料供应源进行生产加工的组织，则产品设计和开发条款不适用，可删除。

该条款存在的管理价值

本条款的价值在于将质量管理体系范围文件化，这样，一来可以让内部同人快速了解公司质量管理体系覆盖范围，二来能展示清晰的管理界域，哪些是可以控制的，哪些是可以施加影响的。没有本条款的描述，质量管理体系控制范围就可能会在运行中因为不清晰而出现混乱。

该条款主要涉及哪些过程

组织情境分析、资源管理。

ISO/TS 16949：2009 条款内容

1.1　总则

支持职能，无论其在现场或在外部（如设计中心、公司总部及分销中心），由于它们对现场起支持性作用而构成现场审核的一部分，但不能单独获得本标准的认证。

1.2　应用

本技术规范仅允许在组织没有产品设计和开发责任的情况下删减与 7.3 有关的内容。不允许删减制造过程的设计。

新旧版本差异分析

1）2016 版标准强调质量管理体系范围的完整性。

2）过程的完整性。对支持场所的定义从要求项变为强制项：2009 版标准中支持场所不能单独获得认证，2016 版标准中支持功能需包含在质量管理体系范围中。

3）2016 版标准要求，删减应保留成文信息。

转版注意事项

质量管理体系范围会描述在质量手册中，参照条款 7.5.1.1a）予以说明。基本上新旧版本没有显著差异，转版时无新增要求。建议通过此次转版梳理现有过程场所，如果有认证厂址外的支持场所，需定义到质量手册中。

汽车行业运用最佳实践案例

在质量手册中定义质量管理体系范围，并予以张贴及公告。

质量手册

1. 质量管理体系范围

公司名称	×××公司	产品范围	油封、油环
地址	×××××××		
删减理由说明	公司认证过程为：××，接受顾客产品设计及图纸，无产品设计变更的权利，故不适用 8.3 中产品设计和开发条款。		

2. 公司支持场所和支持职能

No.	外部支持场所	支持职能	地址	主导接口单位
1	××仓	仓储、物流	××××	××
2	××公司	设计	××××	××

组织运行时常见失效点及可能的应对措施

常见失效点	可能的应对措施
1）质量管理体系范围未梳理 2）删除条款未说明，或删减条款8.3产品设计要求以外章节 3）支持场所未定义 4）支持职能不清晰	将质量管理体系范围、删除部分和支持场所的描述全部放入质量手册，用表格表示，一目了然

管理工具包

专家咨询、头脑风暴。

通过认证所需的最低资料要求

质量手册中明确定义质量管理体系范围、删除条款和支持场所。

2 顾客特定要求

IATF 16949：2016 条款原文

4.3.2　顾客特定要求

应对顾客特定要求进行评价，并将其包含在组织的质量管理体系范围内。

条款解析

顾客特定要求（Customer-Specific Requirements，CSR）：术语之一，对本汽车 QMS 标准特定条款的解释或与该条款有关的补充要求。组织应该对顾客特定要求进行评价、审查，予以消化和落实，将顾客特定要求中的条款与质量管理体系的过程要求进行对应，最好保留文件化信息，易于内部人员取得。

应用要点

1）顾客代表应定期访问顾客网站取得最新版特定要求，或是询问客户是否有更新文件后，依据组织内部外来文件审查规定进行审查，适时予以更新。审查过程中应将顾客要求与组织各过程进行对应，再由各过程负责人审查并完成差异分析、制订执行计划，以满足顾客要求。

2）顾客特定要求应在组织内易于相关方取得、受控并发行，可以放置在 OA 平台上或企业内部的体系文件管理系统上。

各 OEM 厂（IATF 主要组成会员）的顾客特定要求可以从 IATF 网站下载取得。

该条款存在的管理价值

关注并识别顾客的质量管理体系要求，将其纳入组织内质量管理体系进行管理，实现与顾客质量管理体系的对接。

该条款主要涉及哪些过程

全部过程。

ISO/TS 16949：2009 条款内容

无。

新旧版本差异分析

本条款为 2016 版标准新增条款。

转版注意事项

1）应对所有（直接的和间接的）汽车顾客的特定要求进行识别。

2）顾客的要求手册或特定要求等文件应保证是最新版。

3）评审顾客特定要求的文件范围需完整。

4）将顾客特定要求的条款与组织内部过程要求进行关联矩阵表设计，让各过程负责人评审顾客特定要求，判定是否有差距，有差距之处要有执行计划或说明。

汽车行业运用最佳实践案例

组织应呈现以下两张表。

1）顾客特定要求与组织内部过程要求的关联矩阵表。

OEM 客户 – Magna	相关过程	组织对应文件或做法
4.4 – Product or Process Change & Deviations	SP12 变更控制	SP12 – 01 设计与工程变更管理程序
4.5 – Warranty	COP5 顾客服务	COP5 – 01 顾客服务管理程序

2）汽车顾客与 CSR 明细对照表。

汽车客户	CSR 编号	是否要求须认证或符合 IATF 16949	是否列入 IATF 16949 范围
OOO	CSR – 101	Yes	Yes
× × ×	CSR – 102	No	No
* * *	NA	No	No

组织运行时常见失效点及可能的应对措施

常见失效点	可能的应对措施
1）各过程乌龟图的输入项未包含顾客特定要求 2）内部审核未涵盖顾客特定要求 3）员工未执行顾客特定要求 4）组织未识别顾客特定要求	1）在各过程乌龟图的输入项中放入顾客特定要求 2）认证 IATF 16949 前，内部审核活动应纳入汽车顾客特定要求，并确认符合性 3）确保员工执行这些要求 4）建立顾客特定要求与过程关联矩阵表

管理工具包

交叉分析、矩阵分析。

通过认证所需的最低资料要求

1）汽车顾客清单及其对照的特定要求。

2）汽车顾客特定要求与 IATF 16949 及组织内差异分析表。

3）顾客特定要求与组织管理过程的关联矩阵表，以及外来文件管理流程，确保顾客特定要求的管理路径能保持清晰和持续性。

4）顾客代表要清楚如何取得汽车顾客特定要求，比如，利用各汽车顾客文件的获取网址和密码列表。

3 产品和过程的符合性

IATF 16949：2016 条款原文

4.4.1.1　产品和过程的符合性

组织应确保所有产品和过程，包括服务件及外包的产品和过程，符合一切适用的顾客和法律法规要求（见第8.4.2.2条）。

条款解析

1）组织自身的产品和过程应符合顾客和法律法规要求。

2）对于采购件和外包过程也负有责任。

3）符合性需涵盖制造国、发运国、途经国、接收国和产品使用国。

应用要点

1）本条款应用重点和难点就是关于顾客和法律法规要求的搜集、识别、评价、落实和维持。

2）顾客的要求管理：需明确定义顾客要求收集窗口、评审和落实流程（含维持和持续确认等）。

3）产品或过程相关的法律法规评审：需明确定义信息搜集部门、评审和落实流程。搜集的来源不仅需要组织根据经验关注国际、国家、地区或行业的法律法规，也可以通过供应链上下游的组织主动沟通和搜集，确保搜集到的法律法规要求全面和完整。

本条款关注产品、过程相关的法律法规要求，除此之外的组织运营相关法律法规要求通过条款4.1、4.2要求的评审及落实进行符合性的确认。

该条款存在的管理价值

在满足顾客要求的前提下，即使顾客未明确说明，组织也须确保产品和过程是合规的。

该条款主要涉及哪些过程

APQP过程、产品实现过程、制造过程、采购过程、售后过程和物流过程。

ISO/TS 16949：2009 条款内容

无。

新旧版本差异分析

2009 版在条款 7.2、7.3、7.4 等中分别提出产品和各过程的合规性要求，以及对顾客要求的满足。

IATF 16949：2016 新增本条款，强调了合规要求的重要性，并在后续条款 8.2、8.3、8.4 中详细要求。

转版注意事项

1）注意顾客要求搜集的全面性，不仅有被动接收，如来自顾客的产品规范、合同及合约等，也需要主动沟通，确认和搜集顾客要求，确保所有顾客对产品和过程的要求无遗漏。

2）产品和过程法律法规搜集确保全面，对于关键和常识性的法律法规不可遗漏，特别是安全件相关的法律法规。

3）搜集的法律法规及顾客要求版本需要维护，一旦发生变更，需要重新评审。

4）所有要求识别后，必须有措施跟进，并逐步标准化到内部文件，确保作业落实。

5）产品或过程变更过程也需符合客户端及法律法规要求，必要时获得顾客同意。强制认证产品需考虑重新认证。

汽车行业运用最佳实践案例

1）如果顾客对产品或制造过程有要求，可以通过图纸、规范、合同或其他文件进行获取。

2）产品相关法律法规的搜集最好由研发部门负责，因为这部分的识别和落实与产品研发过程密切相关；过程相关法律法规的搜集最好由工艺或工程部门负责，这部分的法律法规是与研发过程和制造过程相关。

3）对于条款 8.4.2.2 中所涉及的法律法规，最好由采购部门或物流部门负责搜集和整理，确保零件及产品的进出口和运输等合规。

4）一致性审核通过年度产品审核和过程审核进行。

组织运行时常见失效点及可能的应对措施

<table>
<tr><th>常见失效点</th><th>可能的应对措施</th></tr>
<tr><td>顾客要求识别不充分或未识别</td><td>建立顾客合同、合约或协议跨功能评审小组，并按以下要求提出应对措施：
<table>
<tr><td>完全满足</td><td>不需应对</td></tr>
<tr><td rowspan="2">现况
不满足</td><td>提出措施及落实计划</td></tr>
<tr><td>客户不是强制性要求，取得客户书面豁免，不执行</td></tr>
<tr><td>无法理解
客户要求</td><td>与客户沟通并确认后，按照以上规则处理</td></tr>
</table></td></tr>
</table>

续表

常见失效点	可能的应对措施
法律法规搜集不全面或未搜集	1）指定有能力的搜集责任人 2）制定搜集流程
顾客或法律法规要求未落实	制定顾客要求及法律法规要求，识别组织内部落实流程及责任人，明确权责

管理工具包

矩阵表。

通过认证所需的最低资料要求

1）顾客要求的识别、评价和措施记录。

2）产品或过程相关法律法规一览表。

3）合规性证据。

4 产品安全

IATF 16949：2016 条款原文

4.4.1.2　产品安全

组织应有形成文件的过程，用于与产品安全有关的产品和制造过程管理；形成文件的过程应包括但不限于（在适用情况下）：

a）组织对产品安全法律法规要求的识别。

b）向顾客通知 a）项中的要求。

c）设计 FMEA 的特殊批准。

d）产品安全相关特性的识别。

e）产品及制造时安全相关特性的识别和控制。

f）控制计划和过程 FMEA 的特殊批准。

g）反应计划（见第 9.1.1.1 条）。

h）包括最高管理者在内的明确的职责、升级过程和信息流的定义，以及顾客通知。

i）组织或顾客为与产品安全有关的产品和相关制造过程中涉及的人员确定的培训。

j）产品或过程的更改在实施之前应获得批准，包括对过程和产品更改带给产品安全的潜在影响进行评价（见第 8.3.6 条）。

k）整个供应链中关于产品安全的要求转移，包括顾客指定的货源（见第 8.4.3.1 条）。

l）整个供应链中按制造批次（至少）的产品可追溯性（见第 8.5.2.1 条）。

m）为新产品导入的经验教训。

注：有关安全相关要求或文件的特殊批准应基于顾客要求或者组织内部过程要求。

条款解析

1）产品安全的管理，涉及产品实现的各阶段：产品设计（安全法规的符合性、DFMEA 安全特性识别）、过程设计（PFMEA 安全特性识别）和过程控制（CP 安全特性识别）。

2）定义产品安全相关文件的特殊批准（DFMEA、PFMEA、CP）权责。

3）产品安全需定义过程责任人（含高层管理者）权责及升级过程，包括顾客通知。

4）界定产品安全相关人员范围，并进行产品安全培训。

5）涉及产品安全的产品及过程变更应进行风险分析，必要时获得特殊批准（包括内部和外部）。

6）制定产品安全的要求向供应商传递的方法及权责。

7）涉及安全的产品需至少能按制造批次可追溯。

8）安全特性在产品实现过程（含 APQP）中的识别。

应用要点

1）评审及调查适用的产品安全法律法规，定义管理流程及权责。

2）产品安全法律法规的传递过程，包含顾客及供应商。

3）组织内产品安全相关过程的权责定义，如产品安全员。

4）客户传递的产品安全特性的识别及控制（图纸、特定要求规定），组织内产品安全特性标识及控制（FMEA、CP）。

5）变更过程中涉及产品安全的风险识别及控制，必要时的批准（内部及客户端）。

6）涉及产品安全时的异常升级计划。

7）产品安全相关岗位的界定，培训要求的明确。

8）产品实现过程（APQP）中产品安全特性的识别作为过程设计的输入及输出。

该条款存在的管理价值

汽车行业对产品安全一直非常重视，2016 版中成为独立条款，以强调采用系统化的方法来管理产品和过程安全特性，确保安全特性的管理能够彻底落实执行。

该条款主要涉及哪些过程

APQP 过程、变更管理过程、标识和可追溯管理过程、产品实现过程（含产品及过程设计）、不合格品控制过程、资源管理过程（培训）、供应商管理过程。

ISO/TS 16949：2009 条款内容

无。

新旧版本差异分析

本条款为 2016 版标准新增条款。

转版注意事项

1）产品安全法律法规要求的识别及管理流程。

2）安全相关产品实现过程的特殊批准（含 FMEA、CP）。

3）安全相关产品的异常升级流程及变更风险控制。

4）安全特性管理相关人员的培训。

5）把产品安全作为新项目的设计输入。

汽车行业运用最佳实践案例

Volvo SMA 审核要求涵盖该条款全部要求。

组织运行时常见失效点及可能的应对措施

常见失效点	可能的应对措施
1）产品安全要求未文件化或定义不完整 2）安全特性识别不准确或标识不清 3）没有确认客户是否需要特殊批准 4）未定义产品安全升级流程 5）人员培训中遗漏与识别安全特性相关的人员，如过程安全特性的点检或设备维护人员 6）没有在供应链上传递产品安全相关的要求	1）建立单独的安全特性管理文件；也可以将所有条款的细节要求打散，落实到原来体系的不同文件中 2）从以下维度识别安全特性：①产品安全法律法规等；②客户产品安全要求 3）与顾客确认特殊批准的必要性及批准过程 4）在异常管理的过程中增加产品安全特性失控项目，应启动升级流程使产品安全责任管理层获知，必要时通知顾客 5）列出所有与产品安全特性相关的人员（含过程安全特性相关人员及供应商），将产品安全课程加入岗位培训计划 6）建立流程，以实现在供应链上传递产品安全相关的要求

管理工具包

DFMEA、PFMEA、控制计划。

通过认证所需的最低资料要求

1）按照条款要求确定相应的文件。
2）安全特性相关的所有技术文件，如 DFMEA、PFMEA、控制计划等。
3）安全特性失效记录和异常处理记录等。
4）安全特性管理相关人员的培训证据。
5）如果顾客有要求，经过顾客特殊批准的 DFMEA、PFMEA、控制计划。
6）安全特性在供应链中传递的证据，如图纸、技术规范等。
7）安全特性相关工程变更的记录。

5 公司责任

IATF 16949：2016 条款原文

5.1.1.1　公司责任

组织应明确并实施公司责任方针，至少包括反贿赂方针、员工行为准则以及道德准则升级政策（“举报政策”）。

条款解析

这是汽车产品供应链的特殊要求。组织要求建立此方针，全体员工知晓并承诺遵守本方针，同时建立向上举报升级机制。一般此方针至少涵盖反贿赂、反歧视、合理报酬、合规性要求、员工健康安全等，并提供举报途径和保护机制。

这一条款是来自汽车各大主机厂的特殊要求，体现了整个汽车供应链上的企业质量责任和社会责任，并要求各级汽车配套厂商不得使用不正当手段获得技术和商业利益。

应用要点

一般通过发布行为准则（Code of Conduct）在组织内宣导，使员工知晓并签署，同时作为客户要求传递给下游供应链。

该条款存在的管理价值

对于汽车行业来说，安全和质量的重要性不言而喻。近年来，因贿赂及员工道德行为等问题造成的严重事故多发，组织提供合格产品和服务的能力受到影响。在这种特殊的时代背景下，组织必须关注员工道德行为，建立行为准则及举报机制，确保组织不会因为不道德行为造成产品和服务的致命伤害。贿赂、低价竞争、为拿到合同的非法手段等是造成品质和可靠性缺失、功能失效乃至质量安全问题的原因之一，企业必须从源头，即最高管理者处开始，用方针和表态的方式加以杜绝，从而对各级人员进行教育和约束。

该条款主要涉及哪些过程

此条款是典型的管理过程（MP），在策划公司方针、政策时，组织的最高管理者或集团总公司应考虑此条款的要求，制定适合本组织的行为准则。

ISO/TS 16949：2009 条款内容

无。

新旧版本差异分析

本条款为 2016 版标准新增条款。

转版注意事项

此条为新增条款，虽然把公司责任在管理体系的范围内提出尚属首次，但实际组织运营并不陌生，一般在员工手册、守则或商业行为规范中都会提及，转版时再做适当的补充和修订即可；或者在员工手册、新员工入职培训、日常教育中增加以上内容。

汽车行业运用最佳实践案例

汽车供应链公司由最高管理者签署“反贿赂和不正当竞争方针”，并建立举报平台、公布举报电话等。

组织运行时常见失效点及可能的应对措施

常见失效点	可能的应对措施
1）没有建立相关的行为规范或商业操守手册 2）缺乏举报机制，或举报机制形同虚设	参考相关的反贿赂法规或标准，建立、完善员工行为规范

管理工具包

无。

通过认证所需的最低资料要求

有包含反索贿、反受贿等道德行为规范的员工手册、守则或商业行为规范，并能提供沟通和实施的证据以及员工培训记录等。

6 过程有效性和效率

IATF 16949：2016 条款原文

5.1.1.2　过程有效性和效率

最高管理者应评审产品实现过程和支持过程，以评价并改进过程有效性和效率。过程评审活动的结果应作为管理评审的输入（见第 9.3.2.1 条）。

条款解析

在 2009 版条款的基础上，2016 版内容更加严谨和细化，追加了过程的“有效性”和把过程评审活动的结果作为管理评审的输入的要求。有效性强调的是结果符合要求，而效率则是要保证按时完成：既要做得对，又要做得快，二者同时具备才是最良好的运行状态。最高管理者评审的频次依组织自身策划而定，没有硬性要求。

应用要点

作为 2016 版的核心原则之一：强调领导的作用，最高管理者或受其指派的领导者需要积极参与组织的过程运行活动，如内外审、管理评审、过程监视和测量，提供必要的资源，确保改进的机会与组织的业务过程融合。

该条款存在的管理价值

领导的作用与承诺还体现在最高管理者应关注过程运行结果的证据，并作为管理评审的输入评估体系运行的适宜性和有效性。领导的积极参与将会推动整个管理体系与业务过程的融合，从而取得最大的效率和效应。

该条款主要涉及哪些过程

此条款涉及公司的全业务过程，过程的有效与高效运行是管理体系的目标，领导的参与和承诺将非常重要。

ISO/TS 16949：2009 条款内容

5.1　管理承诺

最高管理者应通过以下活动，对其建立、实施质量管理体系并持续改进其有效性的承诺提供证据：

a）向组织传达满足顾客要求和法律法规要求的重要性。

b）制定质量方针。

c）确保质量目标的制定。

d）进行管理评审。

e）确保资源的获得。

5.1.1　过程绩效

最高管理者应评审产品实现过程和支持过程，以确保它们的有效性和效率。

新旧版本差异分析

新版本与旧版本差异不大，追加了有效性和把过程运行的结果作为管理评审的输入之一的要求，更加细化和严谨。

转版注意事项

过程运行中，关注绩效的同时也需要关注过程有效性。评估管理评审输入时需要确保过程数据无遗漏。

汽车行业运用最佳实践案例

汽车行业新项目导入流程一般都有严格的项目开发进度表，包括各时间节点、项目负责人以及实际完成时间的监控。因为新项目开发没有重来的机会，而且时效性要求比较强，所以开发进度表的使用与监控体现了过程有效性和效率的良好实践。

组织运行时常见失效点及可能的应对措施

常见失效点	可能的应对措施
1）最高管理者参与或支持的程度不够 2）没有细分有效性和效率目标	1）高层意识培训 2）新版要求的宣导 3）细分目标的类型 4）实施月度监控、年度评审

管理工具包

统计分析工具。

通过认证所需的最低资料要求

管理评审输入的证据及评审结果的记录、过程评审评价报告、过程目标和指标的类型细分。

7 过程拥有者

IATF 16949：2016 条款原文

5.1.1.3　过程拥有者

最高管理者应确定过程拥有者，由其负责组织的各过程和相关输出的管理。过程拥有者应了解他们的角色，并且具备胜任其角色的能力（见 ISO 9001 第 7.2 条）。

条款解析

2016 版标准第一次使用“过程拥有者”（Process Owner）这一术语，描述并规定过程是由哪些人负责的，这是对职责和权限的过程细化和落实。职责权限不能只针对部门，还要针对过程。作为过程拥有者，呼应条款 7.2 的要求，必须具备相对应的能力。

应用要点

可以参照过程方法，利用过程要素示意图确定各过程负责人，尤其是各关联过程，定义其职责和权限以及相对应的能力要求。过程的拥有者不仅只是一个人、一个部门，可能是两三个部门通力协作完成一个过程。

该条款存在的管理价值

过程的低效、停滞乃至矛盾、冲突，大多由于过程的接口设计和职责不明确导致。该条款从标准的角度，要求组织用“谁负责什么过程”这一问题明确职责和权限，减少扯皮和推诿。

该条款主要涉及哪些过程

此条款涉及公司的全业务过程，过程拥有者对过程的输出负直接责任。

ISO/TS 16949：2009 条款内容

无。

新旧版本差异分析

本条款为 2016 版标准新增条款。

转版注意事项

各个过程尤其各接口过程需要明确具体负责人，并定义其职责和权限及相应的能力要求。建议用图表明确过程的负责人、负责部门，并规定相应的职责和权限。

汽车行业运用最佳实践案例

××公司用乌龟图、SIPOC 图、过程职责分配表加以明确。

过 程 分 析 工 作 表 （ 乌 龟 图 ） Process Owner：销售经理

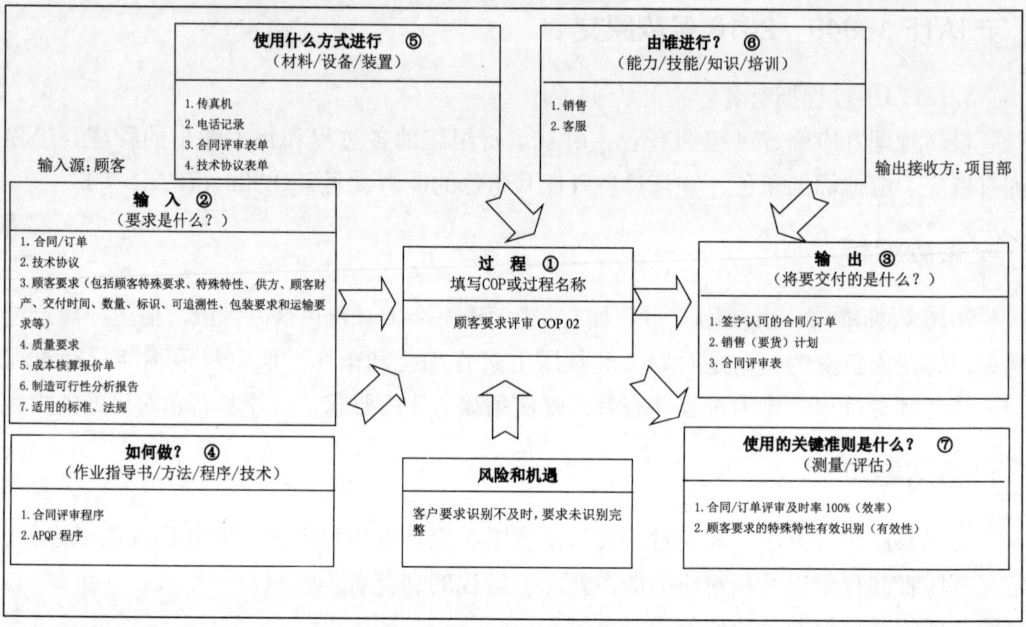

组织运行时常见失效点及可能的应对措施

常见失效点	可能的应对措施
1）过程拥有者职责、权限不清晰 2）过程拥有者能力不足	1）重新梳理岗位职责，定义过程拥有者 2）定义能力要求并提供培训，换岗或直接聘用有能力的人确保满足要求

管理工具包

乌龟图、SIPOC 图、过程职责分配表等。

通过认证所需的最低资料要求

过程要素示意图及过程乌龟图追加过程拥有者的定义和要求。

8 组织的作用、职责和权限

IATF 16949：2016 条款原文

5.3.1　组织的作用、职责和权限（补充）

最高管理者应向人员指派职责和权限，以确保顾客要求得到满足。这些指派应形成文件。这包括但不限于：特殊特性的选择、质量目标和相关培训的设置、纠正和预防措施、产品设计和开发、产能分析、物流信息、顾客计分卡以及顾客门户。

5.3.2　产品要求和纠正措施的职责和权限

最高管理者应确保：

a）负责产品要求符合性的人员有权停止发运或生产，以纠正质量问题。

注：由于一些行业的过程设计，并非总是能立即停止生产。在这种情况下，必须对受影响批次进行控制，以防将其发运给顾客。

b）拥有纠正措施职责和权限的人员能够及时获知与要求不符的产品或过程，以确保避免将不合格品发运给顾客，并确保所有潜在不合格品得到识别与控制。

c）所有班次的生产作业都安排有负责确保产品要求符合性的负责人员或代理职责人员。

条款解析

在质量管理体系的建立和实施过程中，如何发挥组织的管理功能对体系的有效性和效率起到决定性的作用。最高管理者应规定各级人员的职责和权限，特别是对满足顾客要求的重点工作由谁来做应明确，且这些规定应形成文件，得到大家的统一认知。

这些对满足相关方要求的内容至少包括以下方面：

1）特殊特性的选择。应明确特殊特性的定义、范围、谁来选择以及如何选择特殊特性。

2）质量目标和相关培训的设置。公司各级（公司级、职能级和所有识别出来的过程）目标应予以明确规定，且规定进行目标培训的主责部门，让相关人员都知道与自己有关的目标内容。

3）纠正和预防措施。公司应明确纠正和预防措施的过程拥有者，以及如何开展这项工作。

4）产品设计和开发。公司应明确设计和开发的过程拥有者，以及如何进行产品的设计和开发管理工作。

5）产能分析。公司应明确产能分析的责任部门、产能分析的时机以及如何进行产能分析。

6）物流信息。公司应明确物流信息的管理部门，以及如何开展物流信息的管理工作。

7）顾客计分卡。公司应明确顾客计分卡（顾客的综合考核结果）的管理部门，以及如何管理顾客计分卡。

8）顾客门户。公司应明确顾客对外的接口部门有哪些，以及公司内部与顾客门户对接的部门。

最高管理者应该对产品要求和纠正措施的职责和权限加以规定，内容如下：

1）对于负有产品符合性要求的人员，如开发人员、生产人员、质管人员等，不论在哪个阶段（生产中或发货中），发现质量问题均有停止生产或发货的权限，且应及时进行分析和纠正问题。对于一些由于工艺技术、管理要求等原因造成的发现问题并不能立即停止生产的情况，必须做出相应的管理措施，如做出特殊标识，原因分析，根据问题影响的程度做出追溯的具体管控规定，最终防止不合格品流入客户端。

2）对于拥有纠正措施职责和权限的人员，公司应规定将不符合的产品和过程告之的要求，以便确保不合格品避免发给客户。公司应要求这些人员对此类问题进行根本原因分析，采取纠正和预防措施，确保已发生和潜在的不合格品得到有效管控。

3）对于有晚班或夜班生产安排的公司，应明确所有班次负责产品要求符合性的负责人或代理负责人。

应用要点

1）最高管理者应针对影响顾客要求得到满足的重点工作内容规定主责部门或人员，且要形成正式的文件告之所有员工。这些重点内容必须包括：特殊特性的选择，质量目标和相关培训的设置，纠正和预防措施，产品设计和开发，产能分析、物流信息、顾客计分卡以及顾客门户。

2）应规定特定人员的特定职责和权限，这些特定人员包括：对产品要求符合性负责的人员、拥有纠正措施职责的人员、对公司所有生产班次的产品要求符合性负责的人员。特定的职责和权限包括：发现质量问题要求停止，对潜在的不合格品进行识别和管控。

该条款存在的管理价值

在规定质量管理体系涉及的各部门职责基础上，特别关注了影响顾客要求得到满足的重点职责和权限，并且明确以文件的形式体现出来。而且该条款也是对最高管理者的要求，避免出现职责不清、互相扯皮的现象，更有利于实现顾客满意。

该条款主要涉及哪些过程

组织管理过程、岗位职责管理过程、产品的纠正措施管理过程。

ISO/TS 16949：2009 条款内容

5.5.1.1　质量职责

应立即把不符合质量要求的产品或过程通报给负有纠正措施职责和权限的管理者。

负责产品要求符合性的人员，应有权停止生产，以纠正质量问题。

所有班次的生产作业都应安排负责保证产品要求符合性的人员或指定其代理人员。

5.5.2.1　顾客代表

最高管理者应指定人员，赋予其职责和权限，以确保顾客的要求得以体现，包括特殊特性的选择、制定质量目标和相关培训、纠正和预防措施、产品设计和开发。

新旧版本差异分析

2009 版标准只是强调不符合质量要求的产品或过程管理要求，2016 版标准除此之外还规定满足顾客要求的关键职责必须明确到具体岗位，且必须文件化。

转版注意事项

转版时要确保满足顾客要求的重点工作（如特殊特性的选择、质量目标和相关培训的设置、纠正和预防措施、产品设计和开发等）必须识别出来且要规定到具体岗位来落实这些工作。

汽车行业运用最佳实践案例

1）对于满足顾客要求的重点工作必须委派具体岗位或人员，且要使用书面形式，如任命书、岗位职责等。

2）负责产品要求符合性的人员一般是（进厂、过程和出厂）检验员；拥有纠正措施权限和职责的人员一般是质量改进人员；负责确保产品要求符合性的负责人员或代理职责人员可以是各车间的车间主任或车间分管人员。

组织运行时常见失效点及可能的应对措施

常见失效点	可能的应对措施
1）要求的职责和权限没有规定到具体岗位 2）没有以文件的形式来规定要求的职责和权限 3）最高管理者不清楚这些满足顾客要求的重点岗位职责落实到哪个岗位	1）对照标准条款一一核对具体的职责和权限 2）逐一检查职责和权限管理过程的输出物 3）职责和权限的管理文件需要得到最高管理者的审批

管理工具包

职责权限矩阵。

通过认证所需的最低资料要求

组织机构图、部门职责、岗位职责或职责权限相关文件（任命书等）。

9 风险分析

IATF 16949：2016 条款原文

6.1.2.1　风险分析

组织应在风险分析中至少包含从产品召回、产品审核、使用现场的退货和修理、投诉、报废及返工中吸取的经验教训。

组织应保留形成文件的信息，作为风险分析结果的证据。

条款解析

当组织在按照标准条款第 4 章的内容识别了组织的相关方及其要求，并搭建了组织的管理体系之后，对比组织自身实际的运行业绩，进行风险分析和经验教训总结，并将其融入质量管理体系的 PDCA 中，形成良性循环。

经验教训的来源至少包含：产品召回、产品审核、使用现场的退货和修理、投诉、报废和返工。针对识别出来的风险，处置的方式可包括：接受风险、规避风险、由于风险发生概率低或者严重程度低而承担风险、消除风险和降低风险发生的可能性等。

如果组织确定不能接受风险时，应当制定应对措施。

如果组织采用的是 FMEA 的 RPN 评分方法来识别风险和制定处置措施，应当在制定处置措施后，重新采取多方论证的方法来对风险评分，以确定方法的有效性。

应用要点

组织应当使用“频率设定⟶风险识别⟶分类⟶评价⟶执行措施⟶验证⟶再评价⟶收集汇总⟶运用”的思维模式，将其融入组织的已识别的各个过程中。

当组织进行风险分析时，可能会发现机遇。当然，在成功实施一个大胆设想和运用新材料、新工艺时，也有可能发现新的机遇，如 3D 打印技术。而机遇可能会迸发出更具创意的大胆设想，令组织优化流程、缩短工期或推出新产品，开辟新市场，赢得新客户。

需要强调的是，组织在针对风险和机遇的评审时，无论采取何种方法，必须按照标准的要求，保留成文信息，并根据外部情境的变化和组织内部发生的事件调整更新。调整更新的频次可能是动态的，也可能是组织规定的某一时刻，但是，这种触发更新的条件，建议在运用时加以明确，以便风险和机遇的识别真正做到实处。

该条款存在的管理价值

标准短短的三行字凝聚的是无数企业家反思的结果。铁打的营盘流水的兵。一批又一批的新员工，一种又一种的新产品，一套又一套的新设备……如何在不断变化的环境中持续稳健地为顾客提供合格产品？如何在法律法规的不断变化中确保企业永续经营？如何确保顾客层出不穷的要求中员工的付出得到恰当的回报？如何不再“一边救火一边埋雷”？这都需要企业从上至下具备风险的思维，只有这样企业方能立于多变的环境中。IATF 把风险分析单独作为一个条款再次提出，足以说明风险分析需要贯穿组织的整个质量管理体系，最高管理者应促进、推动各级领导建立风险思维并执行于日常的管理中。

该条款主要涉及哪些过程

不合格品处理、客户投诉、产品审核。

ISO/TS 16949：2009 条款内容

无。

新旧版本差异分析

本条款为 2016 版标准新增条款。

转版注意事项

转版时，组织在设计开发过程中运用的 FMEA 方法可以作为参考的对象，所研究的对象不再局限于产品本身，而要将眼界扩大到如何确保满足相关方要求上面来，针对组织持续运营的风险源，策划一个从识别、控制到降低或将风险转化成机遇的良性循环过程。

汽车行业运用最佳实践案例

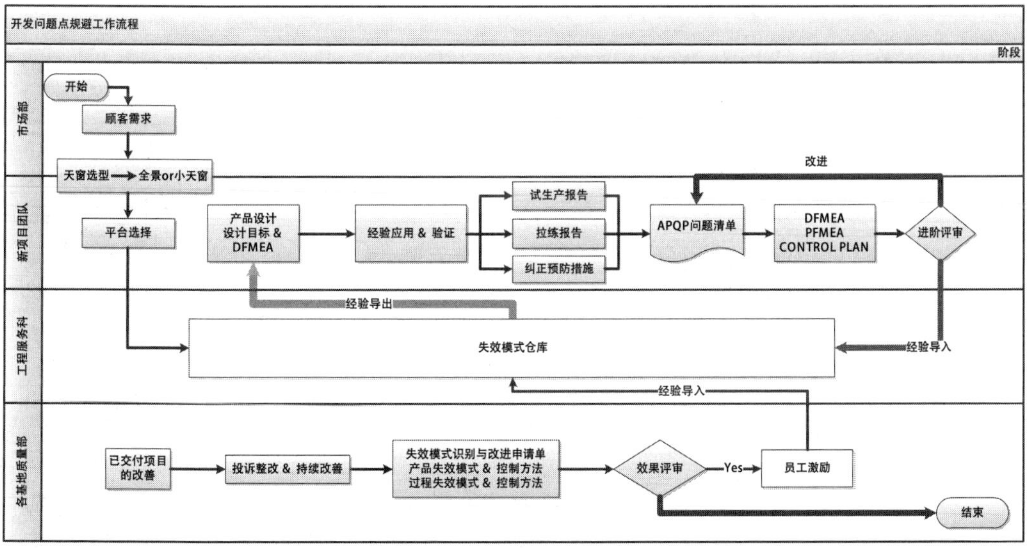

组织运行时常见失效点及可能的应对措施

常见失效点	可能的应对措施
1）识别了风险，制定了措施，没有融入管理体系 2）没有定期评价风险识别结果	1）制定风险管理矩阵，将风险编号，使用矩阵图的方法对应到各个过程中，并按照制定的有效措施，进行过程文件的更新 2）制定风险管理的评价频率，将其作为内部审核方案或管理评审的输入，或者将其是否需要更新的判定列入组织内部8D报告的评价

管理工具包

头脑风暴法、8D、FMEA、6SIGMA、思维导图、鱼骨图、失效树分析等。

通过认证所需的最低资料要求

风险评估分析表及其更新频率的规定，降低风险的措施实施和验证记录。

10 预防措施

IATF 16949：2016 条款原文

6.1.2.2　预防措施

组织应确定并实施措施，以消除潜在不合格的原因，防止不合格发生。预防措施应与潜在问题的严重程度相适应。

组织应建立一个用于减轻风险负面影响的过程。过程包括以下方面：

a）确定潜在不合格及其原因。

b）评价防止不合格发生的措施的需求。

c）确定并实施所需的措施。

d）所采取措施的形成文件的信息。

e）评审所采取的预防措施的有效性。

f）利用取得的经验教训预防类似过程中的再次发生（见 ISO 9001 第 7.1.6 条）。

条款解析

ISO 9001：2015 发布后，将原有的预防措施条款 8.5.3 删除了。但是 IATF 出于对零缺陷和防错的追求，依旧坚持保留本条款的要求，可见其保证质量的坚定决心。

充分理解《质量管理体系基础和术语》（GB/T 19000—2016）有助于理解本条款，条款 3.1.2.1 对预防措施作出了解释：

为消除潜在不合格或其他潜在不期望情况的原因所采取的措施。

注 1：一个潜在不合格可以有若干个原因。

注 2：采取预防措施是为了防止发生，而采取纠正措施是为了防止再发生。

标准列出了策划实施该条款的过程步骤，从 a）~f）条款，可供企业借鉴和实施。

应用要点

标准中的第二句话将注意力从关注“潜在不合格”拓展到“负面影响”，一定意义上也迎合了 GB/T 19000 对于预防措施名词的解释，即“不期望的情况”。

组织应用本条款的时机不仅仅局限于不合格品的分析，而应将其拓展到当发现风险且风险会造成企业负面影响的时候，就要开始着手准备预防措施。

该条款存在的管理价值

负面影响一旦发生，再想办法实施补救和改善，为时过晚，毕竟代价已经产生。而且一些问题的代价，无论是个人还是组织都难以承受。

就如同当初某公司安全气囊自动弹出失效时该公司并没有予以重视，直至驾驶人员被爆炸破碎的塑料割破喉咙，此时已为时过晚。赔偿得再多，损失得再多，父母已没有了儿女，妻子已经失去丈夫。一个商业巨头轰然倒下，也无法挽回一个家庭的破裂。

该条款主要涉及哪些过程

持续改进、知识管理。

ISO/TS 16949：2009 条款内容

8.5.3　预防措施

组织应确定措施，以消除潜在不合格的原因，防止不合格的发生。预防措施应与潜在问题的影响程度相适应。

应编制形成文件的程序，以规定以下方面的要求：

a）确定潜在不合格及其原因。

b）评价防止不合格发生的措施的要求。

c）确定并实施所需的措施。

d）记录所采取措施的结果（见 4.2.4）。

e）评审所采取的预防措施的有效性。

新旧版本差异分析

1）从确定措施变更为确定并实施措施。

2）2016 版标准不再强制要求必须编制形成文件的程序。

3）增加经验教训，防止类似过程再发生。

转版注意事项

实施转版升级时应当特别注意，本条款要求识别的过程必须与组织的知识和经验管理过程挂钩，保持管理体系的 PDCA 良性循环。

汽车行业运用最佳实践案例

FMEA 失效链分析、QCC 品管圈水平展开、相似品管理。

企业流程再造改善流程

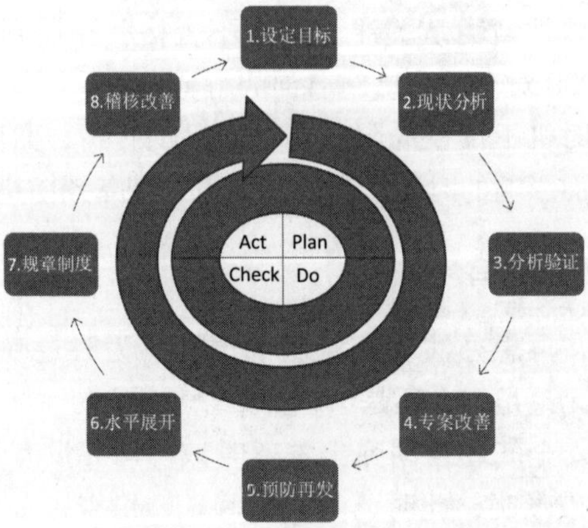

组织运行时常见失效点及可能的应对措施

常见失效点	可能的应对措施
预防措施未制定确认效果时间	将预防措施形成清单，定期回顾

管理工具包

头脑风暴法、PDCA、8D、FMEA、6SIGMA、QCC、思维导图、鱼骨图等。

通过认证所需的最低资料要求

潜在不合格原因的分析、改善方案及其效果验证。

11 应急计划

IATF 16949：2016 条款原文

6.1.2.3　应急计划

组织应：

a）对保持生产输出并确保顾客要求得以满足而言必不可少的所有制造过程和基础设施设备，识别并评价相关的内部和外部风险。

b）根据风险和对顾客的影响制订应急计划。

c）在如下情形下准备应急计划以保证供应的持续性，如关键设备故障（也可以参见8.5.6.1.1）；外部产品、过程及服务供应中断；经常性的自然灾害；火灾；公共事业中断；对信息系统的网络攻击；劳动力短缺；基础设施中断。

d）作为对应急计划的补充，包含一个通知顾客和其他相关方的过程，告知影响顾客作业的任何情况的程度和持续时间。

e）定期测试应急计划的有效性（如模拟，视情况而定）。

f）利用包括最高管理者在内的跨部门小组对应急计划进行评审（至少每年一次），并在需要时进行更新。

g）对应急计划形成文件，并保留描述修订以及更改授权人员的形成文件的信息。

应急计划应包含相关规定，用以在发生生产停止的紧急情况后重新开始生产之后，以及在常规停机过程未得到遵循的情况下，确认制造的产品持续符合顾客规范。

条款解析

为确保持续地提供给顾客合格的产品与服务，组织需要针对可能发生的内外部风险制订应对方案，但需要注意的是：不是所有的风险都要制订应对措施，如条款所阐述。

a）仅需针对确保组织持续供应符合产品与服务有着至关重要的或无可替代的生产过程与关键基础设施设备，它们相关的内外部风险需识别和评价。

b）根据风险的严重度以及对客户的影响程度制订应急计划；同时关联 d）的要求，当紧急事件发生后，应及时通知顾客事件对其影响的程度以及可能的持续时间，以便有充足的准备使对顾客的影响降到最低。

c）同时需要准备应急计划所需的资源，应至少涵盖以下几种情况，如关键设备故障（关联条款8.5.6.1.1），外部供方的停供和断供，自然灾害（如火灾、水灾、地震等）等人力不可抗拒的事件，公共事业（如停水停电），信息时代网络攻击致使生产以及物流运输的瘫痪的可能性，员工荒或厂房毁坏等。比如发生火灾时的应急计划规定的相关消防设施（如自主发电、贮水设备等）必须配备齐全。

e）为确保应急计划的有效性，组织需按照策划的安排定期进行演练，如果实际情况需要，可定期进行消防演习、地震演习等。

f）应急计划某种程度上等于灾害恢复计划，需要组织内所有部门形成跨部门功能小组的形式参与，随着内外部情景的变化，应每年至少对其评审一次，如内审、管理评审等。

g）组织应有形成文件的应急计划书，并有修改履历表以及授权人签名承认等信息。

另外，需要注意的是，针对紧急事件发生后的重新恢复生产，或突发的停机故障解决后的重新生产等，都要重新确认产品的持续符合性。

应用要点

这是IATF 16949：2016新增的要求之一，汽车行业持续供应合格的产品与服务具有举足轻重的作用。在当今不断发展变化的时代背景下，组织必须防患于未然，对内外部风险进行足够的应对，确保供应链持续不中断。组织在应用时需要考虑6个方面的内容：

1）识别评价风险。

2）制订应急计划（含顾客通知）。

3）应急准备（针对可能的情况）。

4）测试计划的有效性。

5）评审更新计划。

6）计划变更的控制。

最后需要重点提出的是，组织在制订应急计划时，应当特别注意信息系统的建设，明确识别遭受网络攻击的可能性，由此可能带来的制造及物流运作的瘫痪，包括勒索软件。信息系统的瘫痪可能导致生产无法继续进行或产品无法交付，组织应确保其已经做好应对网络攻击的准备。

该条款存在的管理价值

试想一下，在下半夜车间生产时系统突然跳闸，如果没有对这种突发事件的流程和防错装置的管理，这时班组长的第一个动作会是什么？没错，先去推一下闸刀，看看能不能恢复。而很多时候，这种下意识的动作就会造成设备损坏，整个车间跳闸，甚至人身伤害。

再试想一下，如果企业制订了应急计划却没有及时更新，设备维修厂家的联络人手机号码早已更换，工人该如何处理等，这都需要一个全面的应急计划确保突发事件不会影响组织的正常生产保障。

该条款主要涉及哪些过程

基础设施管理、设备管理、生产管理。

ISO/TS 16949：2009条款内容

6.3.2　应急计划

组织应制订应急计划，以便在紧急情况下（如公用事业的供应中断、劳动力短缺、关键设备故障和售后退货等）满足顾客的要求。

新旧版本差异分析

本条款从有限列举制订应急计划的情况，改变为，根据识别的风险和对顾客的影响制订应急计划；补充了部分可参考的风险来源；增加了顾客通知过程和内容、应急计划评审的频次要求、定期演练的要求、生产中断后恢复的验证要求、最新的应对网络攻击的准备要求，并要求应急计划必须文件化。

转版注意事项

原先列举的应急计划关注4个方面，现在最起码要求的关注点为8个。

针对差异分析，应当增加相关要求。

定期评审和演练的要求，应当在组织的相关文件中得以规定，如果可以，应当在管理评审活动中予以确认。

生产中断恢复的验证，应当特别关注产品关键工序和特殊特性的控制限。

网络信息安全系统的有效搭建。

汽车行业运用最佳实践案例

应急计划反应规则。

>30分钟或客户停线

责任人	反应行动
部门经理	通知部门经理

30分钟以上　紧急　30分钟

因　素	类别	责任人
人　员		制造部经理
设备故障		技术部经理
零　件	1. 零件质量	采购部经理
	2. 物流待料	物流部经理
工　艺		技术部经理
质量问题		质保部经理

20到30分钟　报警　20分钟

因　素	类别	责任人	反应行动
人　员		车间主任	1. 与同区域的其他生产主管共同协商进行人员调配 2. 班次调整或安排加班
设备故障		维修主管	1. 维修人员进行维修，班长协助 2. 如需委外加工，当即通知采购部紧急加工 3. 当班主管根据故障情况及委外加工所需的时间，进行人员安排并建立必要的产品库存
零　件	1. 零件质量	质量工程师	通知供应商重新加工零件并紧急发送
	2. 物流待料	物流主管	优先安排人员进行配送；从中转库紧急调配零件
	3. 上道工序待料	车间主任	优先安排，紧急拉动生产
工　艺		车间主任	通知工艺工程师、模具维修班长到现场进行支持
质量问题		车间主任	通知质量工程师和相关人员到现场进行支持

10到20分钟　提醒　10分钟

因　素	类别	责任人	反应行动
人　员		生产班长	与同生产线的其他班长共同协商进行人员调配
设备故障		维修人员	维修人员进行修复
零　件	1. 零件质量	进货检验人员	根据进货检验文件检查零件，同时更换不同批次的零件
	2. 物流待料	物流班长	告知物流班长安排人员送料
	3. 上道工序待料	车间主任	紧急拉动生产
工　艺		车间主任	1. 协同工艺工程师、质量工程师、班长到现场进行检查和分析 2. 若是夜班，电话通知质量工程师并与其沟通
质量问题		车间主任及当班质量工程师	1. 协同质量工程师、班长到现场进行检查和分析 2. 电话通知质量工程师/项目工程师并与其沟通解决

0到10分钟　自理　10分钟

因　素	责任人	反应行动
人　员	当班班长	班长顶岗并根据生产情况进行人员调配
设备故障	当班班长	自行检查和分析并进行简单的处理，同时进行故障报修
零　件	当班班长	与上一班班长及物流配送人员进行沟通并详细了解上一班生产质量数量状态
工　艺	当班班长	根据标准作业和操作指导文件进行检查和分析
质量问题	当班班长	根据操作和检验指导文件进行检查和分析

组织运行时常见失效点及可能的应对措施

常见失效点	可能的应对措施
1）应急计划未按标准评审 2）应急计划未安排演练 3）应急计划未包含网络信息安全	1）作为管理评审内容之一进行 2）制定相应的演练计划 3）与 IT 部门共同评估搭建有效的信息安全系统

管理工具包

头脑风暴法、思维导图、ISO 27001。

通过认证所需的最低资料要求

应急计划、应急演练计划、应急计划联络人清单、应急计划评审记录。

12 质量目标及其实施的策划

IATF 16949：2016 条款原文

6.2.2.1 质量目标及其实施的策划（补充）

最高管理者应确保为整个组织内的相关职能、过程和级别，明确、建立并保持符合顾客要求的质量目标。

组织在建立其年度（至少每年一次）质量目标和相关性能指标（内部和外部）时，应考虑组织对相关方及其有关要求的评审结果。

条款解析

公司最高管理者必须明确、建立和保持符合顾客要求的质量目标。质量目标要涉及与此相关的各个职能部门、各个过程（识别出来的 COP、SP、MP）以及公司各个管理级别。

公司应每年至少一次根据对相关方及其要求的年度评审后的结果来建立年度质量目标和相关性能指标（如外部：产品零公里 PPM；内部：产品设计寿命为 10 年）。

应用要点

1）公司最高管理者必须建立涉及识别出来的各过程（COP、SP、MP）的质量目标，且这些目标必须符合顾客要求。

2）公司的质量目标要涉及与质量体系相关的职能部门和各个管理级别。

3）公司需要在考虑相关方及其要求的评审结果的基础上制定年度的质量目标和相关的性能指标。性能指标一般指产品性能指标，包括内部和外部，如内部设计和外部实际的产品可靠性等。

该条款存在的管理价值

该条款强调最高管理者必须将公司的年度质量目标分解到公司的相关职能、过程和管理级别，这样才能在公司内部形成从上到下的组织目标链（且这些目标都是有关联的），最终确保实现满足顾客要求的质量目标。

该条款主要涉及哪些过程

质量目标管理过程。

ISO/TS 16949：2009 条款内容

5.4.1　质量目标

最高管理者必须确保在组织的相关职能和层次上建立质量目标，质量目标包括满足产品要求所需的内容（见 7.1a）。质量目标应是可测量的，并与质量方针保持一致。

5.4.1.1　质量目标（补充）

最高管理者必须确定质量目标和测量要求，并应包含在经营计划中，用于质量方针的展开。

注：质量目标应体现顾客期望并在规定的时间内是可实现的。

新旧版本差异分析

1）2016 版标准要求公司年度质量目标必须涉及与质量管理体系有关的各个过程（如 COP、SP、MP），2009 版标准对这一点没有明确规定。

2）2016 版标准提到了质量目标应适时更新，2009 版标准没有。

3）2016 版标准明确了如何实现质量目标的 5 点策划要求，2009 版标准只提到测量要求。

4）2016 版标准提出在制定年度质量目标前应考虑相关方及其要求的评审结果，2009 版标准没有这一要求。

转版注意事项

1）公司在策划质量目标时应考虑相关职能部门、过程和管理级别。

2）最高管理者在制订年度质量目标时应考虑组织对相关方及其要求的评审结果。

3）需要制订如何实现质量目标的具体方案。

汽车行业运用最佳实践案例

1）制订质量目标，包括类别（研究质量类、制造质量类、售后服务类）、类型（KPI、检查类、监测类）、年度目标/阶段性目标、检查频次、被检查单位、检查方式、检查标准和统计口径。

2）明确质量目标达成的总目标、分解目标、责任单位、措施/方法/计划、需要的资源、完成时间及结果评价。

质量目标	分解目标	责任部门	措施/方法/计划	需要资源	完成时间	结果评价
质量不良降低5%	产品退货率降低10%	开发部门	根据季度因素、不同顾客的细微需求、产品使用的不同环境，调整产品配方或工艺，减少与上述因素相关的退货	试验费用约×××元，购买专利×××元	201×年×月×日前	
		营销部门	加强公司外部仓库的盘查（每月2次），确保先进先出，避免因存期过长造成产品老化变质导致退货	费用约×××元	201×年×月×日前	
		采购部门	库存压缩10%，避免因存期过长造成产品老化变质导致退货	引入条码信息化管理系统	201×年×月×日前	
	产品一次检验合格率提升5%	生产部门	加强关键岗位的培训和考核，2018年全部持证上岗，每个关键岗位储备2名备用人员，提升产品合格率	培训费用约×××元，招聘6名熟练员工	201×年×月×日前	
		人力资源部门	调整车间员工工资核算规定，提高关键岗位工资水平，保持关键岗位人员稳定	调整费用约×××元	201×年×月×日前	
	原材料合格率提升10%	采购部门	重新开发5家优质外部供方并签订质保协议	供方开发费用约×××元	201×年×月×日前	
			对现有主要供方进行现场审查和培训，至少进行一次，提高对供方的质量管理能力的要求，不符合要求的建议淘汰	出差费用约×××元	201×年×月×日前	

组织运行时常见失效点及可能的应对措施

常见失效点	可能的应对措施
1）制定年度质量目标时没有考虑相关方的要求	1）在质量目标管理文件中必须明确规定要考虑组织对相关方及其有关要求的评审结果
2）制定了年度质量目标，但是没有实现质量目标的具体策划方案	2）在质量目标管理文件中规定必须制定实现各个层面目标的具体策划方案
3）策划了如何实现质量目标的方案，但内容不够完整	3）在质量目标管理文件中明确实现质量目标的策划方案必须包括的完整内容

☞ 管理工具包

SMART 原则、KPI、平衡计分卡、标杆管理、PEST、SWOT、检查表。

☞ 通过认证所需的最低资料要求

公司层面年度质量目标，各个过程、职能和管理级别的管控指标，质量目标的实施策划方案，公司对相关方及其要求的评审结果。

13 工厂、设施及设备策划

IATF 16949：2016 条款原文

7.1.3.1 工厂、设施及设备策划

组织应采用多方论证的方法，包括风险识别和风险缓解方法，用于开发并改进工厂、设施和设备计划。在设计工厂布局时，组织应：

a）优化材料的流动和搬运，以及对空间场地的增值利用，包括对不合格品的控制。

b）在适用时，便于材料的同步流动。

应开发并实施对新产品或新操作的制造可行性进行评价的方法。制造可行性评估应包括产能策划。这些方法还应适用于评价对现有操作的提议更改。

组织应保持过程的有效性，包括定期风险复评，纳入在过程中批准、控制计划的维护（见第 8.5.1.1 条）和作业准备验证（见第 8.5.1.3 条）期间作出的任何更改。

制造可行性评估和产能策划的评价应作为管理评审的输入（见 ISO 9001 第 9.3 条）。

注 1：这些要求应包括精益生产原则的应用。

注 2：这些要求应当应用于供应商活动现场，如适用。

条款解析

1）在 ISO/TS 16949：2009 要求的基础上对“多方论证方法”更进一步解释说明，如采用风险识别和风险缓解方法来评估现有过程，以及新业务布局的风险和有效性。

2）在 ISO/TS 16949：2009 要求的基础上对“注”更进一步解释说明，如制造可行性结果作为管理评审输入，并增加“注 2”要求。

3）初始设计和后续优化（变更）中，组织要特别关注和重视，“空间场地的增值”和厂内材料、零件物流顺畅合理。这是精益生产的理念方法，对一个制造或有加工（增值活动）组织的运行成本有着长期的巨大影响。

应用要点

1）新项目投产区域布局策划，如设备摆放、生产区域及检验区域等的布局进行充分评估，继而降低过程浪费并提高生产效率。

2）对已批量供货产品线（含设备）评估过程有效性，如 TPS、精益生产。

3）对任何变更（5M 变更）进行充分评估，如制造可行性。

4）上述三要素作为管理评审的输入。

该条款存在的管理价值

通过“风险识别和风险缓解方法”识别问题核心要素，进而降低过程风险并确保生产效率；引导组织“精益”地布局优化，优化运行成本。

该条款主要涉及哪些过程

过程操作的环境、记录保存、管理评审输入。

ISO/TS 16949：2009 条款内容

6.3.1　工厂、设施及设备策划

组织应采用多方论证方法（见 7.3.1.1）来制订工厂设施和设备的计划。工厂的布局应优化材料的转移、搬运以及对场地空间的增值使用，并应便于材料的同步流动。应制订并实施对现有操作的有效性进行评价和监视的方法。

注：这些要求应当关注精益制造原则以及与质量管理体系有效性的关联。

新旧版本差异分析

基本无变化。

转版注意事项

符合 ISO/TS 16949：2009 要求的情况下，可不进行调整。如在转版期间涉及新建、改建、扩建项目，则要按照 2016 版的要求再一次评审内容，确认是否有遗漏。

汽车行业运用最佳实践案例

1）设备、工装模具导入前期需策划具体生产区域，如水电气走线及设备摆放、生产及检验区域规划等。

2）对已批量生产区域充分评估，如快速换模及无人看守设备情况，从而确定是否需要重新布局以满足高效及降低生产成本要求。

3）对现有产品线的评估结果作为年中管理评审会议一项输入，继而推向所有生产工位，保证持续降低生产成本及生产的高效性。

组织运行时常见失效点及可能的应对措施

常见失效点	可能的应对措施
生产布局不符合最基本人机要求，如专人专台生产、半成品备料、半成品/成品生产及下道工序流转，无法保证过程有效性	重新评估生产区域及对一线生产人员培训，如从专人专台到一人多台，降低因工序流转复杂而造成的过程浪费

管理工具包

6Sigma、价值流分析、精益生产、LAY、OUT、人机工程。

通过认证所需的最低资料要求

过程变更说明及对变更的批准记录；管理评审会输入材料；如有新建、改建、扩建项目，布局物流的评审资料。

14 过程操作的环境

IATF 16949：2016 条款原文

7.1.4　过程操作的环境

见 ISO 9001：2015 的要求。

注：在 ISO 45001（或等效标准）第三方认证被认可的情况下，该认证可以证明组织符合本要求的人员安全方面。

7.1.4.1　过程操作的环境（补充）

组织应保持生产现场处于与产品和制造过程需求相协调的有序、清洁和整理的状态。

条款解析

如果企业已经通过 ISO 45001 或等效标准的认证，那就证明该企业目前的运作状态符合 7.1.4 这个注解的要求。

“过程运行环境”是密切关乎过程运行和产品质量的因素。至于什么因素、有多密切、会产生什么影响和后果，需要组织识别和确定，并采取措施加以控制。

对生产现场的管理很重要，要确保现场有序、清洁和环境状态的适宜性，以促进产品和制造过程的可靠性。

应用要点

如果企业没有通过 ISO 45001（或等效标准）认证，那么这个企业就可能需要再做一些方面的努力来证明企业目前的过程操作环境能够符合人员安全方面的需要。企业可以考虑实施 ISO 45001（或等效标准）认证，或者实施如下行动，如定义安全责任、进行风险管理、应用保护性设备、法律法规方面的合规、防错应用等。

企业有必要实施相适宜的管理，以保证过程操作的环境始终能满足产品和制造过程的需要。

该条款存在的管理价值

组织通过实施本条款，可以识别出过程运行中的环境要求加以控制，并持续改善，能够避免安全和职业健康危害、影响产品质量和制约效率提高等问题，让员工在更安全的环境下工作，可以有效提高工作品质、产品品质和运营效率，为企业增值、创效。

该条款主要涉及哪些过程

生产制造过程、物流库管过程、实验室过程、质检过程。

ISO/TS 16949：2009 条款内容

6.4.1　与产品质量相关的人员安全

组织应强调产品安全性和方法，以最大限度地降低对员工造成的潜在风险，特别是在设计和开发过程、制造过程活动中。

6.4.2.3　生产现场的清洁

组织应保持生产现场处于产品和制造过程的需求相协调的有序、清洁和维护的状态。

新旧版本差异分析

新版明确给出了可选的操作方法——实施 ISO 45001（或等效标准）的认证，并且对于安全管理的策划不再局限于设计开发和制造过程。

转版注意事项

重新评审文件所策划和推进的安全管理方面要求的有效性，并将这一管理要求拓展到全部业务过程。条件许可时，可以考虑推进 ISO 45001（或等效标准）的认证。

汽车行业运用最佳实践案例

在丰田公司的每个生产现场处处都可以看到安全管理的标记。安全管理不仅贯穿整个生产过程，而且扩展到员工的行为规范中。在每个生产现场的十字路口或“T”字形路口都设有黄色的“停止确认”的警示标识。为了防止车辆撞伤人，在交叉路口的地面上也贴有两个脚印，确认安全后再通过。

大多数品牌公司的整车厂都可以做到明确清洁责任、设备和系统有清楚和明显的标识、照明良好、有序的工作场所和检验场所、清洁完整的传送操作设备、适当的废物弃置条件、适当的空间和储存环境等。

可参见 GM 的 BIQS－25《异物/清洁度管理》实践策略。

组织运行时常见失效点及可能的应对措施

常见失效点	可能的应对措施
1）只关注产品安全，忽略员工安全 2）车间现场井然有序，但缺少安全标识 3）安全管理有形无神 4）可以有清洁的环境，但未实现有序的状态	1）增加员工安全的管理措施，确保员工在更安全的环境下工作 2）将安全管理融入业务管理 3）确保策划正确性和执行有效性 4）运用价值流的思路，在清洁基础上提高有序带来的管理便利

管理工具包

5S、安全培训、危险源识别和管理技术、推进 ISO 45001 认证、TPM、精益生产管理。

通过认证所需的最低资料要求

1）在主要业务流程中的一些安全措施的证据和效果记录。

2）生产现场的管理状态能够基本实现有序、清洁和整理，给人清爽和有序的感觉。

3）结合风险分析的关键环境要求基准和保证措施的记录和表单。

15 测量系统分析

IATF 16949：2016 条款原文

7.1.5.1.1　测量系统分析

应进行统计研究来分析控制计划所识别的每种检验、测量和试验设备系统的结果中呈现出的变异。所采用的分析方法及接收准则，应与测量系统分析的参考手册相一致。如果得到顾客的批准，其他分析方法和接收准则也可以应用。

替代方法的顾客接受记录应与替代测量系统分析的结果一起保留（见第9.1.1.1条）。

注：测量系统分析研究的优先级应当着重于关键或特殊产品或过程特性。

条款解析

1）组织应对控制计划中识别的每种测量系统进行分析，这些测量系统不仅包括计量型测量系统，还包括计数型测量系统。

2）使用标准附录B中的测量系统分析参考手册是强制性要求，除非得到顾客的批准，且顾客批准的方法的记录要保持。附录B中推荐的测量系统分析参考手册如下。

①AIAG：测量系统分析（MSA）。

②ANFIA：AQ024测量系统分析（MSA）。

③VDA：第5卷测量系统能力。

3）现在要求记录客户对替代方法的接受情况。IATF 16949也说明顾客验收的记录需要和替代测量系统分析的结果一同保留。

4）测量系统分析研究时的优先级应考虑特性的重要性。

应用要点

1）重点关注特殊特性控制所用的测量系统。

2）测量系统分析要覆盖控制计划中提到的所有测量系统，不要出现遗漏（外观目视检验测量系统分析非常容易遗漏）。

3）测量系统分析结果要满足要求。

该条款存在的管理价值

对数据进行分析的基础是所使用的测量数据的质量。如果数据质量低，则分析结果的可靠性就低；如果数据质量高，则分析结果的可靠性就高。

数据的质量取决于测量系统的稳定性。测量系统的偏倚及变差状态可以用来描述数据质量的统计特性。使用推荐的工具对测量系统进行分析，目的之一也是获得可接受的数据。

该条款主要涉及哪些过程

研发过程、生产制造过程、检验和试验过程、监视测量设备管理过程。

ISO/TS 16949：2009 条款内容

7.6.1　测量系统分析

为分析在每种测量和试验设备系统得出的结果中出现的偏差，应进行统计研究。此要求应适用于在控制计划中提及的测量系统。所用的分析方法及接受准则应符合顾客关于测量系统分析的参考手册的要求。如果得到顾客的批准，也可使用其他分析方法和接受准则。

注：没有顾客要求时，参考 ISO 10012－1 和 ISO 10012－2。

新旧版本差异分析

基本无差异，只是增加了保留替代方法的顾客接受记录与测量系统分析结果的要求。

转版注意事项

检查原有的做法是否符合测量系统的要求或顾客批准的其他方法。

汽车行业运用最佳实践案例

1）对于可重复测量的计量型测量系统，进行重复性和再现性分析。

量具重复性和再现性数据表

NO:________ 量具名称： 量具编号： 量具量程：			版号：________ 基准件名称： 测量参数： 参数规格：				修订号：________			表格编号：________ 测量日期： 测量人员：	
□定期			□修复后			□量具更换		□新控制计划		☑PPAP	
评价人数 3 试验人数 3	零件编号								个数：10		平均值
	1	2	3	4	5	6	7	8	9	10	
1. A　1	9.030	9.090	9.020	8.980	9.020	9.000	9.050	8.920	9.030	8.910	9.0050
2.　2	9.060	9.070	9.030	8.980	9.000	9.000	9.050	8.940	9.040	8.940	9.0110
3.　3	9.050	9.100	9.030	8.990	9.010	9.010	9.050	8.930	9.040	8.930	9.0140
4.　均值	9.047	9.087	9.027	8.983	9.010	9.003	9.050	8.930	9.037	8.927	$\bar{X}_A$=9.0100
5.　极差	0.030	0.030	0.010	0.010	0.020	0.010	0.000	0.020	0.010	0.030	$\bar{R}_A$=0.0170
6. B　1	9.040	9.090	9.020	8.960	9.030	9.010	9.070	8.940	9.030	8.920	9.0110
7.　2	9.060	9.070	9.040	8.980	9.000	9.010	9.060	8.940	9.010	8.940	9.0110
8.　3	9.040	9.080	9.030	8.980	9.020	9.010	9.060	8.930	9.040	8.930	9.0120
9.　均值	9.047	9.080	9.030	8.973	9.017	9.010	9.063	8.937	9.027	8.930	$\bar{X}_B$=9.0113
10.　极差	0.020	0.020	0.020	0.020	0.030	0.000	0.010	0.010	0.030	0.020	$\bar{R}_B$=0.0180
11. C　1	9.050	9.080	9.020	8.970	9.000	8.980	9.060	9.020	9.020	8.910	9.0010
12.　2	9.060	9.080	9.053	8.980	9.000	9.000	9.050	8.930	9.020	8.930	9.0103
13.　3	9.050	9.090	9.030	8.970	9.010	9.010	9.050	8.930	9.040	8.930	9.0110
14.　均值	9.053	9.083	9.034	8.973	9.003	8.997	9.053	8.927	9.027	8.923	$\bar{X}_C$=9.0074
15.　极差	0.010	0.010	0.033	0.010	0.010	0.030	0.010	0.010	0.020	0.020	$\bar{R}_C$=0.0163
零件均值 $\bar{X}_P$	9.049	9.083	9.030	8.977	9.010	9.003	9.056	8.931	9.030	8.927	$\bar{\bar{X}}$=9.0096 R_P= 0.1567
极差均值　$\bar{\bar{R}}=(\bar{R}_A+\bar{R}_B+\bar{R}_C)$/评价人数=0.0171									试验次数	2	3
最大均值差　$X_{DIFF}=\text{Max}\bar{X}-\text{Min}\bar{X}=0.0039$									D4	3.27	2.58
均值上限　$UCL_{\bar{X}}=\bar{\bar{X}}+A_2\bar{R}=9.0270$					极差上限　$UCL_R=D_4\bar{R}=0.0441$				D3	0	0
均值下限　$LCL_{\bar{X}}=\bar{\bar{X}}-A_2\bar{R}=8.9921$					极差下限　$LCL_R=D_3\bar{R}=0$				A3	1.88	1.02

2）对于不可重复测量的计量型测量系统（如破坏型测量系统），进行稳定性分析。

测量系统分析							No.:		
稳定性分析									年　月　日
参考值					操作者				
数量（3~5次）：					抽样频率：				
数据记录表									
子组数	日期	测量次数					和	均值	极差
		1	2	3	4	5			
1									
2									
3									
4									
5									
6									
7									
8									
9									
10									
11									
12									
13									
14									
15									
16									
17									
18									
19									
20									
21									
22									
23									
24									
25									
X UCL LCL						n	3	4	5
						D	2.57	2.28	2.11
						A	1.02	0.73	0.58

3）对于计数型测量系统，采用交叉表法进行分析。

计数型器具测量系统分析数据表

报告编号：

零件名称			量具编号			评价人A				
零件图号			样品件数		50	评价人B				
额定项目			记录单位			评价人C				
零件	A-1	A-2	A-3	B-1	B-2	B-3	C-1	C-2	C-3	参考
1	0	0	0	0	0	0	0	0	0	0
2	1	1	1	1	1	1	1	1	1	1
3	0	0	0	0	0	0	0	0	0	0
4	0	0	0	0	0	0	0	0	0	0
5	1	1	1	1	1	1	1	1	1	1
6	1	1	1	1	1	1	1	1	1	1
7	1	1	1	1	1	1	1	1	1	1
8	1	1	1	1	1	1	1	1	1	1
9	0	0	1	0	0	0	0	0	0	0
10	1	1	1	1	1	1	1	1	1	1

4）请参考 CM 的 BIQS－7《量具校准及测量系统分析》。

组织运行时常见失效点及可能的应对措施

常见失效点	可能的应对措施
1）控制计划中的部分测量系统未进行测量系统分析 2）测量系统分析结果不满足要求，分析人员未能识别	1）按照控制计划，识别其中的所有测量系统，并编制年度测量系统分析计划，按计划实施分析 2）测量系统分析人员要熟练掌握 MSA 判异准则，需基于极差图、均值图、R&R、NDC 综合判定

管理工具包

AIAG：测量系统分析（MSA）；ANFIA：AQ024 测量系统分析（MSA）；VDA：第5卷测量系统能力。

通过认证所需的最低资料要求

测量系统分析计划、测量系统分析报告。

16 测量溯源

IATF 16949：2016 条款原文

7.1.5.2　测量溯源

见 ISO 9001：2015 的要求。

注：一个可追溯到装置校准记录的编号或其他标识符，满足 ISO 9001：2015 要求的意图。

7.1.5.2.1　校准/验证记录

组织应有一个形成文件的过程，用于管理校准/验证记录。用以提供符合内部要求、法律法规要求及顾客规定要求证明的所有量具、测量和试验设备（包括员工拥有的测量设备、顾客拥有的设备或现场供应商拥有的设备），其校准/验证活动的记录应予以保持。

组织应确保校准/验证活动和记录应包括以下细节。

a）根据影响测量系统的工程更改进行的修订。

b）校准/验证时获得的任何偏离规范的读数。

c）对偏离规范情况导致的产品预期使用风险的评估。

d）当在计划验证或校准期间，或在其使用期间，检验、测量和试验设备被查出偏离校准或存在缺陷，应保留有关此检验、测量和试验设备先前测量结果有效性的形成文件的信息，包括校准报告上显示的相关标准的最后一次校准日期和下一次校准到期日。

e）如果可疑产品或材料已被发运，对顾客的通知。

f）校准/验证后，有关符合规范的声明。

g）对用于产品和过程控制的软件版本符合规定的验证。

h）所有量具（包括员工拥有的设备、顾客拥有的设备或现场供应商拥有的设备）校准和维护活动的记录。

i）对用于产品和过程控制的生产相关软件的验证（包括安装于员工拥有的设备、顾客拥有的设备或现场供应商拥有的设备的软件）。

条款解析

“注”的要求：量具上的标号或者其他标识能够对应到装置校准记录就是满足了追溯的要求。

企业应该编制一个文件化的程序，用来管理企业的校准/验证记录，并确保这些记录予以保持。这些记录是用来给所有量具、测量和试验设备是否满足要求提供证据的。

其中，设备包含员工拥有的测量设备、顾客拥有的设备或现场供应商拥有的设备，要求指内部要求、法律法规要求及顾客规定要求。

在文件中应该包含如下事项的管理方式。

a）如果企业的产品发生工程更改，那么受到影响的测量仪器也可能要发生相应的更改，尤其是要关注自制的检具（如果有）。需要重新评审和修订其系统各环节的记录要求是否需要连动调整，记录的方法应重新确认，以确保测量系统的持续适应性和有效性。

b）如果出现偏离读数（误差值）的情况，企业应该记录和标识该误差值。

c）当校准出现偏离规范的情况，如果对产品预期使用有影响，要进行风险评估，从而决定后续行动。

d）当发现检验、测量和试验设备被查出偏离校准或存在缺陷时，要立刻冻结先前测量结果还有效时的那个记录信息，以及最后一次校准日期和下一次校准到期日，以便后续可能发生的任何追溯活动。

e）如可疑产品或材料已被发运，企业有责任通知客户，并按客户反馈的要求执行。

f）校准/检定后，应获得校准报告或检定证书以说明是否可用，同时应核实报告与证书的信息的准确性。

g）企业应该按照策划的要求对软件版本符合性进行验证，以免因其偏离影响产品的符合性和企业的合规性。

h）所有量具在使用前应进行校准/检定，并保留有效性记录。同时，在后续的使用中要做好量具维护以确保持续有效性。

i）可以用样品来验证软件有效性。做一些良品或不良品样品让软件去验证，样品中不良品可以多做几个，各种不良类型最好都有，测试软件是否都能验出来。

应用要点

1）用于追溯的标号可以使用设备自身的标号，也可以根据企业内部标号规定进行标号。标号信息要能够对应到校准记录。

2）在校准合格的监视和测量装置上粘贴合格证标签，标签上注明装置标号、有效期、校准机构/人员等信息。

3）当装置本体上不易或无法粘贴标签时，可将标签粘贴到装置的包装盒上。若以该方式标识，监视和测量装置日常存放时要放在包装盒内。

4）通过直接使用设备工具上的编号、在设备上打刻喷涂或者制作固定标牌等方式确保设备工具可以唯一追溯。

5）严格执行标准要求，运用文件化的管理方法将校准/验证工作做得更标准、可追溯、可传承，并能实现基于风险的思维。

该条款存在的管理价值

作为测量系统的一个重要环节，校准/验证记录的有效性将直接决定整个制造过程的符合性。校准/验证记录不准，过程品质和产品品质判定就会出现偏离，就容易将不合格品在失控状态下发送给客户。

该条款主要涉及哪些过程

实验室管理过程、生产制造过程、监视测量设备管理、文件和记录管理过程。

ISO/TS 16949：2009 条款内容

7.6 监视和测量仪器的控制

注：可追溯到校准仪器记录的编号或其他标识可满足上述 c）的要求。

7.6.2 校准/验证记录

对所有量具、测量和试验设备（包括员工和顾客所有的设备）都应提供校准/验证活动的记录，用以提供符合确定的产品要求的证据。记录应包括：

——设备标识，包括校准设备所依据的测量标准。

——由工程更改所引发的修订。

——在校准/验证时获得的任何超出规范的读数。

——超出规范条件下影响的评估。

——在校准/验证后，有关符合规范的说明。

——在可疑产品或材料已发运的情况下，给顾客的通知。

新旧版本差异分析

新增文件化的要求，增加 g）项和 i）项。

转版注意事项

需要有一个文件化的程序来管理企业的校准/验证记录，并确保这些记录予以保持。文件的管理点要覆盖该条款的所有要求。多数情况下不用新增，只需更新企业旧版时就已经建立的“校准计量程序”，在原文件里追加相应要求即可。

汽车行业运用最佳实践案例

××公司有校准计量管理程序，并且在程序中明确，对所有相应器具的要求来源进行三类标识（法规要求的、客户要求的、企标要求的），同时建立器具状态管理数据库，并设有专人管理和维护。同时对于出现的工作偏差有数据收集和分析，确保计量管理工作实现零缺陷。

组织运行时常见失效点及可能的应对措施

常见失效点	可能的应对措施
1）装置本身无标号，公司内部也未对其赋予标号，导致校准信息无法追溯 2）现场使用的监视和测量装置未注明校准有效期，装置管理人员疏漏的情况下导致装置超期使用 3）做了校准/验证，但未保留记录 4）量具已经偏离，一直让步运行而无风险意识 5）对于可接受的偏离值不做记录 6）有可疑产品或材料被发运，未通知客户	1）对本身无标号的装置，公司内部对其赋予标号，可行时在装置本体上加施永久性标识 2）对校准合格的装置粘贴合格证标签，标签上注明校准有效期 3）便捷记录方式，确保记录工作能实现 4）加强品质意识培训和提高检查力度 5）便捷记录方式或制定奖惩要求 6）加强客户服务意识培训和明确与客户沟通的相关流程

管理工具包

相应法规和 MSA 知识。

通过认证所需的最低资料要求

涵盖标准要求的过程文件；公司内部使用的监视和测量装置有标识，并能根据标识追溯到校准记录；保留和保持标准所要求的所有校准/验证记录。

17 内部实验室

IATF 16949：2016 条款原文

7.1.5.3.1　内部实验室

组织的内部实验室设施应有一个确定的范围，包括其从事所要求的检验、试验或校准服务的能力。该实验室范围应包括在质量管理体系文件中。实验室至少应为以下事项明确规定并实施要求。

a）实验室技术程序的充分性。

b）实验室人员的能力。

c）产品试验。

d）正确执行这些服务的能力，可追溯到相关过程标准（如 ASTM、EN 等）；如果没有可用的国家或国际标准，组织应明确并实施一个验证测量系统能力的方法。

e）顾客要求（如果有）。

f）对有关记录的评审。

注：通过 ISO/IEC 17025（或等效标准）第三方认可，可以证明组织内部实验室符合这一要求。

条款解析

这里实验室不是单指挂着“实验室”牌子的地方。这是个虚拟的地方，企业任何工作场所只要有试验或者测量的地方都可以叫实验室。

内部实验室应有一个确定的范围，这个确定的范围可以归纳为三个清单。

1）实验室有资格进行特定试验评价和校准的项目清单。

2）用来进行上述活动的设备清单。

3）用来进行上述活动的方法或标准的清单。

该实验室范围应包括在质量管理体系文件中，把三个清单用表格的形式可视化出来亦可。实验室至少应为以下事项明确规定并实施要求。

a）实验室技术程序的充分性。其主要是指程序正义的要求。如做实验时是取样还是送样，取样和送样相比结果可能会有差异或公正性存在风险。程序正义还包括试验报告的有效性，如原始数据如何保留，是否可以修改，如果修改需要走怎样的程序等。

b）实验室人员的能力。基于企业情境确定，有些试验需要专业技能的人才可以进行，有些试验不需要人员有特殊能力，此条款要考虑合规要求。必要时可以考虑用矩阵表形式展示人员能力与试验内容的关联。

c）产品试验。确定企业需要和有能力做哪些试验。

d）正确执行这些服务的能力，可追溯到相关过程标准等。明确实验室所执行的标准的溯源要求。

e）顾客要求。如果有客户要求，企业需要进行识别和控制，以确保顾客要求被满足；如果没有要求则忽略此条款。如果客户有要求，应在实验前提出并达成协议，双方共同遵守。

f）对有关记录的评审。对记录的充分性、适宜性、有效性进行评审。

如果企业通过 ISO/IEC 17025（或等效标准）第三方认可，则可以直接证明企业符合该条款，但这不是强制要求。

应用要点

确保三个清单的文实相符，以及实际运行中内部实验室能够满足条款中 a）~f）项的要求。

该条款存在的管理价值

内部实验室管理的有效性决定试验结果的可使用性，从而决定产品的可信度。

该条款主要涉及哪些过程

人员能力管理、过程运行环境、顾客要求的评审与确定、检验和试验、监视测量设备管理。

ISO/TS 16949：2009 条款内容

7.6.3.1　内部实验室

组织的内部实验室设施应有一个确定的范围，包括进行要求的检验、试验和校准服务的能力。实验室范围应包括在质量管理体系文件中。实验室应至少规定并实施以下方面的技术要求。

——实验室程序的充分性。

——实验室人员的能力。

——产品试验。

——正确地进行这些服务，可溯源到相关的过程标准（如 ASTM、EN）的能力。

——相关记录的评审。

注：按 ISO/IEC 17025 进行的认可可以用于证明组织内部实验室符合这一要求，但不是强制的。

新旧版本差异分析

在“a）实验室技术程序的充分性”增加了“技术”。

在 d）项中增加了“如果没有可用的国家或国际标准，组织应明确并实施一个验证测量系统能力的方法”。

增加了 e）项。

☞ 转版注意事项

对客户要求进行整理，以及同步进行顾客要求的合规性评价；如果有未合规者，立刻纠正。

☞ 汽车行业运用最佳实践案例

参考 ISO/IEC 17025 的要求来进一步提升实验室管理水平。

☞ 组织运行时常见失效点及可能的应对措施

常见失效点	可能的应对措施
1）人员能力未满足要求 2）标准溯源不清晰 3）客户要求有遗漏	1）建立试验内容与能力要求矩阵表，并对不满足要求的地方进行纠正 2）做好溯源标准的记录和版本管理，并加强不定期的复验 3）重新梳理客户要求，并进行合规性评价

☞ 管理工具包

ISO/IEC 17025。

☞ 通过认证所需的最低资料要求

实验室范围定义；实验室从采样、制样、分析测试、结果报告的活动证据，以及实验室活动作业指导书，计量溯源记录，采购物资验证记录；说明和提供关键风险及应对措施。

18 外部实验室

IATF 16949：2016 条款原文

7.1.5.3.2　外部实验室

为组织提供检验、试验或校准服务的外部、商业、独立实验室应有一个确定的范围，包括其从事所要求的检验、试验或校准的能力，并且实验室应通过 ISO/TEC 17025 或等效的国家标准的认可，认可（证书）范围应包括相关检验、试验或校准服务；校准证书或试验报告应包含国家认可机构的标准；或者应有证据证明该外部实验室可以被顾客接受。

注：这些证据可以通过顾客评估来证实，或由顾客批准的第二方机构评估，来证明该实验室满足 ISO/TEC 17025 或等效国家标准的意图。第二方机构评估可由评估实验室的组织，采用顾客批准的评估方法进行。

当某一设备没有具备校准资格的实验室时，校准服务可以由设备制造商进行。在这种情况下，组织应确保第 7.1.5.3.1 条中的要求得到满足。

校准服务的采用，除了由具备资格的（或顾客接受的）实验室提供的以外，需要时可能需要获得政府监管机构的确认。

条款解析

外部实验室应通过 ISO/TEC 17025 或等效的国家标准的认可。应有一个确定的范围，这个确定的范围可以归纳为三个清单来表示。

1）实验室有资格进行特定试验评价和校准的项目清单。

2）用来进行上述活动的设备清单。

3）用来进行上述活动的方法或标准的清单。

外部实验室的认可（证书）范围应包括与企业需求相关的服务内容，而且校准证书或试验报告应印有国家认可机构的标准印徽，或者能提供被顾客接受的证明。

注：顾客评估结果可以作为证明的证据，或由顾客批准的第二方机构的评估来证明该实验室满足 ISO/TEC 17025 或等效国家标准。第二方机构评估可采用顾客批准的评估方法进行。

当某一设备没有具备校准资格的实验室时，企业在确保条款 7.1.5.3.1 中的要求得到满足的情况下，校准服务可以由设备制造商进行。

校准服务除了由具备资格的（或顾客接受的）实验室提供以外，需要时可能还需要获得政府监管机构的确认。

应用要点

确保三个清单的文实相符，以及实际运行中外部实验室能够满足条款要求。外部实验室认可范围应该与企业的需求范围相适宜。第二方机构评估有效性的管理要给予关注，同时对校准服务除了由具备资格的（或顾客接受的）实验室提供的以外，要关注是否还需要获得政府监管机构的确认。

该条款存在的管理价值

外部实验室管理的有效性决定试验结果的可使用性，从而决定产品的可信度。

该条款主要涉及哪些过程

采购和外包过程。

ISO/TS 16949：2009 条款内容

7.6.3.2　外部实验室

组织用于检验、试验或校准服务的外部、商业、独立的实验室设施应有一个确定的范围，包括进行要求的检验、试验或校准服务的能力，并且应有证据证明外部实验室对顾客是可接受的，或者实验室依据 ISO/IEC 17025 或国家等效文件获得认可。

注 1：顾客的评定或顾客批准的第二方评定等方式可作为证明实验室满足 ISO/IEC 17025 或国家等效文件意图的证据。

注 2：对于某一设备，当没有具有资格的实验室时，校准服务可以由原始设备制造厂家进行。这种情况下，组织应当确保上述 7.6.3.1 的要求已得到满足。

新旧版本差异分析

新增如下补充说明：

1）认可（证书）范围应包括相关检验、试验或校准服务，校准证书或试验报告应包含国家认可机构的标准。

2）第二方机构评估可由评估实验室的组织，采用顾客批准的评估方法进行。

3）校准服务的采用，除了由具备资格的（或顾客接受的）实验室提供的以外，需要时，可能需要获得政府监管机构的确认。

转版注意事项

对认可机构的资质和业务范围给予符合性的细节确认，确保与企业需求相吻合，并考虑合规性。

汽车行业运用最佳实践案例

使用通过 ISO/IEC 17025 认证的，且符合企业需求状况的外部实验室进行合作。

组织运行时常见失效点及可能的应对措施

常见失效点	可能的应对措施
1）选择的外部实验室拥有的资质范围与企业需求不符 2）第二方机构的评估没有采用顾客批准的评估方法	1）寻找与企业需求相匹配的外部实验室 2）坚持对第二方机构合规性的验证和监控

管理工具包

ISO/IEC 17025。

通过认证所需的最低资料要求

资质评审和确认资料证据、过程管控证据、关键风险及措施证据。

19 能　力

IATF 16949：2016 条款原文

7.2.1　能力（补充）

组织应建立并保持形成文件的过程，识别包括意识（见第 7.3.1 条）在内的培训需求，并使所有从事影响产品要求和过程要求符合性的活动的人员具备能力。从事特定指派任务的人员应按要求进行资格认可，尤其关注对顾客要求的满足。

条款解析

组织应识别所有从事影响产品要求和过程要求符合性的活动的人员，并明确岗位职责。基于岗位职责识别该岗位所需的人员能力（基本能力、专业能力等），同时对比现有人员能力进行差距分析，并识别包含意识在内的培训需求。

对于从事特定指派任务的人员组织应按要求进行资格认可，尤其关注对顾客要求的满足。

对以上过程，组织应建立并保持形成的文件。

注：从事特定指派任务的人员，如质量审核人员（内审、外审）、实验室人员、计量检定人员、产品设计人员、特殊工序操作人员、关键设备的操作者、检验员、特种作业岗位人员，以及满足顾客要求相关的岗位等。

从事影响过程要求符合性的活动的人员包括战略决策、目标制定、体系维护、文件管理、人力资源、设计开发、市场营销、原料采购、库房管理、工艺技术、生产制造、设备维护、计量管理、质量检验、物流运输、售后服务、统计分析和内部审核等。

应用要点

标准要求：建立并保持形成文件的过程。

培训目的：使所有从事影响产品要求和过程要求符合性的活动的人员具备能力，而培训仅仅是获取或提升能力的途径或方法之一。如果培训了但培训效果不佳，相应岗位的人员不具备所应有的能力时，将会给组织的质量管理体系的有效运行带来风险。

适用范围：组织内各层中可能直接和间接影响产品质量，或影响过程要求符合性的所有员工。

特别强调：承担任务的人员应具备要求的资格，在满足顾客要求方面给予特别关注。

能力培训流程：确定需求（包含意识在内的岗位要求、素质矩阵、企业战略、员工激励、纠正措施等）→编制培训计划→实施培训考核/资质认定→效果验证→记录存档。

该条款存在的管理价值

现代组织的经营管理，不论公营还是私营、外资还是民企，不外乎“人、机、料、法、环、测”几大方面，特别是作为对组织人员“能力”的要求，是决定组织产品和服务质量的决定性因素，作为各组织区分管理水平时首先考虑进行对比的对象。所以本条款提醒组织时刻关注相应岗位人员的能力是否满足体系运行的要求，尤其是承担任务的人员是否具备要求的资格，以防止随着组织的快速发展，人员能力没有相应提高而带来的管理风险。

该条款主要涉及哪些过程

所有过程。

ISO/TS 16949：2009 条款内容

6.2.2.2 培训

组织应建立并保持形成文件的程序，识别培训需求并使所有从事影响产品质量活动的人员具备能力。承担特定任务的人员应具备要求的资格，在满足顾客要求方面给予特别的关注。

注 1：本要求适用于组织内各层次中影响质量的所有员工。

注 2：顾客特殊要求的一个例子——数字型数学数据的应用。

新旧版本差异分析

在培训需求识别方面，2016 版标准在 2009 版标准基础上增加员工意识方面的培训需求的识别，强调员工意识和工作态度对工作输出的重要性。2016 版标准的亮点之一就是凸显了对人员“意识”的要求，且这里的意识与七项质量管理原则中的第三项——“全员参与”有着异曲同工之处。组织中员工质量意识的提升是教育和制度的问题。质量意识，使有机会犯错的人不愿犯错；制度，使想犯错的人不敢犯错。

在人员范围方面，2009 版标准仅强调了“所有从事影响产品质量活动”的人员。相比之下，2016 版标准对人员能力的范围扩大了，不仅强调所有从事影响产品质量活动的人员，还强调所有从事影响过程要求符合性的人员，即强调过程管控对取得预期结果的重要性，从而形成人人担责、环环相扣的质量链。

转版注意事项

组织在识别培训需求时，不仅要识别员工技能方面的培训需求，还应识别员工在质量意识方面的培训需求。除此之外，能力培养和提升的对象不仅包含所有从事影响产品质量活动的人员，还应包含所有从事影响过程要求符合性的人员。

汽车行业运用最佳实践案例

某汽车公司 HR 部门组织各部门对公司涉及能够影响产品要求和过程要求符合性的活动的岗位进行定期梳理，并形成岗位清单，同时根据这些岗位职责形成岗位能力矩阵和培训需求矩阵。这些岗位和人员的胜任资质每半年或者发生变更时进行监控或再认可确认。而且这些岗位的人员或者职责变更必须告知质量管理部门，以便质量管理部门采取应对变更的措施，以保证组织持续获得体系运行所需的能力。

可参见 GM - QSB + 的《标准化的操作工培训》，其中的“培训柔性表”极其精妙。

组织运行时常见失效点及可能的应对措施

常见失效点	可能的应对措施
1）关键岗位人员发生变更却没有换岗培训及资质认可；岗位职责发生变更却没有重新识别新的岗位职责所需的能力，导致能力不能胜任 2）培训不能有效提升能力，不能达到胜任岗位要求	1）组织应及时识别可能会引发组织关键岗位人员变化或岗位职责变化的变更，并及时采取应对措施，以避免因岗位人员变更未及时应对而导致的风险 2）在识别培训需求时应符合公司的发展战略，与岗位职责匹配，尽量全面、准确；结合受训人员现状和岗位特征，实施培训的方式和方法尽可能多样化、灵活性，让受训人员乐于并易于接受培训内容。通过考核等方式验证培训的有效性；如果培训仍然无法达成预期效果，组织应考虑通过其他措施获得能力，如调岗、换岗，聘用有能力的人员，或将任务外包给外部专业机构完成等

管理工具包

岗位能力和培训需求矩阵、关键岗位资格认证评价表、员工能力提升模型。

通过认证所需的最低资料要求

文件：《职位说明书》《人力资源管理程序》《培训管理程序》等。

记录：培训需求调查表（包括意识在内）、年度培训计划/月度培训计划、培训记录、培训计划执行率、培训效果评价、员工技能评定表、技能矩阵及能力评价、特定人员的资格证明（上岗证等）、顶岗计划等。

20 能力（在职培训）

IATF 16949：2016 条款原文

7.2.2　能力（在职培训）

对于承担影响质量要求、内部要求、法规或法律要求符合性的新的或调整职责的人员，组织应对其进行在职培训（其中还应包括顾客要求培训），包括合同工或代理工。在职培训的详细程度应与人员的教育程度及其要在日常工作中执行的任务的复杂程度相称。从事影响质量的工作的人员应被告知不符合顾客要求的后果。

条款解析

组织应识别承担影响质量要求、内部要求、法规或法律要求符合性的岗位，并对该岗位的新入职人员或调整职责的人员进行在职培训（其中还应包括顾客要求培训），包括合同工或代理工。

组织在策划和实施培训时，培训的详细程度（如课程内容、课时、培训方式等）应与受训人员的教育程度及其要在日常工作中执行的任务的复杂程度相匹配。

对于从事影响质量的工作的人员，组织应提前告知其不符合顾客要求的后果。

应用要点

1）在职培训对象：承担影响质量要求、内部要求、法规或法律要求的新上岗或调岗的人员（包括合同工或代理人员）。

2）顾客要求的培训一般分为顾客组织的培训，以及顾客要求组织实施的培训。

3）培训的详细程度应恰到好处，避免出现过度培训造成企业成本增大或培训内容不全面导致能力不足等问题。

4）落实好涉及职责调整人员的培训。

该条款存在的管理价值

培训可以让企业的血液不断得到更新，让企业永远保持旺盛的活力，具有持续的竞争力。培训可以让员工自强，通过培训可以使员工具备完成本职工作所需的知识、技能、态度、经验，从而能够达到以下目标：

1）减少事故发生。

2）改善工作质量。

3）提高员工整体素质。

4）降低损耗。

5）提高研制开发新产品的能力。

6）改进管理内容。

该条款主要涉及哪些过程

所有过程。

ISO/TS 16949：2009 条款内容

6.2.2.3　岗位培训

对影响产品质量的岗位，组织应对新上岗或调整工作的人员提供岗位培训，包括合同工和代理工作人员。应将不符合质量要求给顾客带来的后果告知从事影响产品要求符合性的工作人员。

新旧版本差异分析

关于培训对象，2009 版标准仅强调了“影响产品质量的岗位”的人员；相比之下，2016 版标准对人员能力的范围扩大了，不仅强调所有从事影响产品质量活动的人员，还强调承担影响质量要求、内部要求、法规或法律要求符合性的人员。

在培训内容方面，突出了顾客要求的培训组织应全部实施或参加。

同时，培训类型进行了分类、分级说明，企业策划和实施在职培训时，其详细程度应与受训人员的教育程度及其岗位职责相匹配。

转版注意事项

1）组织应全面识别并定期确认新增的培训对象，避免遗漏或岗位变更及职责变更而未及时采取措施，给组织带来不必要的风险。

2）对于顾客要求的培训，组织应确定合适的人员及时参加。

汽车行业运用最佳实践案例

公司建立人力资源管理体系，对职位实行职级能力薪酬体系，对所有人员定岗定级，然后根据这些岗位职级形成能力布局表和跟踪表，对人员的能力进行季度评价，为满足要求的职级员工必要时进行培训和更新能力状态。

											顾客的特殊要求									常用开发工具使用能力													
序号	工号	姓名	性别	出生年月	年龄	岗位名称	科室代码	岗位代码	职称	职级	GM	FORD	BMW	VW	Chrysler	FIAT	PSA	GEELY	CHANGAN	CATIA	AUTOCAD	CAE	DMU	RPS	DOE	QFD	FMEA	CP	PPAP	APQP	PMP		综合判定结果
1	0018	××	女	19830124	35	设计师	TCC	01	3	2	1	1	1	1	0	0	0	1	1	4	3	0	3	2	0	2	3	3	1	1	1	23	通知晋升答辩
能力需求											1	1	1	1	1	0	0	1	1	4	3	1	1	2	2	1	3	2	1	1	1	22	
2	0132	××	男	19910321	27	设计师	TCC	01	1	4	0	0	0	1	0	0	0	1	0	2	2	0	1	3	0	2	1	1	1	1	0	14	有待提高
能力需求											1	1	1	1	1	0	0	1	1	2	2	1	1	1	1	2	1	1	1	1	1	15	
3	0311	××	男	19850513	34	设计师	TCC	01	2	2	1	1	1	0	1	0	0	0	1	3	2	0	1	1	1	0	1	1	1	1	0	12	能力不足，马上要培训
能力需求											1	1	1	1	1	0	0	0	1	3	2	1	1	1	1	1	2	2	1	0	0	15	

组织运行时常见失效点及可能的应对措施

常见失效点	可能的应对措施
1）岗位人员发生变更却没有换岗培训及资质认可；岗位职责发生变更却没有重新识别新的岗位职责所需的能力，导致能力不能胜任 2）培训不能有效提升能力，不能胜任岗位要求	1）组织应及时识别可能会引发组织岗位人员变化或岗位职责变化的变更，并及时采取应对措施，以避免因岗位人员变更未及时应对而导致的风险 2）在识别培训需求时应符合公司的发展战略，与岗位职责匹配，尽量全面、准确；结合受训人员现状和岗位特征，实施培训的方式和方法尽可能多样化、灵活性，让受训人员乐于并易于接受培训内容。通过考核等方式验证培训的有效性；如果培训仍然无法达成预期效果，组织应考虑通过其他措施获得能力，如调岗、换岗、聘用有能力的人员，或将任务外包给外部专业机构完成等

管理工具包

岗位能力和培训需求矩阵、关键岗位资格认证评价表、员工能力提升模型。

通过认证所需的最低资料要求

文件：《职位说明书》《人力资源管理程序》《培训管理程序》等。

记录：培训需求调查表（包括意识在内）、年度培训计划/月度培训计划、培训记录、培训计划执行率、培训效果评价、员工技能评定表、技能矩阵及能力评价、职业规划及晋升通道、特殊工种人员情况表、员工名册、新员工试用考核、员工绩效考核、顶岗计划等。

21 内部审核员能力

IATF 16949：2016 条款原文

7.2.3　内部审核员能力

组织应有形成文件的过程，用于验证内部审核员的能力，要考虑到组织定义的要求和（或）顾客特定要求。关于审核员能力的更多参考，参见 ISO 19011。组织应保持一份合格内部审核员的名单。

质量管理体系审核员能够证实最少具备以下能力。

a）了解汽车审核过程方法，包括基于风险的思维。

b）了解适用的顾客特定要求。

c）了解 ISO 9001 和 IATF 16949 中适用的与审核范围有关的要求。

d）了解与审核范围有关的适用的核心工具要求。

e）了解如何计划审核、实施审核、报告审核以及关闭审核发现。

至少，制造过程审核员还应证实对于待审核的相关制造过程，具有技术知识，包括过程风险分析（如 PFMEA）和控制计划。至少，产品审核员还应证实其了解产品要求，并能够使用相关测量和试验设备验证产品符合性。

在通过组织内部人员提供上述培训来取得人员能力的情况下，应保留形成文件的信息，证实培训师的能力符合上述要求。

内部审核员能力的维持与改进应通过以下方法进行证实。

f）每年执行组织规定的最小数量的审核。

g）保持基于内部更改（如过程技术、产品技术）和外部更改（如 ISO 9001、IATF 16949、核心工具及顾客特定要求）对相关要求的认知。

条款解析

1）本条款在 IATF 16949 标准中做了详细扩充，要求组织内部从事审核工作的人员需要具备相应的能力要求；区分质量管理体系审核员、制造过程审核员和产品审核员的能力要求；要以形成文件的程序定义一个过程，用于“验证”内审员能力，作为能力管理的必须要求，且要保持一份合格内审员的名单。

2）具体能力，要考虑自己定义的要求/顾客特定要求 CSR，并参照 ISO 19011 的要求。

①质量管理体系内审员要求具体有 a）~e）五条。这些要求，一是凸显了新版 ISO 9001 和 IATF 16949 QMS 的主要核心特点，如了解过程方法、风险思维、顾客特定要求、核心工具等；二是内审员基本功要求，如了解适用的审核范围和计划、实施和报告审核等。

②对内部过程审核员要求，“至少”还要能够理解和所承担审核任务的“过程”，掌握相应的技术，即 FMEA 和 CP。显然这样才能够保证过程审核的有效性。

③产品审核员，至少还要了解其审核的产品要求和能够使用产品检验和测量设备。

3）明确了培训师的能力期望，组织内部的内审员能力“培训师”要能证实能力。

4）内审员的能力管理要求，不仅是培训合格取得证书，而且组织要落实审核实践经历的要求；要能够保持基于内部、外部变化的能力跟进。

应用要点

本条款在组织运行中，明确要求应有形成文件的过程及信息，建议建立内审员能力管理流程，维护合格内审员名录及其相应的资质证明（审核经历、相关知识、技术、技能、基于内外部变化的培训等），组织内部培训师的能力也需证实，如培训记录等。

该条款存在的管理价值

组织需要对内部运营与国际标准、客户要求及内部规范的符合性、有效性的符合程度进行确认，对于审核员的能力也相应地提出了更高的要求。本条款的价值在于将审核员的能力要求标准化，对于审核员能力的认定及维护提供了明确的指导。根本价值在于提供了内部审核有效性的前提，使得组织内审更有价值。

该条款主要涉及哪些过程

质量体系审核、产品审核、过程审核、人力资源管理。

ISO/TS 16949：2009 条款内容

8.2.2.5　内部审核资格

组织应具有资格审核本标准要求的内部审核员（见 6.2.2.2）。

新旧版本差异分析

2009 版标准中未对内部审核员的能力做出详细要求；2016 版标准中，本条款详细地阐明了不同类型的内部审核员的能力要求。

转版注意事项

在转版中，应注意对不同类型的内部审核员的能力要求的区分，对应能力要求的相关证明的保存，以及分别建立相应的内审员名录。

内部培训的培训师要求定义和相关的能力要求。

审核经历和适用变化的持续培训。

汽车行业运用最佳实践案例

依据审核类型，分别建立体系审核员名录、过程审核员名录、产品审核员名录。

依据条款中定义的能力要求，确立证实方式，如培训、笔试、实践、见证审核等方式。将对应的证据书面化存档。

对于审核员资质的维护，必须要每年度执行最小数量的审核，最小数量可由组织自行定义。

为了保持和提高内审员的能力，建立内审员定期案例研修和内审员量化评价淘汰机制。

组织运行时常见失效点及可能的应对措施

常见失效点	可能的应对措施
内审员的能力证明不充分	建立内审员清单及能力矩阵

管理工具包

能力矩阵。

通过认证所需的最低资料要求

1）应有形成文件的过程来描述关于内部审核员能力的要求、维护及持续管理。

2）应维护内审员名单及条款所要求的能力证明。

3）若人员能力由内部培训提供，需有相关记录证明培训师的能力符合条款要求。

22 第二方审核员能力

IATF 16949：2016 条款原文

7.2.4　第二方审核员能力

组织应证实从事第二方审核的审核员的能力。第二方审核员应符合顾客对审核员资质的特定要求，并证实最少具备以下核心能力，包括了解：

a）汽车审核过程方法，包括基于风险的思维。

b）适用的顾客特定和组织特定要求。

c）ISO 9001 和 IATF 16949 中适用的与审核范围有关的要求。

d）适用的待审核制造过程，包括 PFMEA 和控制计划。

e）与审核范围有关的适用的核心工具要求。

f）如何计划审核、实施审核、编制审核报告并关闭审核发现。

条款解析

该条款为新增条款，要求组织应证实从事第二方审核的审核员的能力，并应符合顾客对审核员资质的特定要求。

第二方审核员除应具备 ISO 9001 的审核能力外，还需要至少具备以下核心能力。

a）掌握适用的过程审核方法（如大众 VDA6.3、福特 Q1、通用 QSB 等过程审核方法），并基于该方法对供应商进行符合性评价。

b）能够全面识别并准确传递顾客和组织的特定要求，确保分供方能够严格执行。顾客和组织的特定要求，如包装规范、APQP/PPAP 管控、禁限用物质、产能评估、绩效监控等。

c）ISO 9001 和 IATF 16949 标准要求，尤其是与审核范围有关的要求。

d）了解待审核的制造过程，如加工工艺方法、检测控制方法、物流管控、行业水平等。同时具备对 PFMEA 和控制计划的评审能力。

e）了解审核过程中涉及的核心工具要求，如五大工具、8D、DOE、Minitab 等。

f）基于 PDCA 模式，能够编制审核计划并实施审核，审核结束后能够编制审核报告并及时关闭审核发现。

应用要点

1）除了了解和掌握审核工具外，应确保第二方审核员能够全面识别并准确传递顾客和组织的特定要求，以确保供方能够严格执行。

2）第二方审核员应了解待审核的制造过程，以确保审核结果的全面性和有效性。

该条款存在的管理价值

供应商供应的产品或服务的质量，对组织的产品或服务起着决定性的作用。本条款对从事第二方审核的审核员的能力进行了明确要求，确保对外部供应产品和服务的供应商的有效管控，降低或避免因外部供方管理失效而给组织带来风险。

该条款主要涉及哪些过程

外部供应产品和服务的控制过程（供应商管理过程）。

ISO/TS 16949：2009 条款内容

无。

新旧版本差异分析

本条款为2016版标准新增条款。

转版注意事项

需对第二方审核员的能力进行规定，并保留相应的记录。

汽车行业运用最佳实践案例

某汽车主机厂对从事第二方审核的岗位进行定期梳理，并形成岗位清单。同时根据供应商和零部件的重要程度，以及产品的工艺复杂程度或专业化程度，对第二方审核员有不同的技能要求，从而形成第二方审核员能力矩阵表，并定期或根据供应商的来料质量情况不定期对审核员进行能力确认，以确保审核员能力与岗位职责的匹配。

组织运行时常见失效点及可能的应对措施

常见失效点	可能的应对措施
1）从事第二方审核岗位的人员发生变更却没有换岗培训及资质认可；岗位职责/审核过程发生变更却没有重新识别新的岗位职责所需的能力，导致能力不能胜任 2）顾客或组织的特定要求识别不全面（如新增客户或客户有新增要求），导致第二方审核岗位能力需求策划不充分	1）组织应及时识别可能会引发组织岗位人员变化或岗位职责变化的变更，并及时采取应对措施，以避免因岗位人员变更未及时应对而导致的风险 2）组织应在内部建立顾客和内部要求识别和管控机制，并及时更新第二方审核员能力指标

续表

常见失效点	可能的应对措施
3）培训不能有效提升第二方审核员的能力，不能达到胜任岗位要求	3）在识别培训需求时应与岗位职责匹配，尽量全面、准确；通过考核等方式验证培训的有效性；如果培训仍然无法达成预期效果（如注塑工艺、吸塑工艺、热处理工艺等专业要求高的过程审核），组织应考虑通过其他措施获得第二方审核员的能力，如调岗、换岗、聘用有能力的人员，或将任务外包给外部专业机构完成等

管理工具包

第二方审核员能力和培训需求矩阵、资格认证评价表、能力提升模型。

通过认证所需的最低资料要求

文件：《职位说明书》《人力资源管理程序》《培训管理程序》等。

记录：第二方审核员清单、员工技能评定表、技能矩阵及能力评价、第二方审核员能力证明资料。

23 意　识

IATF 16949：2016 条款原文

7.3.1　意识（补充）

组织应保持形成文件的信息，证实所有员工都认识到其对产品质量的影响，以及他们所从事的活动在实现、保持并改进质量中的重要性，还包括顾客要求以及不合格品带给顾客的风险。

条款解析

意识是一个组织从领导层到每一位员工对质量和质量工作的认识和理解。换句话说，所谓质量意识，首先要保证产品合格，符合产品的规格要求，并且严格执行生产流程的各项规定。质量意识应该体现在每一位员工的岗位工作中，也应该体现在企业最高决策层的岗位工作中。它是一种自觉地保证企业所生产的、交付顾客的产品质量的意志力。质量意识是企业生存和发展的思想基础。有质量意识的员工和领导层，不会仅限于被动地接受对产品质量的要求，而是不断地关注产品质量，且提出改善意见，促进质量的提高。

应用要点

组织要通过培训等方式来提高全员的质量意识，让所有员工知晓他们所从事的工作对产品质量的影响程度和实现质量目标的重要性，培训的内容包括顾客的要求和不合格品给客户带来的风险。同时，组织需要保持形成文件的信息。

该条款存在的管理价值

意识在产品质量形成中的作用是不言而喻的。质量意识差是工作质量差的根本原因。质量意识如何往往可以衡量一个员工的工作质量，也可以衡量一个组织的质量管理成效。

该条款主要涉及哪些过程

人力资源管理、目标指标管理。

ISO/TS 16949：2009 条款内容

组织应有一个过程，以测量员工对所从事活动的相关性和重要性，以及如何为实现质量目标做出贡献的认知程度。

新旧版本差异分析

2016 版标准中意识作为独立补充条款存在，表明 2016 版标准更加注重质量意识在组织管理中的作用，强调所有员工都要认识到他们所从事的活动在实现、保持并改进质量中的重要性以及对产品质量的影响。意识养成不但需要培训，而且需要从企业文化的角度进行思考。

转版注意事项

本条款转版需要保持形成文件的信息，证实所有员工认识到其对产品质量的影响。意识需要在培训中得到提高，企业需要对全员进行质量意识的培训，并落实到工作中，真正减少不合格品的产生。

汽车行业运用最佳实践案例

汽车零部件生产企业的客户都是汽车组装厂，产品的安全性非常重要，这就需要组织的生产部门员工对生产流程和过程的质量控制点非常熟悉。尤其是对于经常换岗的人员，一定要进行过程质量控制点的培训，让其知晓从事的工作对于下道工序的内部客户和最终客户的产品质量影响和产生的后果。

培训是提高员工质量意识的方法之一，同时还应该对其从事的工作进行考核评价，与员工的年度绩效挂钩，以最终结果是否实现过程的质量目标为衡量标准。

风险警示牌、错误与正确对比示意图等悬挂于工位上。

收集岗位失误导致内外部“失效”及后果的例子，在岗位宣传培训；适时组织相关岗位人员到顾客处感受体验。

组织运行时常见失效点及可能的应对措施

常见失效点	可能的应对措施
1）组织各层面的员工不了解质量方针、质量目标和质量绩效，对质量漠不关心 2）没有保留质量意识培训的记录 3）员工不了解不合格品给客户带来的风险	1）全员进行质量意识的培训，内容包括质量方针、质量目标和质量职责 2）培训完成后填写培训记录并进行培训有效性考核 3）以部门为单位，对员工进行不合格品给客户带来的风险培训

管理工具包

质量意识培训、质量改善、全员沟通会、客户拜访机会教育。

通过认证所需的最低资料要求

全员质量意识培训记录。有些组织通过 8D 报告、RCA 分析和 6Sigma 项目进行质量改善的宣贯，全员参与质量改善。只有将意识转变为态度，才能产生具有质量意识的行为。

24 员工激励与授权

IATF 16949：2016 条款原文

7.3.2　员工激励与授权

组织应保持形成文件的过程，激励员工实现质量目标，持续改进，并建立一个提倡创新的环境。该过程应促进整个组织对质量和技术的认知程度。

条款解析

组织应关注表现突出的员工并给予激励，让其为实现质量目标而持续改进。对努力付出且创造业绩的员工给予晋升、精神鼓励以及晋升后的再培训和 OJT/OTD 培养。这种积极向上的职场氛围，是组织和员工共同期待的。

组织应适度授权，提升效率，促进组织对质量和技术的认知程度。

以上过程要形成文件，并让员工知悉。

应用要点

在创新发展的今天，组织也应该是创新型的、学习型的组织，应为员工创造和谐快乐的职场并注重人才培养。因此，要建立健全对“努力付出且创造业绩的员工给予回报”的激励机制；另外，授权也是提升组织效率的有效方式之一，要适度授权。

该条款存在的管理价值

人是企业最重要的生产力。组织的竞争最终是人才的竞争。时刻“以顾客为关注焦点”的角度出发，组织应为员工搭建安全和谐的职场，建立健全人才的“选育用留”制度，对员工实施激励；以及在一定管理基础上适当授权，体现效率。以上两方面是企业“以人为本”的切实体现。

该条款主要涉及哪些过程

人力资源管理过程、持续改进过程。

ISO/TS 16949：2009 条款内容

6.2.2.4　组织应有一个激励员工实现质量目标、开展持续改进和建立促进创新环境的过程。该过程应包括在整个组织内提高质量和技术的意识。

组织应有一个过程，以测量员工对所从事活动的相关性和重要性，以及如何为实现质量目标做出贡献【见 6.2.2d】的认识程度。

新旧版本差异分析

文字描述更精练，更加体现“以顾客为关注焦点”的“以人为本”的思想。

转版注意事项

无变化。

汽车行业运用最佳实践案例

在汽车行业飞速发展的今天，新能源汽车、车联网的应用技术等已经是各大汽车集团关注的焦点和核心竞争力的体现。总结成功企业的经验，很重要的因素就是，企业发展过程中为员工创造和谐向上的职场，建立健全完善的用人机制、不断改善并注重人才培养。其中，过程激励、结果激励和适当授权，更能加速员工成长，提高效率。

以上两方面的描述，更加体现“以顾客为关注焦点”的“以人为本”的思想。

例如，①员工晋升是激励机制的具体体现之一；②晋升后对其进行信任教育，并在工作中压担子（增加工作内容与权限），让其向复合型人才方向发展，为员工谋划其职业生涯也是激励的有效方法；③在工作过程中培养员工，担当重要的课题，即使当年未能获得晋升，员工依然能体会到所承担课题成功后的快乐与自信，并保持这份自信，不断创造更好的业绩。

组织运行时常见失效点及可能的应对措施

常见失效点	可能的应对措施
人才培养制度缺失或不完整（员工晋升制度、员工奖惩条例、授权的权限与范围）	1）建立并完善“岗位职责说明书” 2）建立并完善“员工奖惩制度”（晋升、处罚）

管理工具包

1）管理层例会。在管理会议上注意捕捉组织各方面的变化，及时确定内外部问题，对于个别问题可以开展一定范围的讨论并形成记录（企业内部激励机制现实推进过程中存在的问题、改进思路与措施；了解同行业薪酬福利待遇等标准，开展相关对标工作）。

2）在内外部问题的确定上可以使用SWOT、PEST等分析工具来评估出关键风险点。

通过认证所需的最低资料要求

“人力资源规划”，“人才培养管理规定”（员工晋升、人力资源配置等），“员工奖惩管理规定”，“岗位职责说明书”（授权的权限）。

25 质量管理体系文件

IATF 16949：2016 条款原文

7.5.1.1 质量管理体系文件

组织的质量管理体系应形成文件，并包括一份质量手册，可由一系列（电子或硬拷贝形成的）文件构成。

质量手册的格式和结构由组织自行决定，将取决于组织的规模、文化和复杂性。如果采用一系列文件，则应保留一份构成组织质量手册的文件的清单。

质量手册应至少包括以下内容：

a）质量管理体系的范围，包括任何删减的细节和正当的理由。

b）为质量管理体系建立的形成文件的过程或对其引用。

c）组织的过程及其顺序和相互作用（输入和输出），包括任何外包过程控制的类型和程度。

d）一个显示组织质量管理体系内哪些地方满足了顾客特定要求的文件（如表格、列表或矩阵表）。

注：可采用一个显示组织过程如何满足本汽车 QMS 标准要求的矩阵来辅助在组织过程与本汽车 QMS 标准之间建立联系。

条款解析

延续质量手册需形成文件的要求，作为汽车行业特殊要求明显与 ISO 9001：2015 不同。

首先，组织的质量管理体系形成文件的信息不局限于纸质，可用电子形式或硬拷贝等。其中，质量手册是组织质量管理体系形成文件的一部分。质量手册格式和结构没有固定要求，根据组织的规模、文化和复杂性有所不同。如果采用的是系列文件构成质量手册，应保留构成质量手册的文件清单。

本条款明确了组织建立质量手册时至少应包含的内容，如质量管理体系的范围。确定范围时，参照 4.3 章节，考虑组织的内外部因素、相关方以及组织的产品和服务。如果有不适用本汽车 QMS 标准的条款需要删减时，注明删减的细节及正当理由。

其次，组织运行质量管理体系时有形成文件的过程，在质量手册中应包含或者引用这些过程。

再次，如果要更好地运行体系，在质量手册总则中明确有哪些过程是不够的。需要明确各个过程之间的顺序和相互作用，管理好过程接口，尤其是不能漏掉外包过程。

最后，不能只关注组织内部，不考虑顾客。组织需要定期识别顾客特定要求，将顾客特定要求、需要融入组织的质量管理体系中进行管理。可以使用表格、列表或矩阵表等形式，且需明确顾客特定要求与组织的哪些过程、文件如何关联。

为防止组织在标准贯彻中有遗漏，可使用矩阵表将组织的过程与汽车 QMS 标准建立联系。

应用要点

1）删减条款和删除理由的说明。

2）各过程间的输入、输出衔接。

3）外包过程的识别。

4）顾客特定要求的识别。

5）使用质量管理体系过程表，明确组织内的过程。

6）使用质量管理体系过程定位图，明确各过程之间的顺序及相互作用。

该条款存在的管理价值

1）形成公司质量管理体系框架。

2）明确组织的过程以及过程作为质量手册的内容。

3）突出外包和顾客特定要求的识别，强调了风险控制。

4）采用汽车标准与组织质量管理体系过程的矩阵，防止组织管理遗漏。

该条款主要涉及哪些过程

质量管理体系策划过程、客户特定要求的识别过程、文件记录控制过程。

ISO/TS 16949：2009 条款内容

4.2.2　质量手册

组织应编制和保持质量手册，质量手册包括：

a）质量管理体系的范围，包括任何删减的细节和正当的理由。

b）为质量管理体系建立的形成文件的过程或对其引用。

c）组织的过程之间的相互作用的表述。

新旧版木差异分析

1）新增任何外包过程识别到质量手册中的要求。

2）新增顾客特定要求识别到质量手册中的要求。

转版注意事项

在符合 ISO/TS 16949 标准要求的情况下，管理手册中增加外包过程的识别及顾客特定要求的识别评审。

汽车行业运用最佳实践案例

质量手册中采用描述、矩阵、对照表的形式呈现，避免大篇幅的文字描述。

1）列出外包过程，如工艺外包、过程外包等，明确各外包过程的责任部分。

2）客户特定要求的识别、落实，并将其传达给供应商。

组织运行时常见失效点及可能的应对措施

常见失效点	可能的应对措施
外包过程识别不全，外包管理职责不清	1）制定外包管理职责 2）定期盘点质量手册中外包过程是否完整
客户特定要求矩阵未建立或识别不全	1）制定客户特定要求识别流程及职责部门，如过程与顾客特定要求矩阵表 2）与客户确认是否传递供应商规范，必要时，客户特定要求传递给供应商

过程与顾客特定要求矩阵表

过程名称	输入	活动	输出	顾客特定要求	负责人	参与部门	有无外包	问题点	解决方案

管理工具包

矩阵、清单。

通过认证所需的最低资料要求

建立质量手册，定义适用的体系范围；质量管理体系各过程及相互作用文件，如质量管理体系过程表、质量管理体系过程定位图；质量手册中有识别外包过程；质量手册中有识别顾客特定要求。

26 记录保存

IATF 16949：2016 条款原文

7.5.3.2.1　记录保存

组织应有一个确定的、形成文件的并且被执行的记录保存政策。对记录的控制应满足法律法规、组织及顾客要求。

应保存生产件批准文件、工装记录（包括维护和所有权）、产品和过程设计记录、采购订单（如适用）或者合同和修正，保存时间为产品在现行生产和服务中要求的有效期，再加一个日历年，除非顾客或监管机构另有特殊要求。

注：生产件批准形成文件的信息可包括已批准产品，适用的试验设备记录或已批准试验数据。

条款解析

用具体的要求规定了组织在质量记录保存种类、保存期限等方面必须符合顾客和法律法规要求。其中，顾客要求是指顾客关于质量记录存档期限的特殊要求，如大众 F－Q 中，对于 D/TLD 件的质量责任记录要保留 15 年以上，而安全气囊制造商的有关质量记录要终身保留等。标准条款给出了必须保留的记录种类，是指从产品诞生到产品量产的过程，特别是 APQP 和 PPAP 相关的记录，这是非常大的一类记录。

保存的时长规定为产品提供功能的时间再加一个日历年（一个日历年为 365 天）。

应用要点

1）对记录控制形成文件。

2）明确需被保存的记录种类及记录保存期限要求。

3）明确记录保存的起始点，才好计算再加一个日历年。

该条款存在的管理价值

记录保存的目的是追溯进而实现“召回”；同时，记录也用于分析质量事故、界定质量责任和改进。记录提供了数据，如零公里 PPM、质保期 PPM、出厂 12 个月平均故障率 12MIS 等。

该条款主要涉及哪些过程

文件记录控制。

ISO/TS 16949：2009 条款内容

4.2.4.1　记录保存

记录控制应满足法律法规和顾客要求。

新旧版本差异分析

2016 版标准明确规定了需要保存的记录的种类，明确规定了记录的保存期要符合顾客、法律法规、监管机构的要求。

转版注意事项

1）明确不同记录类型的保存要求。

2）顾客及监管机构的记录保存要求。

3）保存期起始点的计算必须要以产品在整车中还在提供功能（一般理解为寿命）或承诺向顾客/市场持续提供产品、备件或服务的时间。

汽车行业运用最佳实践案例

对客户有关记录保存的要求进行及时识别和用矩阵表的形式进行管理。

客户名称	记录的名称	保存期限	保存要求	接收日期

组织运行时常见失效点及可能的应对措施

常见失效点	可能的应对措施
记录未保存，遗失	1）记录电子化（ERP 系统或扫描电子档） 2）及时扫描 3）纸本记录保存，外箱贴标识
旧版文件不可追溯	1）定义旧版文件的管理方法 2）旧版文件电子化
起始点规定不正确	培训、理解什么是产品服务的有效期
记录保存期不满足法律法规要求或顾客特殊要求	搜集法律法规、识别顾客特殊要求并加以落实

管理工具包

文件管理系统、电子文档储存和追溯系统。

☞ 通过认证所需的最低资料要求

1）记录控制形成文件。

2）不同记录类型保存要求。

3）记录保存涵盖生产件批准文件、工装记录（包括维护和所有权）、产品和过程设计记录、采购订单（如适用）或者合同和修正。

4）存在的关键风险和措施证据。

5）能够出示审核员要求的符合法律法规规定时间的记录。

27 工程规范

IATF 16949：2016 条款原文

7.5.3.2.2　工程规范

组织应有形成文件的过程，描述基于顾客要求的进度进行的所有顾客工程标准/规范及相关修订的评审、分发和实施。

当工程标准/规范更改导致产品设计更改时，请参见 ISO 9001 第 8.3.6 条的要求。当工程标准/规范更改导致产品实现过程更改时，请参见 ISO 9001 第 8.5.6.1 条的要求。组织应保留每项更改在生产中实施日期的记录。实施应包括更新过的文件。

应当在收到工程标准/规范更改通知后 10 个工作日完成评审。

注：当设计记录引用了这些规范，或这些规范影响了生产批准过程的文件，如控制计划、风险分析（如 FMEA）等时，这些标准/规范的更改需要对顾客的生产件批准记录进行更新。

条款解析

组织要有形成文件的程序，包括但不限于以下内容：

1）定义清楚过程，明确控制活动。定义顾客工程标准/规范从接收确认、识别需求、立案推进、转化文件、相关部门审议确认、审核批准、制定或更改生效、按需分发、回收旧件、实施运用和实施效果评审的闭环过程管理。

2）定义工程标准/规范制定、修改者，主管部门以及批准者，识别关联和运用部门。

3）明确顾客工程标准/规范的对应窗口部门，接收到顾客的技术通知，识别顾客需求，评审实施可行性，得到批准人批准后回复确认顾客需求。

4）依据技术标准的内容，修改人根据适用范围来决定是否通知和组织关联部门进行审议。必要时还要进行产品试制和实施效果的评审。

5）将顾客工程标准/规范转化为组织的工程标准/规范。

6）工程标准/规范制定或更改批准者批准。

7）批准原件保留在主管部门，受控件以规定的技术通知或联络文件，将工程标准/规范分发给关联部门的管理者或者联络人，管理者或者联系人要将其进行彻底传达，失效的工程技术标准/规范除原件以外的副本，由主管部门回收并销毁，需要保留的失效的工程标准/规范需要加盖“废止”标记。

8）实施部门按照要求实施工程标准/规范内容，主管部门评审实施有效性，并且形成评审意见。

9）在工程标准/规范的修订/更改栏中记录修订的版次、内容、批准人。

10）工程标准/规范修订/更改的信息应该按照顾客变化点管理要求，通知顾客进行生产批准记录的更新。

应用要点

1）正确理解工程规范的定义，来自客户和组织自身的、表达了产品特性要求的技术文件。

2）工程更改，首先要基于满足顾客的要求，符合顾客工程更改过程的要求。

3）工程更改以工程规范的更改来表达，工程规范作为载体，它的制订、修订、评审、分发、实施、保留等首先要符合顾客的要求，组织要对工程规范的变更进行评审，并要求在10个工作日内完成（源于顾客特殊要求）。

4）当顾客工程规范更改时，组织的内部过程控制文件，如图纸、过程FMEA、CP、WI、检验规范等要跟随顾客的变更加以变更，不要时应提交顾客批准。

5）组织要管控变更的替换开始点，管理好切换后剩余的产品，按照顾客的要求发放并保留记录。

该条款存在的管理价值

工程规范是顾客针对产品要求、特殊特性等的表述文件，管理好工程规范就是管理了顾客要求，进而就是管理了组织内部的各种技术文件。

该条款主要涉及哪些过程

文件记录控制过程、设计变更控制过程、工艺变更控制过程。

ISO/TS 16949：2009 条款内容

4.2.3.1　工程规范

组织应有过程来保证基于顾客要求的进度，及时地评审、分发并实施所有的顾客工程标准/规范及其更改。及时评审应当尽快进行，不应超过两个工作周。

组织应保存每项更改在生产中实施日期的记录。实施应包括更新过的文件。

注：当设计记录引用了这些规范，或这些规范影响了生产批准过程的文件，如控制计划、FMEA等时，这些标准/规范的更改需要对顾客的生产件批准记录进行更新。

新旧版本差异分析

1）2009版标准的两个工作周在实施时由于不同地区定义存在差异，导致不同的理解。例如，有的地区6天为一个工作周，而有的地区5天、甚至4天为一个工作周，而2016版标准统一定义为10个工作日。

2）收到顾客工程规范更改通知后应进行评审。这种评审不是尽快，而是有具体的时间限制。

3）由于顾客工程规范的更改导致的组织内部过程控制文件的更改要予以控制，

2016 版标准列出了可能需要控制的文件的种类。

转版注意事项

评审是否在 10 个工作日内完成，时间是一个要求；客户工程规范更改导致组织的哪些文件更改要予以记录；产品切换时间要予以记录；老产品如何处理要予以记录并满足顾客要求。

汽车行业运用最佳实践案例

结合实际变更案例，建立变更总表，备注接收日期、开始评审日期、评审结束日期，确认评审时效性。

组织运行时常见失效点及可能的应对措施

常见失效点	可能的应对措施
工程规范评审超期限	1）明确定义接口，评审流程及职责，限定各流程时限 2）及时与客户沟通
收到顾客更改通知书后，没有对组织的内部过程控制文件进行调整	制定检查表，对需要调整的文件进行判断
内部文件更改不一致，比如，只修改了作业指导书，没有修改 FMEA 和 CP	用检查表加以控制

管理工具包

FMEA、APQP 和 CP、PPAP 等。

通过认证所需的最低资料要求

1）评审工程规范，分发和实施流程文件化。

2）保留变更记录。

3）工程规范评审时效性。

4）识别这一过程的风险并制定预防预控措施。

28 运行策划和控制

IATF 16949：2016 条款原文

8.1.1　运行策划和控制（补充）

在对产品实现进行策划时，应包含以下主题：

a）顾客产品要求和技术规范。

b）物流要求。

c）制造可行性。

d）项目策划（见 ISO 9001 第 8.3.2 条）。

e）接收准则。

ISO 9001 第 8.1 条 c）项中的资源是所要求的产品特定的验证、确认、监视、测量、检验和试验活动以及产品接收准则。

8.1.2　保密

组织应确保正在开发的顾客签约产品和项目及有关产品信息的保密。

条款解析

IATF 对 ISO 9001 的条款 8.1 做出了两条补充要求，包括“产品实现（过程）的策划”和“保密”要求。

条款 8.1.1 针对产品实现的策划，明确提出要包括以下内容：

a）顾客产品要求和技术规范，指顾客明确的图纸、数模、技术标准、试验及测试要求、特性符号等。

b）在产品制造形成过程中会转序，成品会交付顾客，这就涉及物流和仓储环节。因产品特点不同，要考虑策划适合产品特点的物流要求。主要是考虑质量防护、减少倒运环节和次数等策划，包括物流路线、运输方式、包装方式等。

c）制造可行性，从设备能力、技术能力、开发能力、过程能力、质量控制能力、订单组织及交付能力、环保及法规等方面分析风险及优势，分析制造可行性。制造可行性策划是对产品实现的工艺路径、技术方法、设备设施和工装夹模等的策划，即技术可行。同时，还要评估经济性。通常应基于量产后成本和市场价测算，即产品实现的策划还必须实现，经济效益可行。再有，也要充分考虑（制造国、经销国和最终使用国）法规而策划，否则制造也是不可行的。

d）项目策划，对项目的团队、组织、运行、控制以及管理接口关系、资源需求以及冲突解决等进行策划，确保项目的有效性和效率。

e）接收准则，组织与顾客之间产品及项目放行或通过的判断原则等规定。

IATF 对 ISO 的条款 8.1 的 c）项进行了解释，明确了 c）项中的资源是指所要求产品特定的验证、确认、监视、测量、检验和实验活动以及产品的接收准则所需的资源，在策划阶段需明确上述活动中所需的诸如人员、费用、设备、知识等软硬件资源。

条款 8.1.2 要求组织确保正在开发的顾客签约产品和项目以及有关产品信息的保密。确保顾客正在开发或拟开发的产品及项目信息不外泄，避免商业机密泄露造成顾客损失。

应用要点

产品实现的策划涵盖了产品整个寿命周期，从产品规划、设计开发、采购、制造、物流交付、售后服务、产品回收等各阶段。此条款一般和 APQP 整合在一起做成程序文件、项目开发手册、项目管理手册等文件。

1）组织要明辨“产品实现过程策划”“产品质量先期策划”“设计和开发策划”的区别，搞清楚三个策划的内涵、内容和要求，搞清楚各自的输出是什么。此条款是策划产品实现的过程，输出是产品实现项目计划和项目的质量计划。

2）组织需要注意，一些基于新产品开发的新产线项目、设备和技术改造等活动，就是产品实现过程策划的重要组成部分，防止与产品设计开发割裂，甚至游离于体系之外，缺乏整体统筹。

3）利用妥善的流程、机制和措施来确保保密的要求。

该条款存在的管理价值

针对汽车供应链上产品实现策划过程明确了所包含的具体要求，为产品实现的策划提供了框架和范围。

该条款主要涉及哪些过程

APQP 管理过程、项目管理过程。

ISO/TS 16949：2009 条款内容

7.1　产品实现的策划

注：有些顾客把项目管理或产品质量策划作为一种产品实现的方法。

7.1.1　产品实现的策划（补充）

作为质量计划的一部分，产品实现的策划应包括顾客要求和对其技术规范的引用。

7.1.2　接收准则

接收准则应由组织定义，要求时应由顾客批准。

7.1.3　保密

组织应确保顾客委托的正在开发的产品、项目和有关产品信息的保密。

新旧版本差异分析

两版基本无差异，只在语言表述上进行技术性修改，更简洁、明确，便于理解。

2016 版的条款 8. 1. 1 明确了运行策划的控制包含的内容，如物流要求和制造可行性等。8. 1. 2 更加简练地规定开发保密的要求。

转版注意事项

更新 APQP 程序、项目管理程序、产品和过程开发程序等，增加项目开发保密协议有关要求，在劳动合同或有关文件中规定保密要求，作为日常操作的依据。

汽车行业运用最佳实践案例

此条款一般和 APQP 整合在一起做成程序文件，通常为产品开发项目管理，按照组织设计开发流程进行项目运行。

国内外各大主机厂都有自己的开发设计流程，各自配套零部件企业根据主机厂顾客的要求开发自己的产品，提交各阶段的交付物。例如，通用汽车整车开发流程分为 8 个重要项目节点，分别为 G8 ~ G1。G8：项目立项；G7：项目启动；G6：项目批准；G5：A 图发布；G4：生产工艺验证；G3：预、试生产；G2：试生产；G1：正式投产生产发布。

组织运行时常见失效点及可能的应对措施

常见失效点	可能的应对措施
产品实现的策划不充分，遗漏条款中部分要求，如物流要求、制造可行性分析等	按照标准要求，建立检查表，针对各项输入进行评审
有保密要求的产品和项目，未识别到保密要求，存在泄露的风险	1）将风险控制融入该业务过程，规定评审间隔、建立相应机制，一旦有合作项目或顾客设计或技术规范接收，立即启动相应的措施，覆盖可能流传和出现的场所和节点 2）建立覆盖顾客信息接收、传递、使用和存档保管的制度，安排诸如资料软件加密、涉及人员保密协议、意识能力培训、现场禁止拍照等有效措施，防止泄密

管理工具包

GB/T19016 质量管理体系、项目质量管理指南、APQP 产品质量先期策划、VDA4. 3 项目策划。

通过认证所需的最低资料要求

至少包括以下内容才可以满足条款 8. 1 的要求：产品标准、法律法规要求、工程图、车间物流图、项目前期风险评估表、APQP 计划、控制计划、检验标准及接受准则、设备清单/测量实验设备清单/工模具清单、工艺流程图、作业标准书、工程变更履历表、保密协议等、生产能力评估表。

29 产品和服务要求

IATF 16949：2016 条款原文

8.2　产品和服务要求

8.2.1.1　顾客沟通（补充）

应按顾客同意的语言进行书面或口头沟通。组织应有能力按顾客规定的语言和形式来沟通必要的信息，包括按顾客规定的计算机语言和格式的数据（如计算机辅助设计数据、电子数据交换等）。

8.2.2.1　产品和服务要求的确定（补充）

这些要求应包括回收再利用、对环境的影响，以及根据组织对产品和制造过程的认知所识别的特性。

遵守 ISO 9001 第 8.2.2 条 a）的 1）项的要求，包括但不限于：所有适用的与材料的获得、存储、搬运、回收、销毁或废弃有关的政府、安全和环境法规。

8.2.3.1.1　产品和服务要求的评审（补充）

组织应保留形成文件的证据，证明对 ISO 9001 第 8.2.3.1 条中正式评审要求的弃权有顾客授权。

8.2.3.1.2　顾客指定的特殊特性

组织应符合顾客对特殊特性的指定、批准文件和控制的要求。

8.2.3.1.3　组织制造可行性

组织应采用多方论证的方法来进行分析，以确定组织的制造过程是否是可行的，能够始终生产出符合顾客规定的全部工程和性能要求的产品。组织应为任何对其而言新的制造和产品技术，以及任何更改过的制造过程或产品设计进行可行性分析。

此外，组织应当通过生产运行、标杆管理研究或其他适当的方法，确认其能够以所要求的速率生产出符合要求的产品。

条款解析

条款 8.2 分别从顾客沟通，产品和服务要求的确定、评审进行了详细扩充。要求组织通过沟通，获得准确、完整、清晰的顾客需求，并对相关要求进行评审与确定。

IATF SIs 在 2017 年 10 月发布，对本条款进行修订，更改的理由主要在于：关系重大时，制定有关应急措施的特定要求；若顾客没有提供形成文件的要求，组织在接受顾客要求前应对顾客要求进行确认。

8.2.1.1　顾客沟通（补充）

如何沟通，通过何种方式、何种语言沟通要满足顾客要求。例如，中外合作项目需要双方确定工作语言（中文/英语等）；各自组织内所采用的信息系统，如订单系统、合同评审系统、配件系统等，在不同系统中是否有接口，采用何种传输协议；在产品开发过程中，2D、3D 以及组织间开发软件是否能够兼容等。

8.2.2.1 产品和服务要求的确定（补充）

针对汽车行业特殊要求，IATF 在 ISO 9001 的基础上针对影响人类可持续发展、对涉及人身重大安全和健康、环境保护等方面提出了更进一步的要求，如 E－mark 认证法规，REACH、ELV、VOC 等环保、有害挥发物、材料可回收要求在产品生命周期各个阶段得到充分识别，原材料要符合 IMDS 要求，确保顾客相关的要求及产品特性能够等到识别与遵守。如果顾客没有提供形成文件的要求，组织在接受顾客要求前，由顾客对组织识别出的顾客要求进行确认，并保留相关证据。

8.2.3.1.1 产品和服务要求的评审（补充）

此条款明确提出保留相关顾客弃权的证据，没有得到顾客弃权声明，就应进行产品和服务要求的评审。

8.2.3.1.2 顾客指定的特殊特性

组织应符合顾客对特殊特性的指定、批准文件和控制的要求。组织应在图纸、控制计划以及各种作业文件中按照顾客指定的特殊特性进行标识，如安全特性、电磁特性、防火特性、污染危害特性等，根据顾客对不同特性的控制要求和批准权限，对特性识别与落实。

8.2.3.1.3 组织制造可行性

组织应采用多方论证的方法来进行分析。多方论证要基于能够胜任的人员，可包括销售、制造、工程、开发、设备、订单、质量、服务、顾客、供应商等功能部门。从技术能力、设备能力、生产能力、采购能力、过程能力等多方面进行分析，以确定组织的制造过程否是可行，能否始终生产出符合顾客全部工程和性能要求的产品。

组织在首次开发或新引进的制造和产品技术（对其他企业来说或许是成熟工艺或技术），以及任何更改过的制造过程或产品设计时，应进行制造可行性分析。

此外，组织应当通过生产运行、标杆管理研究或其他适当的方法，确认其能够以所要求的速率生产出符合要求的产品。关系重大时，应制定有关应急措施。

应用要点

1）采用顾客同意的语言并且具备沟通必要信息的能力。

2）遵守 ISO 9001 条款 8.2.2 中 a）的 1）项的要求，应包括但不限于：适用法律法规、组织认为必要的、所声明的、适用的政府、安全和环境规定等要求。

3）所有合同、订单、工程规范，包括新制定的和更改的，均应正式评审。正式评审的弃权需有顾客授权，并保留文件化的证据。

4）特殊特性的指定、批准及控制文件，包括产品设计、过程设计、量产（控制计划、SIP、WI 等），应符合顾客要求。

5）跨职能小组实施分析，以决定其制造过程（CPK、产能、直通率、DPPM 等）有能力持续生产符合顾客要求的产品。

6）通过生产运行、标杆研究或其他适当的方法，验证其有能力在指定的节拍下制造符合规范要求的产品。

该条款存在的管理价值

通过与顾客沟通，识别顾客要求，明确产品和服务要求，旨在实现以顾客为关注焦点的原则，确保顾客要求得到充分沟通、识别，确保顾客满意度。

该条款主要涉及哪些过程

合同评审过程、订单评审过程、顾客沟通过程。

ISO/TS 16949：2009 条款内容

7.2　与顾客有关的过程

7.2.1　与产品有关要求的确定

组织应确定：a）顾客规定的要求，包括对交付及交付后活动的要求；b）顾客虽然没有明示，但规定用途或已知的预期用途所必需的要求；c）适用于产品的法律法规要求；d）组织认为必要的任何附加要求。

注：交付后活动包括诸如保证条款规定的措施、合同义务（如维护服务）、附加服务（如回收或最终处置）等。

注1：交付后活动包括作为顾客合同或采购订单一部分所提供的任何售后产品服务。

注2：此要求包括再利用、对环境的影响以及根据组织对产品和制造过程所掌握知识的结果所识别的特性（见7.3.2.3）。

注3：条款c）的符合性包括所有适用的政府、安全和环境法规，适用于材料的获取、贮存、搬运、再利用、销毁或废弃。

7.2.1.1　顾客指定的特殊特性

组织应证实在特殊特性的指定、形成文件和控制方面符合顾客的要求。

7.2.2　与产品有关要求的评审

组织应评审与产品有关的要求，评审应在组织向顾客作出提供产品的承诺（如提交标书、接受合同或订单及接收合同或订单的更改）之前进行，并应确保：a）产品要求已得到规定；b）与以前表述不一致的合同或订单的要求已得到解决；c）组织有能力满足规定的要求。评审结果及评审所引发的措施的记录应予以保持（见4.2.4）。若顾客没有提出形成文件的要求，组织在接受顾客要求前应对顾客要求进行确认。若产品要求发生变更，组织应确保相关文件得到修改，并确保相关人员知道已变更的要求。

注：在某些情况下，如网上销售，对每一个订单进行正式的评审可能是不实际的，作为替代方法，可对有关的产品信息，如产品目录、产品广告内容等进行评审。

7.2.2.1 与产品有关的要求评审（补充）

对7.2.2中正式评审（见注）要求的放弃应得到顾客授权。

7.2.2.2 组织制造可行性

组织应在合同评审过程中，对所涉及产品的制造行性进行研究、确认并形成文件，包括进行风险分析。

7.2.3 顾客沟通

组织应对以下有关方面确定并实施与顾客沟通的有效安排：a）产品信息；b）问询、合同或订单的处理，包括对其修改；c）顾客反馈，包括顾客投诉。

7.2.3.1 顾客沟通（补充）组织应有能力按顾客规定的语言和方式（如计算机辅助设计数据、电子数据交换等）沟通必要的信息，包括数据。

新旧版本差异分析

在条款8.2.1中增加了：d）处置或控制顾客财产；e）关系重大时，制定有关应急措施的特定要求。

转版注意事项

1）组织能达到的要求要明确化，必要时文件化展示。

2）承诺之前先评审。如果顾客无明确要求，要识别顾客要求并经顾客确认，要保留顾客放弃的证据。

3）针对制造可行性分析中存在的风险要制定应急计划，以降低或减少风险的影响。

汽车行业运用最佳实践案例

1）采用“提示单”或经验知识库等形式减少人为因素造成的沟通差异。

2）建立“产品和服务要求评审”流程，对此环节的评审有效性给予关注。通过ERP系统对顾客订单进行评审，各相关部门进行评审意见。针对常规订单和特殊订单采取不同的策略与路径，确保顾客要求及产品要求得到识别。

组织运行时常见失效点及可能的应对措施

常见失效点	可能的应对措施
1）顾客要求评审的记录不全 2）顾客要求变化管理要求传递不到位	1）收集合同往来部门证据，可追溯 2）对变更要求进行全过程管理

管理工具包

调查表、风险矩阵。

通过认证所需的最低资料要求

1）与顾客沟通往来记录，如招投标文件、采购协议、开发协议、订单采购要求等。

2）顾客要求清单。如果有明确的顾客要求，则由顾客输入或从顾客官网查询获取，如 FCA Italy S. p. A Customer Specific Requirements for IATF 16949：2016。

3）产品要求相关的安全、环境、可回收等法规要求清单。

4）订单评审记录；顾客评审弃权声明文件。

30 产品和服务的设计和开发

IATF 16949：2016 条款原文

8.3.1.1　产品和服务的设计和开发（补充）

ISO 9001 第 8.3.1 的要求应适用于产品和制造过程的设计和开发，并且应着重于错误预防，而不是探测。组织应对设计和开发过程形成文件。

条款解析

1）本条文是对 ISO 9001：2015 条款 8.3.1 的补充要求。条款 8.3 的章节名称为“产品和服务的设计和开发”，很容易让人误解，以为设计与开发只有针对产品和服务。实际上在汽车供应链中，很多公司只负责生产制造，而产品的设计则来自于客户。对于这类的公司，在接到客户设计图纸与要求后，必须要思考如何将产品以有效率的方式制造出来，这是属于制造过程开发的范围，因此条文特别补充了说明。

2）制造是每天都在进行的工作，不是一次性的工作，任何时间在“人、机、料、法、环、测”上出现差错，都可能导致产品出现质量上的重大瑕疵，造成生产浪费、报废，或者市场召回、赔偿。汽车供应链强调产品要零缺陷，但偏偏很多产品特性不是量测成本高就是无法实施检验，或者就是无法有效量测出来，因此制造过程应该优先考虑的是如何不制造出不良品的防错概念，而不是聚焦于设置多少检验能量的探测概念。

3）设计与开发的过程涉及许多准备、审查、验证与确认等工作，任何遗漏或疏忽都会导致所开发的产品或制造过程存在质量缺陷，造成后续样品、试作或量产过程的困扰与风险，不只影响自己，也可能影响整个汽车供应链。所以 IAT F16949 条文要求组织必须要有标准化的、文件化的设计和开发程序文件。

应用要点

1）公司必须要备有一份文件化的开发和设计管理程序书。对于同时负有产品设计责任与生产制造的公司，该程序书内容需要涵盖产品设计开发的管理流程，以及制造过程设计开发的管理流程；对于仅负责生产制造的公司，该程序书需要有制造过程设计开发的管理流程。

2）对于同时存在上述两种活动性质的公司（有自行产品设计与制造或委托制造时），则需按属性按适用的管理流程来进行。

3）在开发和设计管理程序书中所规定的活动，应该强调错误预防的观念，强调防错需求的识别，防错方法的开发、验证、确认，以将可能的错误机会降至最低，甚至不会有错误发生。

4）缺陷预防主要体现在以往问题的经验教训总结，以及 FMEA 分析中低于高风险的失效模式起因的防错设计。

该条款存在的管理价值

1）表明制造过程也是设计开发的一环，需要制定明确的管理流程，才能有效保障每个产品的开发质量。

2）预防错误可以避免或降低不合格品产生或流出的风险，从而降低量产时的质量不良成本和检验成本。因此需要将错误预防的观念导入产品或过程开发流程中。

3）产品不满足要求所付出的代价，随着时间的推移会变得日益巨大。实践表明，比起批量生产后再处理不良、筛选不良或召回不良所造成的经济损失和商誉损失，通过制度化、标准化的管理流程，在产品的摇篮阶段（开发设计时间）尽早发现、解决或预防质量的问题根源更有效益。

该条款主要涉及哪些过程

产品与制程设计、纠正与预防措施。

ISO/TS 16949：2009 条款内容

7.3　注：7.3 的要求包括对产品和制造过程的设计和开发，且关注于防错，而不是找出错误。

新旧版本差异分析

2016 版标准明确要求，应将设计和开发过程形成文件。

转版注意事项

1）组织需要有一份符合内部运作要求、IATF 16949 要求与客户要求的文件化的产品和制造过程设计开发管理程序。

2）产品和制造过程设计开发管理程序应能展现产品设计开发的部分和制造过程开发的部分。对于只有制造责任的公司，则无需产品开发设计部分。

3）应尽可能在设计开发过程中展现出防错的概念，对于如何做、谁来做、是否有效，也应展现出明确的证据。

汽车行业运用最佳实践案例

产品质量策划进度图

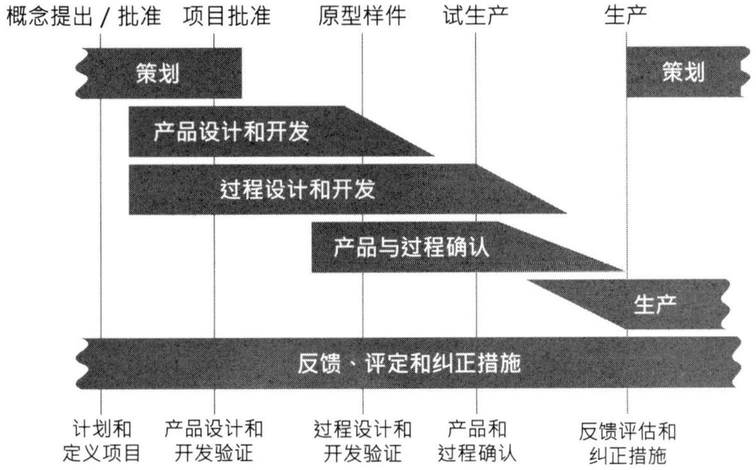

1）附图为产品质量先期策划（APQP 手册）中提及的开发设计过程，很明显有“产品设计和开发”活动及“过程设计和开发”活动。

2）在“产品设计和开发”活动中导入 DFMEA，在“过程设计和开发”活动中导入 PFMEA，其目的就是希望识别潜在的风险并透过预防措施来减少问题的发生机会。

组织运行时常见失效点及可能的应对措施

常见失效点	可能的应对措施
1）组织同时存在产品质量先期策划管理程序和设计开发管理程序，但都与实际运作不符合 2）设计开发管理程序强调产品设计开发过程，却缺少制造过程设计开发的部分	1）整合产品质量先期策划手册的要求与公司实际的设计开发流程和客户要求，使其成为组织实际运作用的设计开发管理程序 2）使组织相关人员具有产品设计开发和制程设计开发的观念，并于设计开发管理程序中分别体现产品设计开发和制程设计开发的具体管理流程和要求

管理工具包

AIAG APQP 产品质量先期策划；VDA4.3 批量投产前质量保证（项目策划）；VDA 新零件成熟度保障 MLA。

通过认证所需的最低资料要求

1）受控的产品和制造过程设计开发管理文件。

2）文件需要呈现产品设计开发与制造过程设计开发两部分。对于无产品设计责任的组织可以删减产品设计部分。

31 设计和开发策划

IATF 16949：2016 条款原文

8.3.2.1　设计和开发策划（补充）

组织应确保设计和开发策划涵盖组织内部所有受影响的利益相关者及其（适当的）供应链。使用多方论证方法的方面包括但不限于：

a）项目管理（如 APQP 或 VDA－RGA）。

b）产品和制造过程设计活动（如 DFM 和 DFA）。例如，考虑使用替代的设计和制造过程。

c）产品设计风险分析（FMEA）的开发和评审，包括降低潜在风险的措施。

d）制造过程风险分析（如 FMEA、过程流程、控制计划和标准的工作指导书）的开发和评审。

注：多方论证方法通常包括组织的设计、制造、工程、质量、生产、采购、供应、维护和其他适当职能。

条款解析

1）一个产品从开发到量产以及后续的供应过程要能顺利进行并有竞争力，就必须要做到满足客户要求、符合法律法规规定、容易生产组装或制造、材料取得不困难、设备维护保养容易、测试容易、检验方便、服务维修便利等。这些要求与限制林林总总，只要有所遗漏就可能让新产品开发受到阻碍、量产不易进行或失去市场竞争力，导致产品开发所投入的巨额成本付之东流。因此设计开发过程需要使用多方论证方法（跨功能/职能小组）来参与，并将相关利害关系人的要求与期望都列入考虑。

2）在整个开发设计的过程中，特别需要透过多方论证方法以结合各职能的知识、经验与想法来共同完成的项目至少有下列几种：

a）项目管理过程（涉及个职能所需要配合与完成的项目）。

b）产品和制造过程设计活动（涉及可制造性与可装配性的问题）。

c）DFMEA 的完成（涉及是否能完整且无所遗漏地预估产品在设计上的风险，并尽可能提出侦测风险、降低风险的措施）。

d）PFMEA 及相关制造文件的完成（涉及每个生产工位在 5M1E 上的风险是否能被完整且无所遗漏的预估，并尽可能提出侦测风险、降低风险的措施。其中制造流程、控制计划、作业指导书等文件撰写的完整性与联结性，将影响措施的有效性以及后续零缺陷生产的可能性）。

3）多方论证方法就是由跨功能/职能所组成的团队。因为开发设计牵一发而动全身，为完整考虑与整合相关单位的经验、知识与要求，一般团队通常包括组织的设计、制造、工程、质量、生产、采购、供应、维护和其他适当职能。不同的任务需要参与职能可能有所不同，可以视需要来调整。

应用要点

1）产品和过程设计的小组成员，应当至少包含标准中要求的相关职能人员。

2）在设计开发活动过程中，各职能代表需要将相关信息传达给组织内部相关人员，同时也要将部门相关人员的意见带入小组，确保相关的知识、经验、限制、要求在设计开发过程中就予以考虑，减少后续的设计或工程变更。

3）设备维修/保养人员常被忽略，建议要加入，以考虑新设备的功能或结构要求。同时设备人员的加入，更能使其理解设备、工装及夹具失效时，会为产品及其应用带来什么影响，进而规划和实施更完整的设备预防保养，以支持零缺陷制程。

该条款存在的管理价值

1）集思广益总胜过闭门造车。每个职位的人员都有能力、意识、经历、知识、想法甚至心态的局限性，所以产品和项目在开发过程的开始阶段，标准要求组织建立一个来自各个职能部门的多方论证小组，透过此小组来完成与相关利害关系人有关的工作。

2）相对于2009版标准，2016版标准扩大了多方论证小组成员范围和参与内容。多方论证小组共同参与项目管理，而不限于潜在失效模式和后果分析及其控制计划的开发和评审，其目的是使组织的各个部门都能够在项目开发阶段发现管理制度和流程上的风险和机遇。

3）开发设计的影响是全面的，源头错了或有遗漏了后期执行与运作都会有困难。所以需要考虑相关利害方与供应链的要求、期望和限制。

该条款主要涉及哪些过程

产品与制程设计、矫正与预防措施、顾客要求识别评审过程。

ISO/TS 16949：2009 条款内容

7.3.1.1　多方论证方法

组织应采用多方论证方法进行产品实现的准备工作，包括：

——特殊特性的开发/最终确定和监视。

——潜在失效模式及后果分析（FMEAs）的开发和评审，包括采取降低潜在风险的措施。

——控制计划的开发和评审。

注：多方论证方法通常包括组织的设计、制造、工程、质量、生产和其他适当的人员。

新旧版本差异分析

1）需要以多方论证小组完成的工作新增加了以下内容。①项目管理（如 APQP 或 VDA－RGA）。②产品和制造过程设计活动（如 DFM 和 DFA）。例如，考虑使用替代的设计和制造过程；多方论证小组成员的要求新增了采购、供应、维护三个职能。

2）开发设计过程应确保设计和开发策划包括组织内部所有受影响的利益相关方及其（适当的）供应链。

转版注意事项

1）2016 版标准中新增的上述内容，在产品和过程设计开发文件中加以明确和规定。

2）条款要求透过多方论证小组完成的工作项目需要有多职能参与运作的证据。

汽车行业运用最佳实践案例

应视开发设计项目的内容、范围来决定多方论证小组参与的职能，并确保相关人员具备能力且能参与到位。

多方论证小组成员及职责表

制定部门：　　　　　　　　　　　　　　　　制定日期：　　年　月　日

<table>
<tr><td>产品名称</td><td colspan="2"></td><td>顾客名称</td><td></td></tr>
<tr><td>规格/型号</td><td colspan="2"></td><td>成立日期</td><td>年　月　日</td></tr>
<tr><td colspan="4">多方论证小组成员</td><td></td></tr>
<tr><td>项目</td><td>姓名</td><td>部门</td><td>职责/工作内容</td><td>具备的设计技能</td></tr>
<tr><td>组长</td><td></td><td></td><td></td><td></td></tr>
<tr><td rowspan="6">组员</td><td></td><td>技术科</td><td></td><td></td></tr>
<tr><td></td><td>经营科</td><td></td><td></td></tr>
<tr><td></td><td>质检科</td><td></td><td></td></tr>
<tr><td></td><td>生产科</td><td></td><td></td></tr>
<tr><td></td><td>供应科</td><td></td><td></td></tr>
<tr><td></td><td>设备科</td><td></td><td></td></tr>
<tr><td colspan="5">多方论证小组职责（工作）内容：
1. 确定顾客要求和需求及期望
2. 确定顾客——内部和外部
3. 确定小组成员每一部门代表方的角色和职责及工作
4. 确定过程所需的工艺文件和作业程序及方法
5. 新产品设计和（或）开发全过程各阶段工作审查
6. 对所提出来的设计、性能要求和制造过程评定其可行性
7. 产品开发过程中相关问题的澄清及解决
8. 确定产品成本、设计和（或）开发进度、交付（提交）时间及其他必须考虑的限制条件</td></tr>
</table>

组织运行时常见失效点及可能的应对措施

常见失效点	可能的应对措施
1）条文新要求未纳入设计开发管理程序 2）设计开发过程仅由开发单位进行，未组成多方论证小组 3）条文要求的工作项目缺乏透过多方论证小组完成的证据	1）盘点现有设计开发管理程序，确保新条文要求项目已纳入，并明确规定执行方式 2）开发初期完成多方论证小组清单 3）条文要求工作项目加入多方论证小组或组长签名处，以证实是由多方论证小组完成的

管理工具包

AIAG APQP，VDA 新零件成熟度保障（MLA），VDA 产品的生产与供应、稳健的生产过程，APIS IQ－RM－Pro。

通过认证所需的最低资料要求

1）包含本条款内容要求的产品和制造过程设计过程文件。

2）在新版体系文件开始运行后新开发项目的，包含设计、制造、工程、质量、生产、采购、供应、维护和其他适当职能的项目开发小组成员清单。

3）项目管理、DFM、DFA、DFMEA、PFMEA、过程流程图、控制计划和标准作业指导书展现多方论证小组完成证据。

32 产品设计技能

IATF 16949：2016 条款原文

8.3.2.2　产品设计技能

组织应确保负有产品设计职责的人员有能力达成设计要求，并具备适用的产品设计工具和技术技能。适合的工具和技术应得到组织的识别。

注：基于数学的数字化数据的应用便是一种产品设计技能。

条款解析

1）产品设计是产品生命周期的起始点，起始点错了后面很难靠制造过程来弥补。而产品设计是由负有设计职责的人员设计及规划出来的，因此要先确保设计人员具有足够的能力来完成产品开发设计。

2）产品设计开发过程不只需要懂产品的相关技术技能，也需要懂相关设计开发工具的正确使用，才能减少失败、增加开发成功的机会和速度。所以开发设计人员需要具备这两类型的能力。

3）因为每个新开发项目所涉及的领域、应用、要求、目的等不同，所需要的知识、技术、技能、工具等也有所不同，所以合适的工具和技术应由组织加以识别。

应用要点

1）企业应当在规划组织架构时，根据相关方的需求和企业内部的流程设立适合企业的岗位、薪酬和职责说明，不仅在新员工入职时对产品设计人员进行技能评价，并且应定期评审和回顾现有设计人员的能力。

2）当接到顾客新产品、新项目，或对现有设计进行变更、升级时，应对项目团队成员的能力进行再评价和选用，确保能够满足顾客的要求。有一点应当予以建议，虽然标准没有明示，但是企业为了适合自身的需求与未来发展，建议定期评价岗位职责。

3）鉴定开发人员需要的能力时应该包括专业技术能力、项目管理能力、统计技术/质量工具能力、计算机辅助工具应用能力等。至于需要具备什么样的能力应由组织自行识别，这和组织的规模、人力分布和水平、拥有的资源，以及具体产品或服务有关。

4）设计人员不具备识别出的能力要求时，应通过适当的方式使其具备能力。必要时，也可以引入外部的资源使人员或小组具备足够的设计开发能力，以使开发过程得以顺利进行。

该条款存在的管理价值

1）确保并持续保持企业设计人员的能力，是持续满足顾客需求并赢得顾客对组织设计能力信赖的基本保障，也是确保开发过程能否顺利完成以及投入的设计开发资源能否回收的关键。

2）在材料运用及科技进步日新月异的现代，组织的人员如果没有足够的能力跟上产品和技术的变化和企业的发展，势必会造成企业的竞争力下降。因此在条款 7.2 之外，此处特别提及产品设计开发人员能力的要求。

☞ 该条款主要涉及哪些过程

产品与制程设计、人力资源管理。

☞ ISO/TS 16949：2009 条款内容

6.2.2.1 产品设计技能

组织应确保具有产品设计责任的人员有达到设计要求的能力，且能熟练掌握适用的工具和技术。组织应识别那些适用的工具和技术。

☞ 新旧版本差异分析

本条款内容与 2009 版标准条款基本一致。

☞ 转版注意事项

设计开发人员的能力评定，与传统员工岗位技能的确定方法相比，存在一定的差异性。组织除应当按条款 7.2 的要求制定产品设计人员该有的岗位职责说明，并采取适当的方法有计划、有实施、有评价地对设计开发人员的能力进行维持和提升，也应在项目成立时识别设计开发人员所需要的能力，选择能胜任的人员负责产品开发设计。

☞ 汽车行业运用最佳实践案例

示例：人员能力雷达图。

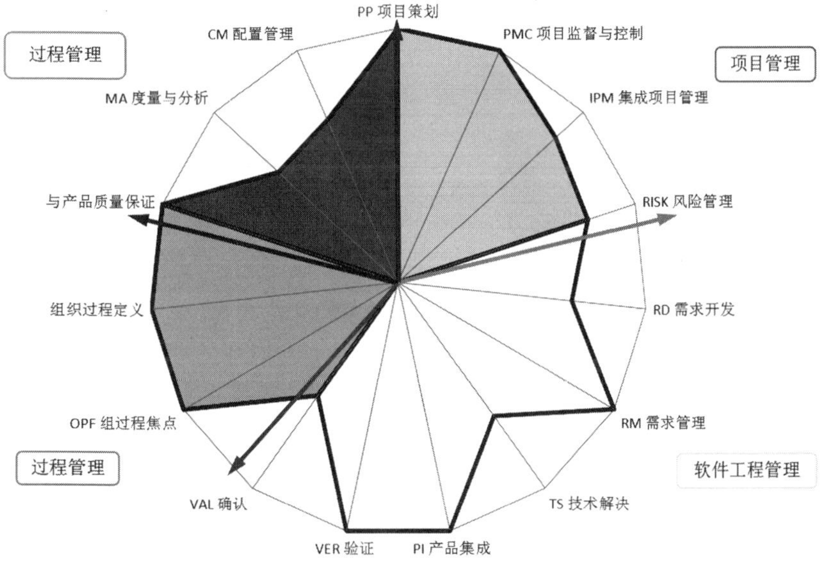

组织运行时常见失效点及可能的应对措施

常见失效点	可能的应对措施
1）岗位职责说明书内容未及时更新、不适合 2）设计开发人员能力评定措施不明确，或仅仅依靠上级领导主观印象 3）新项目开发多方论证小组成员能力要求不明确 4）没有明确的产品设计开发人员定期能力提升或培训计划、培训记录和评价记录 5）未依据开发项目内容识别所需要的产品设计人员所需要的能力。能力要求仅限于五大核心工具，未识别在专业技能及工具上的能力要求	1）定期评定岗位职责说明书 2）制定设计开发人员定期评定措施，通过项目开发质量等途径，进行量化评价 3）实施岗位等级工资制，根据项目难易和顾客重要程度，选择相应能力等级的多方论证小组成员 4）制定明确的产品设计开发人员定期培训计划，保留培训记录和评价记录 5）在项目成立或多方论证小组成员清单上规划能力要求，以确保人员能力要求与现况被识别。能力字段上需要有识别技能要求与工具要求的项目

管理工具包

1）岗位职责说明书、组织架构图、产品和过程开发软件资源清单、人员能力矩阵图、岗位等级工资制。

2）VDA 产品的生产与供应、稳健的生产过程。

通过认证所需的最低资料要求

1）基于设计要求，设计相关工具和技术技能要求等公司所识别的设计人员所应具备的能力清单。

2）当项目确立后，建议重新确认能力清单，确保以往能力清单符合项目要求。

3）（设计开发人员）岗位职责说明书。

4）多方论证小组成员清单与能力证明。

5）小组成员能力不足时的能力提升措施计划和实施纪录。

6）设计开发岗位定期培训计划及其培训记录和评价记录。

33 带有嵌入式软件的产品的开发

IATF 16949：2016 条款原文

8.3.2.3 带有嵌入式软件的产品的开发

组织应有一个质量保证过程，用于其内部开发的带有嵌入式软件的产品。应采用软件开发评估方法来评估组织的软件开发过程。组织应按照风险和对顾客潜在影响的优先级，为软件开发能力自评估保留形成文件的信息。

组织应将软件开发纳入其内部审核方案的范围（见第9.2.2.1条）。

条款解析

1）近几年车载电子或电子控制系统越来越被广泛应用于汽车内，以使驾驶过程更安全、更便利或更舒适，如定速巡航、电子燃油喷射系统、人机交互界面、自动驾驶等，而这些系统的特色就是产品中有嵌入式软件。

2）以往的条文要求主要针对有形的硬件的产品设计开发过程，但随着带有嵌入式软件的产品日益增加，如何确保软件开发质量与带有嵌入式软件产品的质量成为一个重要课题。因此条文增加要有对于带有嵌入式软件产品的质量保证过程，同时对于其软件开发过程也需要有一套评估与管理的机制。

3）由于软件的开发是新产品项目设计开发的一部分且有自行的质量保证流程，因此条文要求在执行内部审核时也需要将其列为审核对象，以确保软件开发流程的有效性、符合性和适切性。

应用要点

组织可以借鉴 Automotive SPICE 或 ISO/IEC 33020 的方法，将嵌入式软件开发过程划分为主要生命周期过程组、组织生命周期过程组和支撑生命周期过程组，并对各个过程及子过程之间的输入输出的完整性、适宜性和有效性进行等级评定。

该条款存在的管理价值

相信多数人都有遇过计算机或手机在运作过程突然死机的情况。试想，时速100km定速巡航的车辆如果突然电子燃油喷射系统死机，或者自动驾驶模块死机会造成什么样的后果？再试想，来到一个前不着村后不着店的陌生地方，车载导航触摸屏死机，此时驾驶员的感受如何？本着零缺陷的思维，任何软件、硬件都会对汽车运作造成影响，因此产品开发过程的质量保证也需要对带有嵌入式软件的产品及其软件开发做出要求。

该条款主要涉及哪些过程

产品与制程设计、内部审核、矫正与预防措施。

ISO/TS 16949：2009 条款内容

无。

新旧版本差异分析

本条款为 2016 版标准新增要求。

转版注意事项

1）此为产品设计的章节，对于无此类产品的公司可以在质量手册中宣告排除。

2）只要汽车供应链上的组织生产提供嵌入式软件的产品，就要有这类产品的文件化产品保证流程。如果软件由公司自行开发，则需要有软件开发过程的自我评估流程与管理流程。

3）如果组织将所制造的零件中的软件开发过程分包给外包商，那么组织需要确保负责设计和开发软件的供货商实施了汽车软件开发能力自我评估。

4）存在嵌入式软件开发过程的组织，应当在此次转版升级过程中保留证据，用以证明组织在嵌入式软件开发过程中采取了风险管理思维和对顾客潜在影响的评价机制，对软件开发的能力（而不是最终产品）进行了评估。

汽车行业运用最佳实践案例

示例：Automotive SPICE/CMMI。

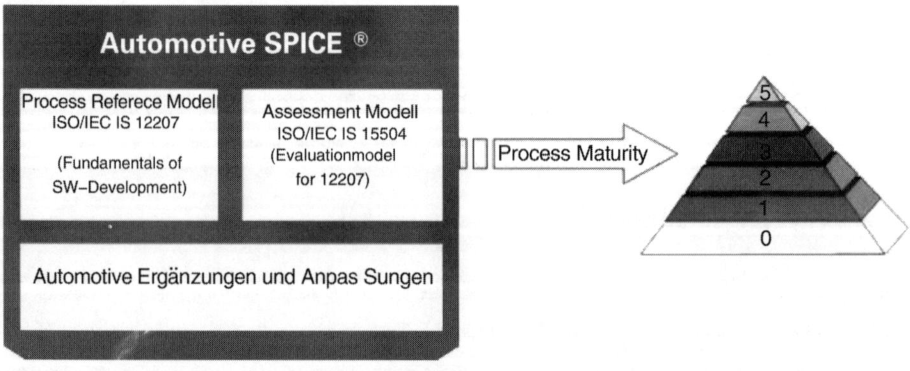

关于能力级别

Automotive SPICE利用ISO 15504系列里定义的0级–5级的能力级别（如右图所示）

主要能力级别的意思

- 能力级别1：以“个人单位”零散地执行业务工作的阶段
- 能力级别2：在领导的指挥下，以“团队单位”执行业务工作的阶段
- 能力级别3：基于组织标准流程，以“部门单位”执行业务工作的阶段

能力级别2和3的最大的区别便是有没有“组织标准流程”。也就是说“有没有积累实施开发项目过程中获得的KnowHow等财产的机制”

总而言之，因为只有达到能力级别3才能够持续/稳定地实施多个开发项目，所以汽车制造商要求配件供应商要达到能力级别3。同时，功能案例（ISO 26262）所要求的安全文化、流程设施等的建立，都需要达到能力级别3

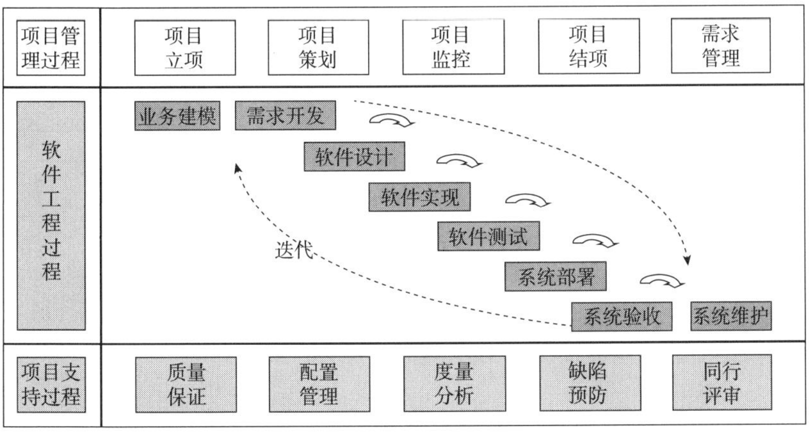

组织运行时常见失效点及可能的应对措施

常见失效点	可能的应对措施
1）组织没有识别嵌入式软件，对于嵌入式软件的定义不清楚 2）没有制度，确保组织在嵌入式软件开发过程中，应当怎样进行评价 3）没有完整保留嵌入式软件评价的记录	1）找到软件专业人士或客户等，明确产品是否含有嵌入式软件，并保留判定依据 2）可以参照 Automotive SPICE 的方式建立软件开发自我评估与软件开发管理流程 3）组织应当按照新版标准确定以风险对顾客潜在影响程度，进行评价，制定改进措施，并配套相应的记录格式和记录保留的方法

管理工具包

Automotive SPICE、CMMI。

通过认证所需的最低资料要求

1）当有嵌入式软件产品时，应有文件化的含嵌入式软件产品的开发管理程序及车载嵌入式软件开发能力评估制度。

2）此类产品的实际开发记录及自我评估记录。

34 产品设计输入

IATF 16949：2016 条款原文

8.3.3.1　产品设计输入

组织应对作为合同评审结果的产品设计输入要求进行识别、形成文件并进行评审。产品设计输入要求包括但不限于：

a）产品规范，包括但不限于特殊特性（见第 8.3.3.3）。

b）边界和接口要求。

c）标识、可追溯性和包装。

d）对设计替代选择的考虑。

e）对输入要求风险的评估，以及对组织缓解/管理风险（包括来自可行性分析的风险）的能力的评估。

f）产品要求符合性的目标，包括防护、可靠性、耐久性、可服务性、健康、安全、环境、开发时间安排和成本等方面。

g）顾客确定的目的国（如有提供）的适用法律法规要求。

h）嵌入式软件要求。

组织应有一个过程，将从以往的设计项目、竞争产品分析（标杆）、供应商反馈、内部输入、使用现场数据和其他相关资源中获取的信息，推广应用于当前和未来相似性质的项目。

注：使用权衡曲线是考虑设计替代选择的一种方法。

条款解析

IATF 16949 将开发设计分成产品开发设计与制造过程的开发设计，本条款先列举了产品开发设计时需要考虑的设计输入内容。

随着车载产品的蓬勃发展，需要考虑的状况越来越多，需要考虑或符合的项目也越来越多。为了减少设计过程的遗漏、降低设计缺陷、避免时程延误、减少后续设计变更发生，条文要求对与产品设计有关的设计输入进行识别，形成文件信息并对其进行审查，审查后所接受的项目和条件将成为后续相关产品的规格和承诺的要求。

条文对于产品设计输入要求认为至少应该包括下列项目：

a）产品规范，包括但不限于特殊特性（见第 8.3.3.3 条）。即与产品规格有关的要求，如功能、特性（包括特殊特性的要求）、外观、尺寸等。

b）边界和接口要求。因为产品通常不是独立存在的，需要与其他产品或零件搭配使用，而搭配的过程可能会受到相互的影响。因此，需要了解产品的组成，并展成方块图以了解如何和邻近的产品连接或有何限制。同时，对于接口也需要了解有何限制或要求。

c）标识、可追溯性和包装。即所生产的产品的识别方法、当需要追溯时的可追溯程度和追溯的方法，以及产品的包装保护方式。

d）对设计替代选择的考虑。即在能达成预期功能要求的情况下，可能的不同设计组合。

e）对输入要求风险的评估，以及对组织缓解、管理风险（包括来自可行性分析的风险）的能力的评估。即每一项要求对组织而言会存在哪些风险，组织可能消除或减低风险的方式及能力是什么。

f）产品要求符合性的目标，包括防护、可靠性、耐久性、可服务性、健康、安全、环境、开发时间安排和成本等方面。即产品在各方面所要求的目标，这些目标考虑了应用过程的要求、生命周期的要求、销售过程的要求、法律法规要求等因素。

g）顾客确定的目的国（如有提供）的适用法律法规要求。产品最终要销售的区域或国家对于产品的相关法令法规要求或限制。

h）嵌入式软件要求。当产品含有嵌入式软件时，对于嵌入式软件有哪些要求与限制。

对于产品设计开发而言，越能减少错误发生，开发周期就越短，开发成本就越低，同时越有机会抢得市场。而减少设计开发错误的方法之一就是学习成功者的经验，避免失败者的教训。所以条文要求组织该有一个过程，以便从过往的设计开发经验、标杆竞争对手的产品分析结果、供应商告知的信息、内部相关的经验、使用现场数据和其他相关资源中获取的信息，应用于当前和未来相似性质的项目中，这就是我们常提到的 Lesson Learn。

应用要点

1）组织应至少按照本条款的要求，识别并罗列出产品设计开始阶段需要的产品设计输入项目，并透过多方论证小组逐一审查每项输入的可行性、存在的风险与消除、降低风险的方法。

2）这些产品设计输入的要求需要与条款 8.2 的要求相结合，各项要求的输入可能同时存在客户、组织、法令法规及相关方的不同要求。应审查确认这些要求并确定合适的产品设计开发目标。

该条款存在的管理价值

本条款对于新项目开发应当包含的产品规范、特殊特性、边界和接口、标识状态和包装、设计替代、风险分析、经验积累、产品开发目标、法律法规、嵌入式软件所对应的要求等典型内容，进行了列举，为追求符合 IATF 16949 标准的各组织提供了可借鉴的经验。

知己知彼，百战不殆；良好的开始是成功的一半。一个项目最终能为企业带来多大的收益，很大程度上取决于企业对相关方和自身能力的理解。组织按照条款 8.2 进行产品和服务的要求的识别和确定后，应当就可能产生的投入、产出、风险和机遇进行审视，并对企业的现有流程、需求和过程进行功能展开，确保顾客的要求得到满足。

该条款主要涉及哪些过程

市场与销售、产品与制程设计、生产制造、矫正与预防措施。

ISO/TS 16949：2009 条款内容

7.3.2.1　产品设计输入

组织应识别产品设计输入要求，形成文件，并进行评审，包括：

——顾客的要求（合同评审），如特殊特性（见7.3.2.3）、标识、可追溯性和包装。

——信息的利用，组织应有一个过程将以往设计项目、竞争对手分析、供方反馈、内部输入、外部数据及其他来源获取的信息推广应用于当前或未来有相似性质的项目。

——产品质量、寿命、可靠性、耐久性、可维修性、时间性和成本的目标。

新旧版本差异分析

新增了以下内容：①边界和接口要求；②设计替代选择；③基于风险思维的输入评价方法；④基于缓解和管理组织风险能力的评估方法；⑤防护、健康、安全、环境等产品目标；⑥目的国法律法规的要求；⑦嵌入式软件的要求。

转版注意事项

组织在新产品、项目开发过程中应进行项目可行性风险分析，并按2016版标准的要求，对产品开发设计输入进行评价，并对其采取基于风险思维的方式进行评审和确认。

汽车行业运用最佳实践案例

产品设计输入鉴别评估表				
专案名称			专案编号	
重要产品设计输入项目				
要求项目		说明	可行性及风险评估说明	风险应对措施
产品规范				
产品特殊特性				
边界和界面要求				
（零件周围环境与相接触零件）				
标识				
可追溯性				
包装				
可能的设计替代方案				
产品要求的目标	防护			
	可靠性			
	耐久性			
	可服务维护性			
	健康			
	安全			
	环境			
	开发时程			
	成本			
	其他			
适用产品法令法规	环境关联物质			
	安全法规			
	回收			
	冲突矿产			
	其他			
植入软件要求				
其他				
过往经验及相关信息				
项目		说明		
过往可参考设计项目				
竞争产品分析（标杆）				
供应商反馈信息				
内部输入信息				
使用现场数据信息				
其他相关资源中获取的信息				
综合结论				
专案组长		专案小组成员会签		

组织运行时常见失效点及可能的应对措施

常见失效点	可能的应对措施
1）产品设计输入缺少类似项目经验的导入 2）未对设计输入项目进行可行性审查及风险评估和应对 3）未将过往类似经验或内外部信息作为设计输入参考	1）设立产品设计输入鉴别评估表，提醒最少需要的产品设计输入项目，以避免遗漏 2）对各项目加上可行性评估及风险评估、应对字段 3）按照条款 7.1.6 的条款，识别知识库，将类似项目失败、成功的经验作为新项目设计的输入

管理工具包

产品方块图、边界图/P 图、QFD 质量功能展开、CSR 识别对照表、产品性能/功能对照表、项目质量目标对照表、项目风险分析、项目可行性分析、Lessons－Learn。

通过认证所需的最低资料要求

1）程序书中需要产品设计输入数据，至少包括条文要求项目。

2）合同评审记录。

3）（项目）顾客需求清单。

4）符合条文要求的产品设计输入鉴别评估表，即可行性分析结果（含风险对策）。

5）组织经验库（新项目的参考数据）。

35 制造过程设计输入

IATF 16949：2016 条款原文

8.3.3.2　制造过程设计输入

组织应对制造过程设计输入要求进行识别、形成文件并进行评审，包括但不限于：

a）产品设计输出数据，包括特殊特性。

b）生产力、过程能力、时程安排及成本的目标。

c）制造技术替代选择。

d）顾客要求（如有）。

e）以往的开发经验。

f）新材料。

g）产品搬运和人体工学要求。

h）制造设计和装配设计。

制造过程设计应包括针对问题适当的重要性程度，以及与所遭遇的风险相称的防错方法。

条款解析

产品设计的最终目的是要批量交付给顾客，所以当概念件初现的时候，企业就要着眼于将其慢慢地转入制造过程的设计。为了确保顾客的要求始终能够得到满足，应当将产品设计过程中的输出作为制造过程的输入。同时需要考虑后期产能及成本、以往的开发中发生的问题、有没有使用新材料和可替代的制造技术等，同时也要考虑员工操作的适宜性。这里应当明确一个概念，顾客不仅是最终的顾客，也包括组织内部和其他有利益关联的相关方。

制造过程设计中，何时需要考虑和利用防错方法，可基于 PFMEA 的风险分析的结果和特殊特性要求等。如果涉及高风险的安全特性，组织必须尽最大努力开发并建立防错装置，保证最大限度上消除失效原因，确保产品制造过程中特殊特性受控。

应用要点

1）组织应至少按照本条款要求识别并罗列出制程设计需要的输入项目，并通过多方论证小组逐一审查每项输入的可行性、存在的风险与消除、降低风险的方法。

2）这些制程设计输入的要求需要与条款 8.2 和 8.3.3 的要求相结合，各项要求的输入也可能同时包括客户、组织、法律法规及相关方的不同要求和限制。应审查确认这些要求并订出合适的制程设计开发目标。

3）针对没有产品设计职责的组织，在运用本条款过程中应当注意：

①应将顾客提供的产品设计数据加以控管，尤其是有保密要求者。

②顾客可能不会提供制程要求或可替代的制造技术，组织应当根据经验自行识别。

③产品上的新材料可能会影响现有的设备能力或作业环境的要求，需要特别留意。

④制程上的新材料可能会有设备适用性的问题，或废弃物处理上的法规限制，都需要加以留意。

⑤以往的包装作业指导书可能已经不适用，所以也需要予以考虑。

⑥产品搬运与人体工程学要求可能会影响条款7.1.4的b）项（如减压、预防过度疲劳、稳定情绪），导致产品质量失效或变异，因此在制程设计时需要加以考虑。

☞ 该条款存在的管理价值

1）项目开发团队是一个集体，集思广益、群策群力是最大的优点，而最大的缺点便是沟通上可能存在疏忽。本条款提供了一个类似制造过程输入的清单，以供企业对照使用。而这样一份清单的背后，可能已经是无数失败的教训的结果。

2）再完美的产品设计都需要有好的制造过程来实现。制造过程上出现的任何瑕疵，都可能让产品出现缺陷或致命的质量问题，导致企业缺乏市场竞争力，或带来客户抱怨而损失惨重。因此制程设计输入同样要加以识别、审查与风险评估，以确保未来量产时的可行性、稳定性和合规性。

☞ 该条款主要涉及哪些过程

市场与销售、产品与制程设计、生产制造、纠正与预防措施。

☞ ISO/TS 16949：2009 条款内容

7.3.2.2　制造过程设计输入

组织应识别制造过程设计输入要求，形成文件并进行评审，包括：

——产品设计输出数据。

——生产率、过程能力和成本的目标。

——顾客要求（若存在）。

——以往的开发经验。

注：制造过程设计包括采用防错方法，其程度与问题的重要性和所存在风险的程度相适应。

☞ 新旧版本差异分析

1）新增时程目标。

2）强调了产品特殊特性作为输入。

3）新增了可替代制造技术作为输入。

4）新增了新材料的概念。

5）新增了产品搬运和人体工学的要求。

6）新增了可制造设计和可装配设计的概念。

转版注意事项

组织应当在产品和制造过程设计开发文件中按照标准要求，将制造过程设计输入的信息予以更新，相关的表单格式应当予以调整和更新。

汽车行业运用最佳实践案例

示例：过程设计输入鉴别评估表。

过程设计输入鉴别评估表				
专案名称			专案编号	
重要产品设计输入项目				
要求项目		说明	可行性及风险评估说明	风险应对措施
产品设计输出资料				
制程特殊特性				
制造技术的替代方案				
产品要求的目标	产能或订单量			
	制程能力(Cpk)			
	时程（试生产/量产）			
	合格率			
	制造成本			
	其他			
适用制造法令法规	环境关联物质			
	安全法规			
	废弃物处理			
	法规限定要求			
	（环保法规）			
	其他			
客户要求				
以往开发的经验				
产品搬运要求				
人体工学要求				
新材料环境要求				
其他				
过往经验及相关信息				
项目		说明		
过往可参考设计项目				
竞争产品分析（标杆）				
供应商反馈信息				
内部输入信息				
使用现场数据信息				
其他相关资源中获取的信息				
综合结论				
专案组长		专案小组成员会签		

组织运行时常见失效点及可能的应对措施

常见失效点	可能的应对措施
1）缺乏可替代制造技术的导入 2）缺乏产品搬运和人体工学要求的导入	1）组织应当识别可替代制造技术，以期在产品量产过程中，出现意外状况如设备损坏等情况时，不影响顾客交付的前提下，保证企业的生产成本受控 2）组织应当定义制造过程设计必须包含的关于产品搬运和人体工学要求的信息，如产品的锋利边缘、重量、跌落防护要求、堆高、防静电等相关信息

管理工具包

QFD 质量功能展开、Run@ Rate 节拍生产审核表、Pass - through 旁路管理、DFA 计分表、知识经验库导入评审表、过程设计输入评审表。

通过认证所需的最低资料要求

过程设计输入清单、过程设计输入评审表、与过程设计输入清单对应的记录、知识经验库。

36 特殊特性

IATF 16949：2016 条款原文

8.3.3.3　特殊特性

组织应采用多方论证的方法来建立、形成文件并实施用于识别特殊特性的过程，包括顾客确定的以及组织风险分析所确定的特殊特性，应包括：

a）将特殊特性记入产品和（或）制造文件（按要求）、相关风险分析（如过程FMEA）、控制计划和标准的工作、操作说明书；特殊特性用特定的标记进行识别，并且在制造过程文件中体现针对特殊特性的建立和控制要求。

b）为产品和生产过程的特殊特性开发控制和监视策略。

c）顾客规定的批准（如有）。

d）遵守顾客规定的定义和符号或组织的等效符号或标记，如符号转换表所示。如有要求，应向顾客提交符号转换表。

条款解析

1）IATF 16949 对“特殊特性”的定义为：可能影响产品的安全性或法规符合性、配合、功能、性能或其后续过程的产品特性或制造过程参数。

2）条款暗示了特殊特性的来源可以是客户指定或组织透过 DFMEA 或 PFMEA 来识别。在即将发行的 VDA－AIAG 版 FMEA 提到，“严重度 10”列为安全的特殊特性，“严重度 9”列为法规的特殊特性。当然组织也可以依据产业经验或行业习惯来订定，但必须将规则订于开发设计管理程序中。

3）由于特殊特性的重要性、出错的严重性大，因此生产过程绝不能有所遗漏与疏忽，需要时刻保持警觉，所以条款要求制造的相关文件必须对特殊特性进行标识并彼此相串联，并需要对特殊特性的控管与监视订出方法并加以落实。

4）由于车载客户有许多的失效经验，因此常常有客户指定特殊特性或于图面上标注特殊特性记号的做法，组织发现有此类要求时必须加以留意，并在与该产品相关的文件上对该特性以客户指定的符号进行标识。如果产品为通用产品或相关文件为系列（产品家族）通用文件，则可用组织自己的符号进行标识，但必须要有客户符号与组织符号之间的对应转换表进行对照。

应用要点

1）特殊特性的识别应透过条款 8.3.2.1 所提的多方论证小组来进行识别和评审。

2）同一产品的图纸、FMEA、控制计划和作业指导书中必须使用相同的特殊特性符号予以标识。

3）按照顾客要求，组织内部如果存在多种不同的特殊特性符号，应确保组织内部人员得到了培训，并且知道其用意。

4）产品和制造过程中特殊特性的选择应当建立相应的制度。

5）如果客户有要求，特殊特性的选择应当得到顾客的批准，如条款 4.4.1.2 中的特殊批准要求。

6）如果组织存在多个顾客的不同特殊特性标识要求，应当建立符号转换表，向顾客提交的同时，在组织内部开展定期的教育培训。

7）一个产品诸多特性中，始终存在着重要程度的区别，同一特性在不同零件上或应用上其重要程度也不一样。例如，材料的强度，用在车内装饰条的强度不足最终的结果可能只是美观受到影响，但是车轮轴承的强度不足可能导致的是车毁人亡。因此组织在特殊特性的管理上一定要十分慎重。

该条款存在的管理价值

特殊特性与一般特性是不同的。一旦发生特殊特性上的质量问题，不是产品全面报废，就是市场全面召回或公司面临巨额赔偿，会导致企业的重大财务损失和商誉损失。所以此章节特别要求组织要有特殊特性的识别与管理流程。

该条款主要涉及哪些过程

市场与销售、产品与制程设计、纠正与预防措施。

ISO/TS 16949：2009 条款内容

7.3.2.3　特殊特性

组织应确定特殊特性（见 7.3.3d），并且：

——在过程计划中包括所有的特殊特性。

——与顾客规定的定义和符号相符合。

——对过程控制文件，包括图样、FMEAs、控制计划和作业指导书，用顾客的特殊特性符号或组织的等效符号或说明来加以标识，以包括对特殊特性有影响的那些过程步骤。

注：特殊特性可包括产品特性和过程参数。

新旧版本差异分析

1）新增了如何识别和监视特殊特性的策略要求。

2）新增了符号转换表的概念。

转版注意事项

1）组织须建立一套如何识别和管理特殊特性的策略与流程。

2）组织内部图纸如果存在多个客户对特殊特性符号不一致的情况，应当建立特殊特性符号转换表，并在组织内部开展培训的同时提交给顾客。

3）特殊特性的选择需要按客户要求或组织定义的方式来识别，而特殊特性在相关文件的标识要能彼此串联。

汽车行业运用最佳实践案例

示例1：福特－特殊特性定义。

PFMEA Special Characteristic Table

PFMEA特殊特性表

PFMEA Special Characteristic Table					
	FMEA Type	***Classification***	***To Indicate***	***Criteria***	***Actions Required***
Customer/ Product Effect	Process	∇	A Critical Characteristic	Severity = 9, 10	Special Control Required*
	Process	SC	A Significant Characteristic	Severity = 5 - 8 and Occurrence = 4 - 10	Special Control Required*
Manufacturing/ Assembly Effect	Process	HI	High Impact	Severity = 5 - 8 and Occurrence = 4 - 10	Emphasis
	Process	OS	Operator Safety	Severity = 9, 10	Safety Sign-Off
	Process	Blank	Not a Special Characteristic	Other	Does Not Apply

FAP 03-111 Selection and Identification of Significant and Critical Characteristics

示例2：特殊特性矩阵。

<table>
<tr><th>客户
特殊特性</th><th>DPCA</th><th>CAPSA</th><th>吉利</th><th>道依茨</th><th>东风泵业</th><th>哈金森</th><th>Ericsson</th><th>MLX
（公司内部）</th></tr>
<tr><td>安全</td><td>S</td><td>S</td><td>S</td><td></td><td></td><td rowspan="2">C</td><td></td><td rowspan="2">C</td></tr>
<tr><td>法规</td><td>R</td><td>R</td><td>R</td><td></td><td></td><td></td></tr>
<tr><td rowspan="2">关键特性</td><td>CTF</td><td>CTF</td><td></td><td rowspan="2">⊕</td><td rowspan="2">C</td><td rowspan="4">M</td><td rowspan="2">C</td><td rowspan="4">M</td></tr>
<tr><td>C</td><td>C</td><td>C</td></tr>
<tr><td rowspan="2">重要特性</td><td>M</td><td>M</td><td>M</td><td rowspan="2">⊖</td><td rowspan="2">M</td><td rowspan="2">M</td></tr>
<tr><td>CSE</td><td>CSE</td><td></td></tr>
<tr><td>次要特性</td><td></td><td></td><td></td><td>未注明</td><td></td><td></td><td></td><td></td></tr>
</table>

组织运行时常见失效点及可能的应对措施

常见失效点	可能的应对措施
1）组织没有建立一个从诸多特性中如何选择特殊特性的策略 2）特殊特性未由多方论证小组决定 3）特殊特性未串联于相关制造过程文件中（图面、PFMEA、CP、SOP 等）	1）建立一套特殊特性识别、定义、标识和评审的机制 2）特殊特性清单应有多方论证小组签名的字段 3）对相关文件进行特殊特性标识的盘查

管理工具包

QFD 质量功能展开、DOE 实验设计、特殊特性评审表、FMEA。

通过认证所需的最低资料要求

特殊特性选择评价机制，（项目）特殊特性清单，（项目）特殊特性评价记录，带有相同特殊特性符号的图纸、FMEA、控制计划、作业指导书，特性符号转换表或对照表（如需要）。

37 监　测

IATF 16949：2016 条款原文

8.3.4.1　监测

产品和过程的设计和开发期间特定阶段的测量应被确定、分析，以汇总结果的形式来报告，作为对管理评审的输入（见第9.3.2.1）。当顾客要求时，应在顾客规定或同意的阶段向顾客报告对产品和过程开发活动的测量。

注：在适当的情况下，这些测量可包括质量风险、成本、前置期、关键路径和其他测量。

条款解析

1）产品和过程的设计和开发通常是件耗费时间、资源与成本的事，所以必须确保在适当阶段（通常是按里程碑或按设计开发阶段）已达成项目阶段目标，才可能确保整个项目成功。

2）产品开发的目的是要客户接受并使用，所以客户要求时就必须定期按客户要求的时机监督项目并和客户沟通，确保匹配客户的要求。

3）本条款要求的监视，既是对设计与开发新产品特性的测量，也是指对设计开发策划有效性的测量。测量的时机、内容等应在设计开发策划时加以规定。

测量的时机是设计的特定阶段，可理解为：

——产品设计和过程设计的输入、输出阶段。

——设计的评审、验证、确认阶段。

——样机制作、试生产等阶段。

测量的内容包括：

——质量风险（法规符合性、产品安全性等）。

——质量成本（如失败成本等）。

——产品特性。

——前置期、关键路径等。

应用要点

1）要对产品和过程设计开发进行阶段划分。划分的方法要切合企业自身的实际情况和顾客的要求，切勿东施效颦，盲目遵从其他企业的做法。划分完成后，应当对每一阶段的输入、输出与目标进行清晰界定，并按规定对项目进行必要的监督与量测，尽量用模块化的评分方式及量化的衡量，项目经理的主观臆断可能并不是最好的做法。

2）为了确保产品、项目在开发过程中受控，组织应当对开发过程分阶段展开目标评审，方式可以参考 AIAG－APQP 的五大阶段，也可以参考 VDA－RGA 等其他模式来进行开发的阶段划分或按里程碑划分。在阶段结束或达成某里程碑时，对监督目标进行评审并提出必要的调整或纠正措施。

该条款存在的管理价值

一个项目的开发可能只是短短的几十天，也可能要大半年。如果没有在项目合适阶段进行相关目标监督与评审的机制，项目团队做事情就会没有先后顺序，开始时洋洋洒洒，临近项目结尾时草草收场，既不能达到预期收益，也会浪费整个项目的开发资源，无法达成开发计划设定目标要求。所以一定要将一个漫长的大计划划分为多个子计划，结合组织要求与客户要求的监督事项来制定阶段目标，慢慢地完成，定期监督、报告、检讨与调整，最终才能实现顾客满意、经营得意。

该条款主要涉及哪些过程

市场与销售、产品与制程设计、纠正与预防措施、管理评审。

ISO/TS 16949：2009 条款内容

7.3.4.1 监视

在设计和开发特定的阶段的测量应加以规定、分析，并对汇总结果进行报告，作为管理评审的输入。

注：这些测量应包括质量风险、成本、提前期、关键路径和其他适宜的方面。

新旧版本差异分析

新增了顾客要求时应当在顾客规定或者同意的阶段向顾客报告对产品和过程开发活动的测量。这样的修改，其实是向各位追求符合标准的汽车零部件供应商暗示，企业产品开发的最终目的是要符合客户的使用需求，需要与客户的目标相搭配而不是独立存在的。在定义自己的产品和制造过程开发策略的时候，需要满足顾客对开发活动各阶段的目标要求，所以一定要想办法把自己的开发活动和顾客的开发活动过程对应起来，以求使顾客满意，实现双赢的局面。

转版注意事项

1）条款要求设计开发阶段评审的汇总报告应当作为管理评审的输入，但条款 9.3.2.1 并未提及，因此非常容易遗漏此要求。

2）除了组织本身的要求外，对于客户在合约中要求的监督事项即呈报方式、时机等，都必须要予以对应。当某要求项目未能达到时，如项目开发延期、暂停、中止或出现严重交付和质量问题时，必须要说明原因与应对措施。

汽车行业运用最佳实践案例

示例：VDA 成熟度保障监控项目开发进展。

VDA成熟度保障

成熟度保障、VDA 4.3及APQP之间的关系

成熟度ML0到ML7，是对现有的涉及产品形成过程的相关标准（如VDA 4.3或APQP）在内容方面的拓展

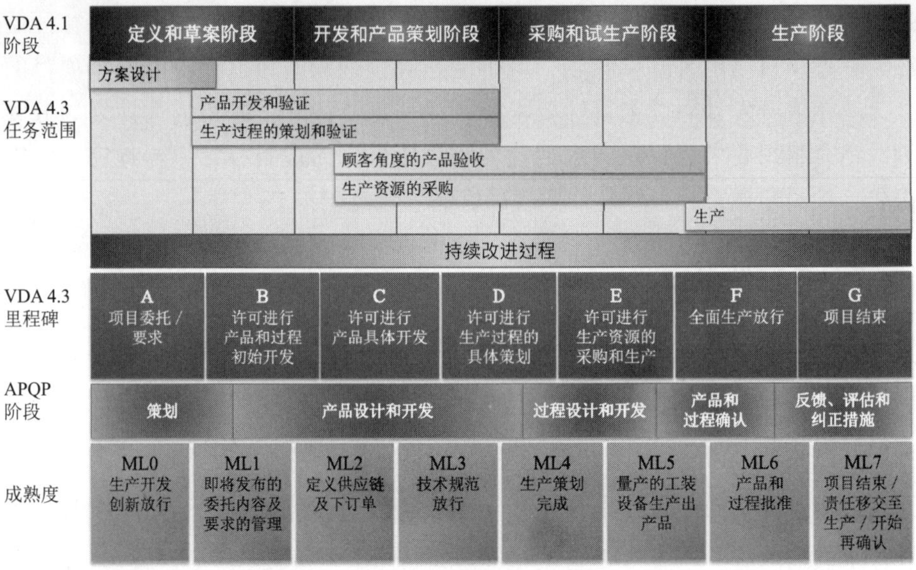

组织运行时常见失效点及可能的应对措施

常见失效点	可能的应对措施
项目开发阶段评审汇总报告未作为管理评审的输入	产品和过程开发设计责任部门的管理评审输入资料格式进行修订，增加项目清单，摘抄项目阶段评审关键资料

管理工具包

AIAG APQP、AIAG PPAP、VDA PPA、VDA 产品的产生、新零件的成熟度保障。

通过认证所需的最低资料要求

1）产品和过程设计开发过程的阶段目标和评审记录。

2）管理评审输入记录中需要有汇总的项目监督资料。

38 设计和开发确认

IATF 16949：2016 条款原文

8.3.4.2　设计和开发确认

应根据顾客要求，包括适用的行业和政府机构发布的监管标准，对设计和开发进行确认。设计和开发确认的时间安排应与顾客规定的适用时间相符。

在与顾客有合同约定的情况下，设计和开发确认应包括评价组织的产品，包括嵌入式软件在最终顾客产品系统内的相互作用。

条款解析

1）根据《质量管理体系基础和术语》（GB/T 19000—2016）3.8.13 的定义，“确认”的含义为：通过提供客观证据，对特定的预期用途或应用要求已得到满足的认定。

注 1：确认所需的客观证据可以使试验结果或其他形式的确定结果，如变换方法进行计算或文件评审。

注 2：已确认一词用于表明相应的状态。

注 3：确认所使用的条件可以是实际的或是模拟的。

2）在条款 8.2 中谈到产品和服务要求需要考虑到法规上的要求，因此产品确认过程就必须按照法规上的确认要求来执行。车载产品是要求很高的产品，尤其涉及安全问题或环保问题时，几乎都有相应的法规规范如何进行测试与确认。因此组织必须清楚有哪些法规规范和测试标准，并在开发设计过程按要求来确认，才不会在项目完成后发生产品无法销售或是需要市场召回的问题。

3）组织开发的产品往往不是单独存在的，而是要纳入客户的产品或与客户的产品搭配使用的，因此必须要按客户要求的时间完成确认，才不会使客户确认其产品的时程被影响，或导致客户测试时未纳入组织辛苦开发出来的产品，造成开发后产品无处销售的开发成本损失与机会损失。

4）组织应按照规定的时间进行设计确认，确认的方法应至少满足合同约定，并且有可能要和顾客及其他顾客的供应商共同配合，以验证产品或嵌入式软件在其他关联系统内的相互作用。

5）设计开发的确认是对特定的预期用途或应用要求得到满足的认定，一般在产品经过顾客试用后交付前进行，也称为“产品定型”等。

同时要求对有嵌入软件确认要求，确认的准则除了顾客的特定要求外还有适用的工业和法规标准，这部分来源于设计开发的输入。

——可通过召开产品定型会进行，一般有顾客代表参与。

——也可根据客户试用报告进行定型确认。

设计确认必须按顾客的项目和时间进行，并要求：

——必须记录设计确认结果。

——必须将设计失效模式与后果分析形成文件（DFMEA）。

——当出现设计失效时必须有反应计划，即对设计进行修改的措施等。

应用要点

设计和开发确认的目的是提供客观证据，以表明顾客的预期用途或应用要点得到了满足。这种确认的方法应当与顾客协商一致，包括可能选用的第三方试验机构和测试标准。在这点上，很可能顾客并不会在项目报价阶段提出，而是在开发过程中间加以要求，组织内部必须确保顾客的要求认可后加以满足。

该条款存在的管理价值

1）零部件和系统的开发确认，总是随着整车的开发进度安排来进行，有时候会进行调整。对于产品是否最终满足整车的适用，必须要从顾客的角度来思考。因此在进行产品确认时，满足组织要求、行业要求、顾客要求与法规要求的确认规定是最基本的要求。

2）产品不是单独存在的，很多状况与问题常常在产品真正应用于顾客产品上时才会发生，所以确认时务必要考虑与客户的系统相结合的相互作用状况。

该条款主要涉及哪些过程

市场与销售、产品与制程设计、纠正与预防措施。

ISO/TS 16949：2009 条款内容

7.3.6　设计和开发确认

为确保产品能够满足规定的使用要求或已知的预期用途的要求，应依据所策划的安排（见7.3.1）对设计和开发进行确认。只要可行，确认应在产品交付或实施之前完成。确认结果及任何必要措施的记录应予以保持（见4.2.4）。

注1：确认过程通常包括对类似产品外部报告的分析。

注2：上述7.3.5和7.3.6的要求适用于产品和制造过程。

新旧版本差异分析

1）新增了法律法规和行业标准内容，需要进行确认。

2）将“只要可行……”修改为“时间安排应与顾客规定的适用时间相符。”

3）移除了确认结果的保持相关内容。

4）新增了评价组织的产品在最终顾客产品系统内的相互作用的确认要求（有合约要求时适用）。

5）新增了嵌入式软件在最终顾客产品系统内的相互作用。

转版注意事项

1）组织应在项目开发时，确保法律法规要求与行业要求的确认在产品和过程设计中得到了满足。

2）设计和开发确认时间节点应在项目计划中得到体现，并与顾客的计划相适应。

3）合约如有要求，务必评价组织的产品在最终顾客产品系统内相互作用的情况（含嵌入式软件）。

汽车行业运用最佳实践案例

示例1：某公司ECU电控单元试验大纲。

ECU电控单元试验大纲	
编号：	
试样名称	电控悬架ECU
试验标准	QC/T413汽车电器设备基本技术条件、GB/T2423.xx电工电子产品基本环境试验系列、GB/T17619机动车电子电器组件的电磁辐射抗扰性测量方法、GB/T4942.2低压电器外壳防护等级
试验仪器名称及型号 1.振动试验仪 2.盐雾试验箱 3.高温试验箱 4.高低温湿热交变试验箱	5.电压降测试仪 6.恒温油浴箱
试验项目及要求	
第一组	
1、检验项目：防异物试验	
GB/T 4942.2-1993	要求：温度：15～35℃；相对湿度：45%～75%；ECUA不通电；方法：a.防尘试验：在一适当密封的试验箱内盛放悬浮状滑石粉（滑石粉能通过筛孔尺寸为75um，筛丝直径为50um的金属方孔筛），ECU放置其中8h。
GB/T 4942.2-1993	8.1表中第6项：试验后，拆开电器壳，壳内无可见的尘埃即认为试验合格
2、检验项目：电磁兼容性试验	
2. 1ECU电磁辐射抗扰性试验	
GB/T 17619-1998	采用9.3中自由场方法。ECU按标准中规定放置，抗扰性电平24V/m；20～1000MHz水平极化或垂直极化。
GB/T 17619-1998	按照4中所述，ECU在上述试验条件下能正常工作。
2. 2ECU电磁骚扰性试验	
GB/T 18655-2010	按6.4中辐射发射ALSE法测量方法测量，ECU按标准中规定放置，ECU应按典型负载工作，使之能得到最大的发射。从150kHz～30MHz在垂直极化状态下；从30～2500MHz分别在垂直和水平极化中进行。
GB/T 18655-2010	辐射骚扰限值按6.4.4.中规定，判断方法参照4.1.3中规定
3、检验项目：耐盐雾性能	
GB/T 2423.17	按6中规定的试验条件：氯化钠溶液质量百分比浓度：(5±1)%；pH值：6.5～7.2；盐雾沉降量（ml/80cm^2/h)：1.0～2.0；喷雾方式：连续喷雾；试验时间48h。产品在不工作状态下试验。
QC/T 413-2002	试验后，ECU性能仍应符合产品规定的技术要求，产品外观无腐蚀。
4、检验项目：绝缘耐压性能	
QC/T 413-2002	按3.8.1中规定：各互不连接的导电零部件之间及导电零部件对机壳之间应耐受50Hz、550V正弦波形电压历时1min。
QC/T 413-2002	试验后，绝缘不被击穿，ECU性能仍应符合产品规定的技术要求。
第二组	
5、检验项目：耐异常电压试验	
5. 1耐电源极性反接性能	
QC/T 413-2002	按3.7.1规定：反接电压值28V±0.2V；试验时间1min。
QC/T 413-2002	试验后，ECU性能仍应符合产品规定的技术要求。
5. 2耐电源过电压性能	
QC/T 413-2002	按3.7.2规定：过电压值：36V；试验时间1min。
QC/T 413-2002	试验后，ECU性能仍应符合产品规定的技术要求。
6、检验项目：防水试验	
GB/T 4942.2-1993	要求：温度：15～35℃；相对湿度：45%～75%；ECUA不通电；方法：采用淋水试验设备，水压调到喷水率（10±0.5）L/min约80～100kPa，试验持续时间5min。

示例 2：AEC Q200 的要求。

AEC-Q200 REV D
June 1, 2010

Automotive Electronics Council
Component Technical Committee

TABLE 3A - Electrolytic Capacitor Process Change Qualification Guidelines for the Selection of Tests

For a given change listed below, the supplier should justify why a suggested test does not apply for the given part(s) under consideration. Collaboration with their customer base is highly recommended.

3. High Temperature Exposure (Storage)
4. Temperature Cycling

6. Moisture Resistance
7. Biased Humidity
8. Operational Life
9 External Visual
10. Physical Dimension
11. Terminal Strength (Leaded)
12. Resistance to Solvents
13. Mechanical Shock
14. Vibration
15. Resistance to Soldering Heat
16. Thermal Shock
17. Electrostatic Discharge (ESD)
18. Solderability
19. Electrical Characterization
20. Flammability
21. Board Flex
22. Terminal Strength (SMD)
27. Surge Voltage

Note: A letter or "☒" indicates that performance of that stress test should be considered for the appropriate process change

Test # From Table 3	3	4	6	7	8	9	10	11	12	13	14	15	16	17	18	19	20	21	22	27					
MATERIAL																									
End Seal		☒	☒	☒	☒	☒	☒		☒				☒				☒								
Housing		☒	☒				☒			☒			☒				☒								
Sleeving		☒	☒		☒	☒	☒		☒				☒				☒								
Lead/Termination								☒			☒	☒			☒	B		☒	☒						
PROCESS																									
Curing		☒		☒	☒		☒						☒	☒		B				☒					
Impregnation method	☒	☒			☒									☒		B				☒					
Terminal Attach		☒						☒		☒		☒	☒			B		☒	☒						
Winding		☒			☒						☒					B									
DESIGN																									
Electrolyte Change	☒	☒			☒								☒	☒		B				☒					
Foil Design		☒			☒									☒		B				☒					
Insulation Change		☒			☒									☒		B				☒					
MISCELLANEOUS																									
Mfg. Site Transfer	☒	☒	☒	☒	☒	☒	☒	☒	☒	☒	☒	☒	☒	☒	☒	B	☒	☒	☒	☒					
Material Suppliers	☒	☒	☒	☒				☒	☒	☒	☒	☒	☒		☒	B	☒	☒	☒						
New/Modified Mfg. Equipment		☒			☒		☒	☒		☒	☒			☒		B				☒					

B = comparative data (unchanged vs. Changed) required

组织运行时常见失效点及可能的应对措施

常见失效点	可能的应对措施
1）设计和开发确认标准与顾客不一致 2）设计和开发确认时间与顾客不一致	1）设计输入审查表中加入顾客对产品确认的要求 2）设计输入审查表中加入顾客对确认时间的要求

管理工具包

AIAG APQP、AEC Q100、AEC Q200。

通过认证所需的最低资料要求

产品确认的相关要求，产品确认方式与结果满足相关方确认要求的证据。

39 原型样件方案

IATF 16949：2016 条款原文

8.3.4.3　原型样件方案

当顾客要求时，组织应制订原型样件方案和控制计划。组织应尽可能使用与正式生产相同的供应商、工装和制造过程。应监视所有的性能试验活动及时完成和要求符合性。当服务被外包时，组织应将控制的类型和程度纳入其质量管理体系的范围，以确保外包服务符合要求（见 ISO 9001 第8.4）。

条款解析

1）要理解什么是原型样件。英文版标准中对于“Prototype”的定义并没有做出明确定义，我们经常听到 ABC 样件、DV 样件、PV 样件、手工样件、拉练样件、OTS 样件、快速样件、概念件、工程样件、软模 T0 ~ Tn 样件、硬模样件、小批量试生产件等说法，只要没有准备好进行大批量生产的产品都可以被定义为原型样件，这个定义可以由组织自身做出决定，并将其规定下来。

2）产品开发过程中，组织应尽可能的、逐渐的，采取与量产阶段同样的环境，进行原型样件的生产，这种渐进式的阶段划分应当与项目计划保持一致，并与顾客协商，尽可能得到顾客的确认。

3）过去产品开发时，原型件重点在于产品的相关特性与性能确认，过程并不强调。在原型件确认后设计几乎可以定稿，然后进入试生产前的调整阶段，花费很长的时间准备机器、调整机器设定、进行多次的试生产，最后送样进行 PPAP 批准。这样的过程相当耗时。因此，2016 版条款要求尽可能使用量产时的相关条件来生产原型件，这样一旦原型件通过后，试生产需要调整的地方就不多了，调整时间就可以缩短许多，质量上的变异也能降到最低。

4）由于组织外包的相关工作的成果、质量与进度主要由外包商掌控。如果外包商发生任何问题都会影响组织与客户最终产品的设计开发进度和质量。因此条款要求对原型件外包商的管理也应该在组织的质量系统中规定并实施。

5）在设计开发中，原型样件的制作是必须进行的活动，也只有在样件确认完成后才可能进行下一步的试生产活动，因此，制定样件计划十分重要。

原型样件是指为了验证产品的、可以缩小比例、手工制造的样件。没有产品设计责任的组织就没有原型样件，也没有样件控制计划。

样件控制要点：

——当顾客要求时，组织应制定样件制作计划和样件质量控制计划。

——样件制作时应尽量使用与正式生产相同的工装、供应商和制造过程，以避免之后的试生产与样件相距过大，保证样件的参考价值。

——样件完成后要进行性能试验，包括可靠性和耐久性试验，以验证样件是否符合要求。

——如果样件制作被外包，组织要负责技术指导和验证。

应用要点

1）组织应当根据顾客和自身的项目开发阶段或里程碑要求，制定原型样件方案和控制计划，在此虽然没有明示，但是组织应当按照标准条款 8. 5. 1. 1 和附录 A 及其相关要求，制定原型样件的控制计划，其中应当包含所有的性能实验活动，并制定反应计划，并将其控制的方法和失效模式的严重程度予以划分。

2）当需要外部供方协助时，组织应当按照标准条款 8. 4，在采购和供方管理过程文件中加以规定和实施，并保持记录。

3）公司研发用的样品生产线，其环境、生产设备型号等应该尽量与量产时的生产设备接近，减少试生产时的问题与不确定性。

该条款存在的管理价值

1）一个全新的概念到产品批量面市不可能一蹴而就，产品的问题也不可能通过一两个样品就能够全部发现，产能的提升也不可能靠想象来达成。通过一开始对原型样件过程的计划和控管，将可减少试错的发生次数，降低产品开发过程遇到问题和解决问题的时间。

2）外包商不在组织内，过程发生什么问题、何时会发生都是无法预测且难掌握的，因此需要有对外包商的管理机制来确保其所提供产品和服务的质量。

该条款主要涉及哪些过程

市场与销售、产品与制程设计、生产制造、供应商管理。

ISO/TS 16949：2009 条款内容

7. 3. 6. 2　样件计划

当顾客要求时，组织应制定样件计划和控制计划。只要可能，组织就应使用与正式生产中相同的供方、工装和制造过程。

应监视所有的性能试验活动，以便及时完成并符合要求。

当这些服务被外包时，组织应对外包服务负责，包括技术指导。

新旧版本差异分析

基本一致。

转版注意事项

各种样件，从第一次交样给顾客的生产，到最终 PPAP、得到顾客 PSW 批准的过程中，可能存在多次交样。在此过程中，控制计划涉及的产品特性和过程特性、失效模式、作业指导、风险分析应该是不断完善的。

汽车行业运用最佳实践案例

APQP 流程显示，原型样件完成后产品设计接近尾声，但完成试生产后仍有很多与制程设计有关的项目要完成。因此如果采用量产相同条件来进行原型件制作，一旦原型件通过，制程设计所需的工作就能减到最低，大幅缩短时程与不确定性。

产品质量策划进度图

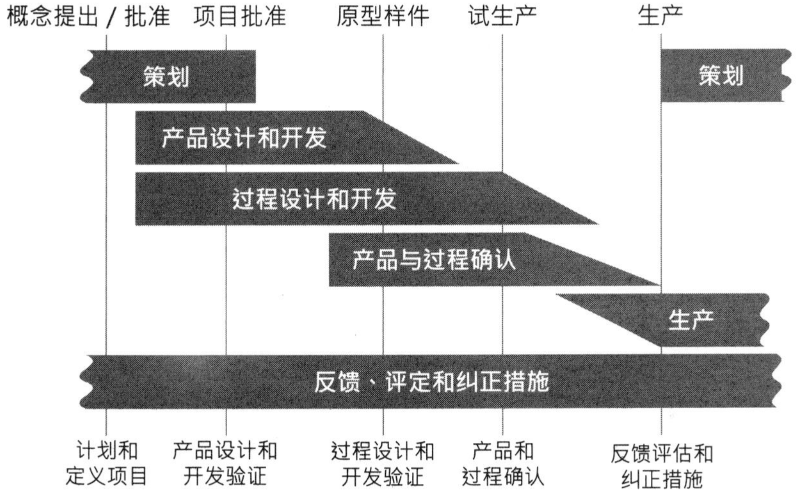

组织运行时常见失效点及可能的应对措施

常见失效点	可能的应对措施
原型样件的外包商未纳入采购和供应商管理过程	初期 BOM 表结合 AVL（合格供货商）确认，以使原型样件的外包商或供方能纳入供货商管理活动中

管理工具包

AIAG APQP、AIAG PPAP、VDA PPA、Prototype Verification System（PVS）。

通过认证所需的最低资料要求

原型样件初期 BOM 表与供货商资格状态、原型样件供货商的相关供货商管理记录、原型样件检验试验报告。

40 产品批准过程

IATF 16949：2016 条款原文

8.3.4.4　产品批准过程

组织应建立、实施并保持一个符合顾客规定要求的产品和制造批准过程。

在向顾客提交其零件批准之前，组织应根据 ISO 9001 第 8.4.3 条，对外部提供的产品和服务进行审批。

如顾客有所要求，组织应在发运之前获得形成文件的产品批准。此类批准的记录应予以保存。

注：产品的批准应当是制造过程验证的后续步骤。

条款解析

1）应当明确三个名词的含义："产品批准""制造批准""零件批准"。在英文版标准中，这三个名词是"product approval""manufacturing approval""part approval"，熟悉 CATIA 软件的设计师对此应当不会陌生。product 由 part 组成，而 manufacturing 是形成 product 和 part 的生产过程。在此基础上理解本条款内容就相对容易一些，"产品批准"和"制造批准"是两种承认，一种是对产品本身的认可，另一种是顾客相信企业有能力稳定而持续地提供合格产品的批准。

2）关于注解中的另一名词"验证"，《质量管理体系基础和术语》（GB/T 19000—2016）的 3.8.12 对此作出了解释：通过提供客观证据，对规定要求已得到满足的认定。

注 1：验证所需的客观证据可以是检验结果或其他形式的确定结果，如变换方法进行计算或文件评审。

注 2：为验证所进行的活动有时被称为鉴定过程。

注 3："已验证"一词用于表明相应的状态。

3）条款的要求很明显，就是指一个产品的批准一定是零件经过批准（供应商的产品与制造批准过程被组织批准）和制造批准过程被批准（组织自行批准）后，在这两项条件下所制造出来的产品，经过验证与确认通过后才能完成产品的批准。因此，组织应该建立这三种项目的批准流程。

4）当客户有要求进行产品批准时，组织必须要取得客户的批准才能交货。一般常见的做法就是 PPAP 通过。

应用要点

1）企业应当识别产品批准和制造过程批准的过程，是否独立形成文件取决企业自身的决定。建议形成文件（并非独立），否则将很难证明企业已经识别了此过程。

2）识别的过程中，应当按照正常的逻辑关系和标准内容，先对企业的供应商进行零件批准，在确保供方提供的材料满足要求的情况下考虑对顾客提交批准要求。

3）识别的过程中，建议按照注解的要求，在确定产品符合设计的情况下对其是否能够适合企业内部制造过程进行跟踪验证，之后再提交给顾客做产品批准。这样有利于确保产品批准一次通过，让顾客对项目团队的开发能力给予信赖。

4）对于核准需要确认哪些需求？一般的做法就是参照 PPAP 的要求建立一个内部的承认流程，作为组织内部产品与制作批准流程。对于供应商的产品批准，组织也可仿效 PPAP 的方式来进行。

5）本条款要求的产品批准，包括产品的批准和制造过程的批准，即产品是在生产现场使用正式的生产设备、工装、材料、环境、操作者和过程参数制造的零部件。

PPAP 手册中提到下列情况下需进行产品批准：

——新产品、新零件；使用了新设备、工装、工具等进行的生产。

——产品设计、材料、工艺等发生更改后生产的产品。

——对现有工装、设备等进行了重新装配或调整后进行的生产。

——工装、设备等在停止批量生产 12 个月或更长时间后重新投入生产时。

——生产过程或生产方法发生了一些变化后进行的生产。

——把工装、设备等转到新的生产场地或在另一生产场地进行的生产。

——分包零件、材料或服务（如热处理、电镀）的来源发生了变化。

——由于对产品质量的担心，顾客要求推迟交货时。

产品批准过程应符合下列条件：

——该过程应是 1 小时到一个班次的生产，且规定的生产数量为 300 件连续生产的零部件。

——如无 300 件，则需要顾客或顾客授权的代表书面批准。

——对于散装材料（如化学品、金属、油脂、涂料等），无规定的具体数量要求，但样件的选取必须能代表稳定的加工过程。

产品批准可分五个等级（根据零部件不同要求和顾客要求而定）：

——等级 1，只向顾客提交保证书 PSW 和外观批准报告。

——等级 2，向顾客提交保证书、产品样件和有限的文档数据（如尺寸报告）、材料/功能试验报告、DFMEA/PFMEA、初始过程能力分析报告 PPK、测量系统分析 MSA、样件控制计划、试产/量产控制计划、工艺、更改文件等。

——等级 3，向顾客提交保证书、产品样件和全部的文档数据。

——等级 4，提交保证书和顾客规定的其他资料。

——等级 5，在组织的制造现场备有保证书、产品样件和完整的文档数据，以供评审。

产品批准的三种状态：

——完全批准：指该零件或材料满足顾客的所有要求，因此授权组织根据顾客计划部门的安排按批量生产和发运产品。

——临时批准：在有限的时间或零件数量的前提下，允许运送顾客生产需要的材料。

——拒收：指从批量产品中提交出的样件和配备文件不符合顾客的要求，顾客拒绝接收。

2016 版标准提出产品批准程序也适用于组织的材料供应商和外包方，即希望组织也按此要求对采购材料或外包产品进行产品批准，这是提升供应商能力的一种方法。

该条款存在的管理价值

1）从供应商的原材料，到样品和准备量产，必须是一个渐进的步骤，逐步完善产品和制造过程的设计，一步一步取得企业自己对供方的信赖、顾客对产品的信赖，直至顾客对企业的信赖。这样既体现了稳健的管理理念，也自始至终贯彻着企业对零缺陷追求的态度。

2）为供应商的材料、组织的制造过程、组织的产品分别建立一套批准程序，不但可以确保开发过程验证与确认的完整性，也可以确保组织与供应商稳定提供符合法规要求、符合组织要求与符合客户要求的产品能力，避免量产时出现意想不到的问题。

该条款主要涉及哪些过程

市场与销售、产品与制程设计、供应商管理。

ISO/TS 16949：2009 条款内容

7.3.6.3　产品批准过程

组织应符合由顾客承认的产品和制造过程批准程序。

注：产品批准应在制造过程验证之后进行。

产品和制造过程批准程序也应适用于供方。

新旧版本差异分析

1）要求要有一个产品和制造批准过程。

2）明确了组织的供方批准，应当在组织提交顾客批准之前完成。

3）新增了如果顾客有特殊要求的情况下，产品发运前应得到顾客批准。

转版注意事项

企业应当在识别产品和制造过程批准的文件中，将针对供方事前批准的要求予以规定。

汽车行业运用最佳实践案例

示例：用于评定产品和过程连续生产成熟度的矩阵。

评定：产品

零件编号：　　　　描述：
供方：　　　　颜色：

设计等级：
之前：　　　　当前：

电子邮件：
硬件级别：　　　　软件级别：
诊断级别：

	合格（绿色）	相对合格（黄色）	不合格（红色）
工具	**生产工具** 已接受 ☐	**生产工具** 已改善/纠正 ☐	**无生产工具** ☐
尺寸	**尺寸合格** 无返工 ☐	**尺寸合格** 由供方返工 尺寸不合格，但在允许范围内 （有偏差许可） ☐	**尺寸不合格** ☐
表面 结构 颜色/磨砂处理	**合格** 无缩痕 无起皱 ☐	**可接受** 符合限度样品的要求 ☐	**明显不符合/缺陷** 不适合评定 ☒
材料	**生产材料** 满足顾客的规格要求 ☐	**无生产材料或加工方法不一样或未满足顾客的规格要求** 有偏差许可：物料数据系统(IMDS)不可用或不完整 ☐	**无生产材料** 未满足/演示顾客的规格要求 ☐
可安装性	**可安装** 无需额外工作 ☐	**可安装** 需额外工作 ☐	**不可安装** ☐
功能	**功能得到满足** 符合规格要求 ☐	**与规格有较小偏差** ☐	**功能不合格或未演示：** 未满足规格要求 ☐
外购件	**已发布** ☐	**有保留地发布** ☐	**被拒收或尚未作为样本被提交** ☐

总结果：

日期　　　　供方签名

评定：生产过程

零件编号：　　　　描述：
供方：　　　　颜色：

设计等级：
之前：　　　　当前：

电子邮件：
硬件级别：　　　　软件级别：
诊断级别：

	合格（绿色）	相对合格（黄色）	不合格（红色）
机器 厂房 设备	**在生产场所进行的生产** 由供方检验是否可接受，能力得到演示 ☐	**在生产场所进行的生产** 预计生产中没有质量问题 ☐	**不在生产场所进行的生产** 或预计会出现的质量问题 ☐
工具	**生产工具** 已发布 ☐	**生产工具** 改善 ☐	**无生产工具** ☐
供应链/物流	**连续** ☐	**不连续** 但预计不会出现质量问题 ☐	**预计会出现的质量问题** ☐
周期时间/数量	**生产周期时间** 没有特殊措施 ☐	**生产周期时间** 总是可以用特殊措施来实现 ☐	**生产周期时间** 无法用特殊措施来实现 ☐
	所有生产工具/空腔 已检查/发布 ☐	**至少批准了一套连续生产工具** ☐	**无生产工具** ☐
	所有生产线 已检查/发布 ☐	**一条生产线** 已检查/发布 ☐	**无生产线** ☐
人员	**所有生产人员** 已培训 有完整的工作和检验说明可用 ☐	**挑选出的生产人员** 已培训 有完整的工作和检验说明可用 ☐	**无生产人员** 工作和检验说明不完整 ☐
过程能力 （如果未计划进行100%检验）	**完全实现了所商定的能力** ☐	**未实现所商定的能力** 引入100%检验 ☐	**未演示能力** 无100%检验 ☐
测试/检验 设备	**全部都有，且已检查并被接受** 能力得到演示 ☐	**只部分有** 有替代设备可用 ☐	**没有** **或未检查也未被接受** ☐

总结果：

日期　　　　供方签名

组织运行时常见失效点及可能的应对措施

常见失效点	可能的应对措施
1）提交顾客进行PPAP批准时，供应商的原材料未进行原材料批准 2）发运前没有得到客户同意	1）根据BOM清单，将企业针对供方的原材料认可报告作为提交给顾客的PPAP文件包内容之一，无论顾客是否需要，企业都不会忘记遵守这一先后顺序 2）组织的产品批准查检项涵盖客户批准点检项

管理工具包

AIAG－PPAP、VDA－PPA、PSO（Process Sign－Off）、IMDS、CMDS。

通过认证所需的最低资料要求

制造过程与产品的核准程序与记录、材料批准程序与批准报告、提交PPAP的记录与客户核准记录。

41 设计和开发输出

IATF 16949：2016 条款原文

8.3.5.1　设计和开发输出（补充）

产品设计输出的陈述方式应适合于对照产品设计输入要求进行验证和确认。产品设计输出应包括但不限于（如适用）：

a）设计风险分析（FMEA）。

b）可靠性研究结果。

c）产品特殊特性。

d）产品设计防错结果，如 DFSS、DFMA 和 FTA。

e）产品定义，包括三维模型、技术数据包、产品制造信息，以及几何尺寸与公差（GD&T）。

f）二维图纸、产品制造信息以及几何尺寸与公差（GD&T）。

g）产品设计评审结果。

h）服务诊断指南及修理和可服务性说明。

i）服务件要求。

j）运输的包装和标签要求。

注：临时设计输出应当包含通过权衡过程正在解决的工程问题。

条款解析

此处表明了产品设计开发时，在取得、厘清与确认了条款 8.3.3.1 的各项要求后，经过一连串的开发、测试、验证、确认与调整后（原型件开发、试生产确认），可能时，对于产品的设计开发至少应产生下列的输出项目：

a）设计风险分析（FMEA），如 DFMEA。

b）可靠性研究结果，如产品进行可靠度测试后的分析报告。

c）产品特殊特性，如根据 DFMEA 严重度分析结果、客户要求或公司经验而定出的产品特殊特性。

d）产品设计防错结果，例如，六西格玛设计数据、产品设计防错数据、产品制造组装可行性评估与矫正的结果，或失效树分析后防错设计的审查结果。

e）产品的相关信息，如产品 3D 扫描图及图形相关数字数据、相关产品技术数据、产品制造过程的相关要求信息，以及与尺寸公差有关的数据。

f）二维图纸、产品制造信息以及几何尺寸与公差（GD&T），如产品的 2D 图纸、产品制造过程的相关要求信息，以及与尺寸公差有关的数据。

g）与设计过程有关的审查数据，如材料设计审查、产品设计审查、模具设计审查、原型件审查等。

h）服务诊断指南及修理和可服务性说明，如与产品失效后有关的原因判断、修理方式、保固服务等的说明。诊断指南指的是使用基于工程的数据进行现场诊断服务的系统/设备，不是车辆制造系统必须要求的，但对车辆系统提供服务很重要。

i）服务件要求，与售后服务、替换件有关的要求。

j）运输的包装和标签要求，产品在各运输过程中的包装材料、规格、方式及相关的识别标签等设计结果。

注：临时设计输出应当包含通过权衡过程正在解决的工程问题，包括产品开发过程中所有解决工程问题过程的相关数据，如设计定稿前的相关设计与测试数据。

☞ 应用要点

1）产品设计的输出是条款 8.3.3.2 的 a）项，也就是说制造过程的目的就是要把产品给制造出来。如果产品的设计输出有所遗漏，就会影响制造过程设计输出与售后服务的结果，影响客户对组织产品与服务的满意程度和感受。因此在产品设计过程需要注意到这些设计输出的结果与先前的产品设计输入要求是否一致。

2）设计输出的好坏取决于相关方的要求是否都能被满足，因此设计输出其实就是对照产品设计输入要求进行设计验证与确认的方式，验证设计输出结果能否符合设计输入要求的信息。在审查时一定要逐一确认输入、输出之间是否相关、是否一致，绝不能独立看待，最好用能对照的方式来确认。

☞ 该条款存在的管理价值

当产品销售业绩不好时公司内常常发生业务单位、研发单位与制造单位相互指责能力不好导致客户不买单的现象。追究其原因，常常是测试结果与要求未联结。因此厘清需要产品设计输出，确保设计输出的结果满足设计输入的要求并保持一致性，是确保产品设计结果成功的重要因素。当然，前提是设计开发的输入中对客户要求或潜在要求的识别要充分和准确。

☞ 该条款主要涉及哪些过程

市场与销售、产品与制程设计、矫正与预防措施、交付、顾客服务。

☞ ISO/TS 16949：2009 条款内容

7.3.3.1 产品设计输出（补充）

产品设计输出应以能够对照产品设计输入要求进行验证和确认的形式来表示。产品设计输出应包括：

——设计 FMEA，可靠性结果。

——产品特殊特性和规范。

——适当时，产品防错。

——产品定义，包括图样或数学数据。

——产品设计评审结果。

——适用时，诊断指南。

新旧版本差异分析

1）细化了要求和输出项，如产品设计输出添加包括识别三维模型使用，以及服务件、包装和标签要求，增加可维修和服务性说明；2016 版标准阐明了需要产品设计防错方法，如 DFSS、DFMA 和 FTA。

2）增加了汽车供应链上实务执行上的输出需要，考虑了产品实现过程相关方的要求。

转版注意事项

1）新增的设计输出要求在设计开发管理程序中体现此要求，同时要有表格体现这些数据的盘查结果（无产品设计责任的公司无须提供）。

2）新的产品项目数据要能体现这些输出数据及其符合设计输入要求的证据（无产品设计责任的公司无须提供）。

汽车行业运用最佳实践案例

示例：以 DRBFM 为概念的设计审查。

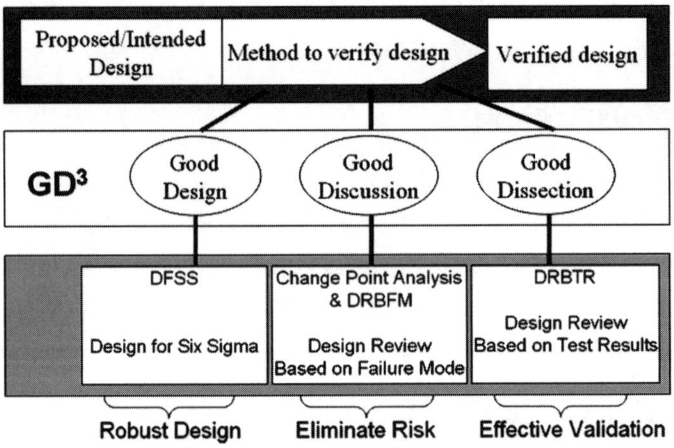

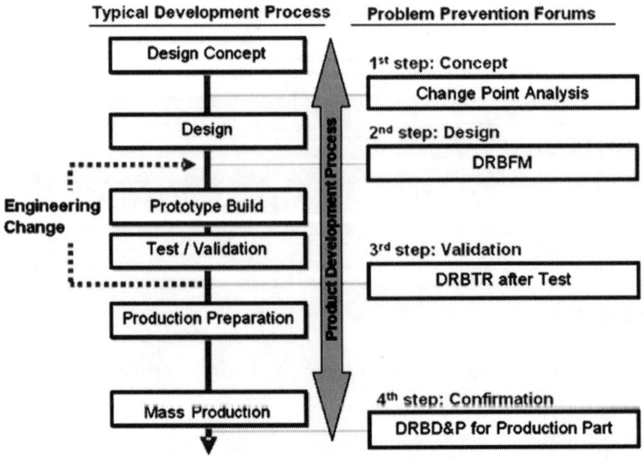

组织运行时常见失效点及可能的应对措施

常见失效点	可能的应对措施
需要输出的项目不足，或者输出与输入无法对应或不满足	制定输出项点检表并与输入项对应

管理工具包

AIAG－PPAP、AIAG－APQP、DFMEA、DFSS、DFSS、FTA、GD&T、VDA2－供货质量保证。

通过认证所需的最低资料要求

1）符合本标准要求的设计开发管理程序（无产品设计责任的公司无须提供）。

2）满足2016版标准中关于产品设计输出要求的证据（无产品设计责任的公司无须提供）。

42 制造过程设计输出

IATF 16949：2016 条款原文

8.3.5.2　制造过程设计输出

组织应对制造过程设计输出形成文件，采用的方式应能够对照制造过程设计输入进行验证。组织应对照制造过程设计输入要求对输出进行验证。制造过程设计输出应包括但不限于：

a）规范和图纸。

b）产品和制造过程的特殊特性。

c）对影响特性的过程输入变量的识别。

d）用于生产和控制的工装和设备，包括设备和过程的能力研究。

e）制造过程流程图/制造过程平面布置图，包括产品、过程和工装的联系。

f）产能分析。

g）制造过程 FMEA。

h）维护计划和说明。

i）控制计划（见附录 A）。

j）标准作业和工作指导书。

k）过程批准的接收准则。

l）质量、可靠性、可维护性和可测量性的数据。

m）适用时，防错识别和验证的结果。

n）产品/制造过程不符合的快速探测、反馈和纠正的方法。

条款解析

此处表明了制造过程设计开发时，在取得、厘清与确认条款 8.3.3.2 的各项要求后，经过一连串的开发、测试、验证、确认与调整（原型件开发、试生产确认），可能时，对于制造过程的设计开发至少应产出下列的输出项目：

a）规范和图纸，如给相关工位的图纸、相关性能与特性的规格和公差要求。

b）产品和制造过程的特殊特性，如根据 DFMEA 严重度、客户要求或公司经验而定出的产品特殊特性，并对影响产品特性的生产工序进一步分析，进而确定过程特殊特性。

c）对影响特性的过程输入变量的识别，如识别各工位影响产品特性的过程特性，也就是在该工位上的“人、机、料、法、环、测”会有哪些可能变异。

d）用于生产和控制的工装和设备，如各工位需要的工装与设备清单和要求，包括设备和过程的能力研究（Cmk 与 Cpk）。

e）制造过程流程图/制造过程平面布置图，包括产品、过程和工装的联系，如生产的流程图、产线的 Layout 图、动线分析等。

f）产能分析，如各设备、各工序的产能分析，并考虑均衡生产、合理配置制造设备和人员。

g）制造过程 FMEA，如 PFMEA。

h）维护计划和说明，如设备保养计划与设备保养说明书。

i）符合 IATF 16949 附录 A 要求项目的控制计划。

j）标准作业和工作指导书，如各工序与检验站的作业指导书和作业标准。

k）过程批准的接收准则，如各工位开动与放行的准则。

l）如各工位产品的质量数据、性能数据、可靠性研究数据与相关计量值数据。

m）适用时，防错识别和验证的结果，如 PFMEA 中被识别为防错法的有效性验证数据。

n）产品/制造过程不符合的快速探测、反馈和纠正的方法，如异常的 OCAP 与问题产品的快速筛选机制。

应用要点

1）制造过程设计输入的 a）项是产品设计的输出（也就是条款 8.3.3.2 提到的输出项），也就是说制造过程的目的就是要把产品给制造出来，要把所有在产品上的要求（包括包装出货）通过制造过程的设计输出来实现。所以所有的产品设计输出（产品要求）都要和制造过程设计输出进行比对，确保制造过程有能力做出符合产品在质与量上的要求。

2）如果制造的设计输出有所遗漏，就可能在量产时发生质量异常、生产中断、质量不稳定、产能与交期无法预估的状况，最终影响售后或销售服务的结果，影响客户对组织产品与服务的满意程度和感受。因此，在制造过程设计过程中需要注意这些制造过程设计输出是否都满足了。

3）如同产品设计输出，制造过程设计输出的好坏取决于相关方的要求是否都能被满足，因此制造过程设计输出其实就是验证与确认产品和制程的结果能否符合设计输入要求（包括产品面要求与制程面要求）。在审查时一定要逐一确认输入、输出之间是否相关、是否一致，绝不能独立看待，所以最好用能对照的方式来确认。

该条款存在的管理价值

当产品质量不好时，公司内常常发生产品研发单位与制造单位相互指责的情况，追究其原因常常是标准不够导致的。因此厘清需要哪些制造过程设计输出，对比相关制造过程设计输入要求，确保设计输出的结果满足设计输入的要求并保持一致性，是确保量产时能稳定生产出高质量产品的关键。

该条款主要涉及哪些过程

产品与制程设计、矫正与预防措施、顾客服务、检验管理、设备与工具管理、基础设施管理、仪器与实验室管理、不合格控制。

ISO/TS 16949：2009 条款内容

7.3.3.2　制造过程设计输出

制造过程设计输出应以能够对照制造过程设计输入要求进行验证和确认的形式来表示。

制造过程设计输出应包括：

——规范和图样。

——制造过程流程图、布局。

——制造过程 FMEAs。

——控制计划（见 7.5.1.1）。

——作业指导书。

——过程批准接收准则。

——有关质量、可靠性、可维修性及可测量性的数据。

——适当时，防错活动的结果。

——产品、制造过程不合格的及时发现和反馈方法。

新旧版本差异分析

1）细化了要求和扩大了输出项。

2）增加了对特殊特性管理、增加了标准工作和作业指导书要求，强化了验证要求，如产能确认、生产设备和过程能力研究与维护能力等的要求，具体新增项目包括 b）、c）、d）、f）、h）、j）和 n）。

转版注意事项

1）新增的制造过程设计输出要求在设计开发管理程序时能体现有此要求，同时要有表格体现这些数据的盘查结果。

2）新的产品项目数据要能体现这些输出数据及其符合设计输入要求的证据（不论有无产品设计责任的公司）。

汽车行业运用最佳实践案例

示例：过程流程图（参考 AIAG FMEA 手册）。

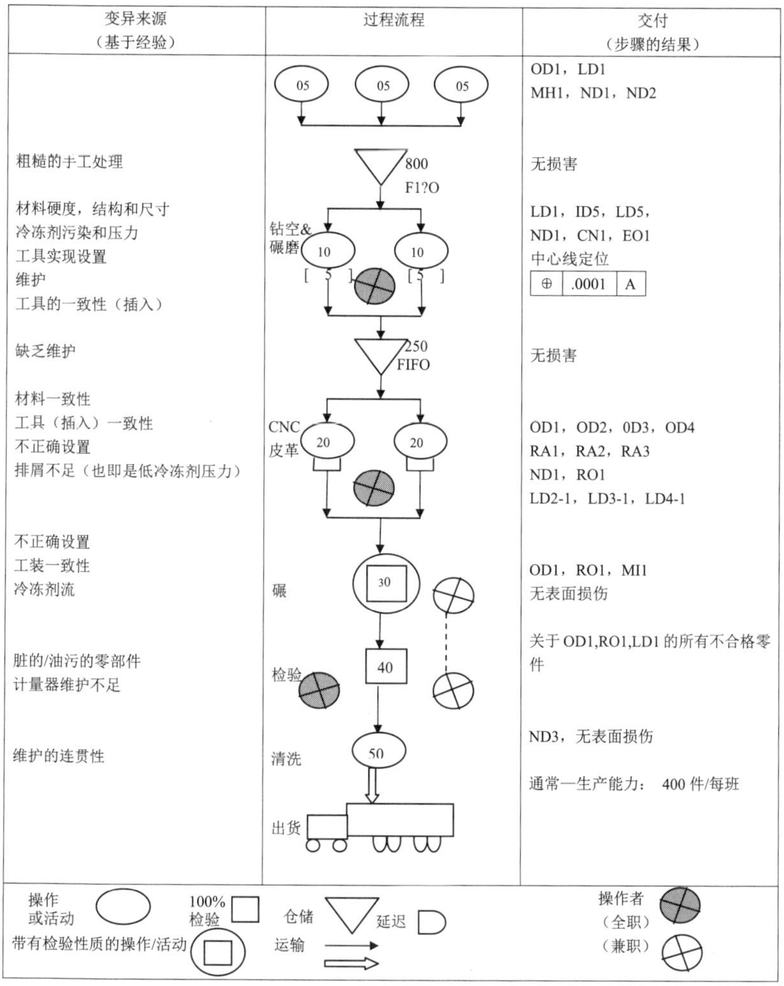

组织运行时常见失效点及可能的应对措施

常见失效点	可能的应对措施
需要输出的项不足，输出与输入无法对应或不满足	制定输出项点检表并与输入项做对应

管理工具包

AIAG－PPAP、AIAG－APQP、VDA2－供货质量保证、QFD、DFM/DFA、VE、DOE、PFMEA、CP。

通过认证所需的最低资料要求

符合本条款要求的设计开发管理程序、满足关于制造过程设计开发输出要求的证据。

43 设计和开发更改

IATF 16949：2016 条款原文

8.3.6.1　设计和开发更改（补充）

组织应评价初始产品批准之后的所有设计更改，包括组织或其供货商提议的更改，评价这些更改对可装配性、形式、功能、性能和/或耐久性的影响。这些更改应对照顾客要求进行确认，并在生产实施之前得到内部批准。

如顾客有所要求，组织应在生产实施之前从顾客处获得形成文件的批准或弃权。

对于带有嵌入式软件的产品，组织应对软硬件的版本级别形成文件，作为更改记录的一部分。

条款解析

1）产品只要经过核准或承认之后需要进行产品设计上的更改，就需要评价更改对于产品实现过程可能的影响，尤其是对制造过程和应用上的影响。常见需要评估的影响包括可装配性、形式、功能、性能和/或耐久性。

2）不论起因是什么，更改的需求可能来自组织自己，也可能来自供货商，只要影响到原始产品设计，都应该按此章节来执行。

3）原始产品是按客户要求经过验证与确认后才被认可的，更改后的产品也应该要按客户的要求来验证与确认。因为更改存在的风险通常比较大，有些客户甚至会直接指定更改项目所需要的验证或确认方式，这时就必须要按这些客户要求来执行。而组织在开始进行更改后的生产之前也要按内部对于更改的相关要求程序取得核准。

4）客户如果有要求，或者质量合约上有规定，则组织一定要先取得客户的书面许可，才可进行更改后的生产交货。

5）对于带有嵌入式软件的产品可能会有本身硬件设计上的更改与软件上的更改，因此当这类产品要进行设计更改时，需要对硬件及软件的版本进行记录以便管理及未来必要时的追溯。

应用要点

1）组织须制定明确的设计及工程更改管理程序，包括内部核准程序与客户核准/通知准则，并让所有人员（包括供货商）理解此要求。

2）需要规定清楚客户要求更改、组织要求更改与供货商要求更改的对应窗口、流程和方法，确保所有更改都能被控管。

3）客户对于更改的所有要求（包括通知时间、方式、窗口、验证方法等）应加以汇总，以确保更改过程能容易查阅客户要求，并按要求的验证与确认方法执行。

4）对于带有嵌入式软件的产品其硬件及软件要有版本管理的方式，并纳入更改管理范围。

该条款存在的管理价值

据统计，客户质量问题有50%~60%来自供货商，而供货商所造成的问题有50% ~ 60%又来自于设计或工程更改。这些问题常常不容易发现，造成的影响或损失却非常严重。因此组织必须要有非常明确及严谨的设计及工程更改管理程序，以确保来自于内外部的更改都能清楚被管理与控制，并将变更的风险降至最低。

该条款主要涉及哪些过程

市场与销售、产品与制程设计、供应商管理、矫正与预防措施、检验管理、变更管理。

ISO/TS 16949：2009 条款内容

7.1.4 更改控制

组织应有一个对影响产品实现的更改进行控制并做出反应的过程。任何更改的影响，包括由任何供方引起的更改，都应进行评估，且规定验证和确认的活动，以确保与顾客要求相一致。更改在实施前应予以确认。

对专有权的设计，对外形、配合、功能（包括性能和/或耐久性）的影响与顾客共同进行评审，以便所有影响都能得到适当的评价。

当顾客要求时，还应满足附加的验证/标示要求，如对新产品引入的那些要求。

注1：任何影响顾客要求的产品实现的更改都要通知顾客，并征得顾客同意。

注2：以上要求适用于产品和制造过程更改。

新旧版本差异分析

1）内容叙述重新调整，更容易理解。

2）明确产品设计更改包括初始产品批准之后的所有设计更改。

3）本条款强化了在实施之前对更改验证和批准的要求，当顾客对更改管理有所要求时，验证和批准需要由组织和顾客完成，组织在更改管理上的要求从“注”提升到“应”，从提醒要做上升到强制要做。

4）新增对带有嵌入式软件的产品的更改管理要求，更改记录需要记录软件和硬件的修订等级。

转版注意事项

1）只要客户批准后的产品进行更改时，就需要通知客户甚至取得客户同意（即使尚未下单）。

2）更改的验证、通知与核准要按照客户要求的规定执行。

3）带有嵌入式软件的产品，其硬件与软件都要纳入更改管理范围。

4）更改实施前的风险评估要进行并留有证据。

汽车行业运用最佳实践案例

示例 1：GM 对于其供货商的更改管理要求。

NORMA GROUP

SUPPLIER CHANGE REQUEST (SCR)

Supplier has to complete this section

Supplier Information			Process/Product/Designchange ("x" all applicable)	
Originator/Date:			1	Design Change
Supplier Name:			2	Die/Mold Change
Supplier Contact:			3	Test/Inspection Method Change
Proposed SP Ship Date:			4	Jig/Tool Change
Phone:			5	Machine Change
E mail:			6	Manufacturing Method Change
Part Information			7	Manufacturing Process Change
Supplier Part Number(s):			8	Material Change
Supplier Drawing Number/Rev:			9	Sub-supplier Change
Part name (NORMA):			10	Drawing change
Part number(s) (NORMA):			11	Packaging changes
Documentation change needed (check all applicable)			12	New production layout
Control Plan		☐	13	Manufacturing Site Change
PFMEA		☐		
Process Flow Chart		☐		
Operating Instruction		☐		

Change description

What is the proposed change?	
What is the reason?	
If this is an emergency, please explain.	

Potential Risk(s) associated with change

Current (show picture or sketch)	Proposed Change (show picture or sketch)

NOTE: Change is <u>NOT</u> to be shipped for serial production until the supplier has received an APPROVED PSW

NORMA PPAP Requirements ("x" all applicable)

	IMDS		Control Plan		Part Submission Warrant (PSW)
	Engineering Change documents		MSA Studies		PPAP subcomponents
	Customer Engineering Approval		Dimensional Results & Marked Drawing		
	Design FMEA		Material / Performance Test results		
	Process Flow Diagram		SPC		
	Process FMEA		Sample Parts		

Additional or other requirements

Norma Product Engineering to Complete (answer Yes, No, N/A or enter text)

Is a drawing update required? ☐ Comment:

NORMA use only

NORMA Approvals (depending on the type of change additional approvals may be needed and will be added to the list)

	Date	Approval (sign)	Comment
Product Development Team leader			
Relevant Quality responsible person or Supplier Quality Engineer			
Assigned SCR Number:			

NORMA relevant Quality responsible person or Supplier Quality Engineer to complete (answer Yes, No, N/A or enter text)

☐ Are samples of changed parts required (Yes, No)?

☐ SCR is approved

☐ Is a PPAP submission required (Yes, No)?

☐ SCR is approved with conditions (see below)

☐ PPAP level (enter 1, 2, 3, 4, 5)

☐ SCR is rejected (see below)

☐ Is a run at rate capability study required (Yes, No)?

Comments:

1. When submitting this request the Supplier must include a quality confirmation plan and a schedule. Request MUST be submited a minimum of 6 months prior to change.
2. Any parts received before NORMA PPAP approval are judged as non-conforming and will be charged back to the supplier.

示例2：AEC Q200 对电容有关于设计、制程更改所规定的验证项目。

AEC-Q200 REV D
June 1, 2010

Automotive Electronics Council
Component Technical Committee

TABLE 3A - Electrolytic Capacitor Process Change Qualification Guidelines for the Selection of Tests
For a given change listed below, the supplier should justify why a suggested test does not apply for the given part(s) under consideration. Collaboration with their customer base is highly recommended.

3. High Temperature Exposure (Storage)
4. Temperature Cycling
6. Moisture Resistance
7. Biased Humidity
8. Operational Life
9 External Visual
10. Physical Dimension
11. Terminal Strength (Leaded)
12. Resistance to Solvents
13. Mechanical Shock
14. Vibration
15. Resistance to Soldering Heat
16. Thermal Shock
17. Electrostatic Discharge (ESD)
18. Solderability
19. Electrical Characterization
20. Flammability
21. Board Flex
22. Terminal Strength (SMD)
27. Surge Voltage

Note: A letter or "☒" indicates that performance of that stress test should be considered for the appropriate process change

Test # From Table 3	3	4	6	7	8	9	10	11	12	13	14	15	16	17	18	19	20	21	22	27					
MATERIAL																									
End Seal		☒	☒	☒	☒	☒	☒		☒				☒				☒								
Housing		☒	☒				☒			☒			☒				☒								
Sleeving		☒	☒		☒	☒	☒		☒				☒				☒								
Lead/Termination								☒			☒	☒			☒	B		☒	☒						
PROCESS																									
Curing		☒		☒	☒		☒						☒	☒		B				☒					
Impregnation method	☒	☒			☒									☒		B				☒					
Terminal Attach		☒						☒		☒		☒	☒			B		☒	☒						
Winding		☒			☒						☒					B									
DESIGN																									
Electrolyte Change	☒	☒			☒								☒	☒		B				☒					
Foil Design		☒			☒									☒		B				☒					
Insulation Change		☒			☒									☒		B				☒					
MISCELLANEOUS																									
Mfg. Site Transfer	☒	☒	☒	☒	☒	☒	☒	☒	☒	☒	☒	☒	☒	☒	☒	B	☒	☒	☒	☒					
Material Suppliers	☒	☒	☒	☒				☒	☒	☒	☒	☒	☒		☒	B	☒	☒	☒						
New/Modified Mfg. Equipment		☒			☒		☒	☒		☒	☒			☒		B				☒					

B = comparative data (unchanged vs. Changed) required

☞ 组织运行时常见失效点及可能的应对措施

常见失效点	可能的应对措施
1）更改未经批准或更改没有充分验证或评审 2）对于产品软件直接更新未做更改管理	1）将更改管理程序列为必修通识课程，并将更改的审核、验证、评审事项定义明确 2）明确更改需要验证事项与评审事项

☞ 管理工具包

AIAG－PPAP、JESD46、AECQ 100、AEC Q200、AEC Q101。

☞ 通过认证所需的最低资料要求

1）涵盖组织更改、顾客更改、供货商更改的管理流程与涵盖验证与内部核准的执行记录。

2）客户对于更改管理要求的数据库。

3）更改通知客户、取得客户同意的记录。

44 外部提供的过程、产品和服务的控制

IATF 16949：2016 条款原文

8.4　外部提供的过程、产品和服务的控制

8.4.1.1　总则（补充）

组织应将影响顾客要求的所有产品和服务，如子总成、排序、挑选、返工和校准服务，纳入其对外部提供的产品、过程和服务的定义范围。

8.4.1.2　供应商选择过程

组织应有一个形成文件的供应商选择过程。选择过程应包括：

a）对所选供应商产品符合性以及组织向其顾客不间断产品供应的风险评估。

b）相关质量和交付绩效。

c）对供应商质量管理体系的评价。

d）对方论证决策。

e）对软件开发能力的评估，如适用。

应当考虑的其他供应商选择准则包括：

——汽车业务量（绝对值以及占总业务量的百分比）。

——财务稳定性。

——采购的产品、材料或服务的复杂性。

——所需技术（产品或过程）。

——可用资源（如人员、基础设施）的充分性。

——设计和开发能力（包括项目管理）。

——制造能力。

——更改管理过程。

——业务连续性规划（如防灾准备、应急计划）。

——物流过程。

——顾客服务。

8.4.1.3　顾客指定的货源（也称为“指向性购买”）

当顾客指定时，组织应从顾客指定的货源处采购产品、材料或服务。

第 8.4 条的所有要求（除了 IATF 16949 第 8.4.1.2 条中的要求）适用于组织对顾客指定货源的控制，除非组织与顾客之间的合同另有特殊约定。

条款解析

条款 8.4.1.1 是 2009 版标准条款 7.4.1 的注解部分，此次把它放到了标准的正文中，更加明确了能够影响顾客要求的所有产品和服务都应该在组织的控制范围内，纳

入供应商管理中。

条款 8. 4. 1. 2 明确了新供应商的选择过程需要形成文件，并且需要包括几个方面：

a）对于供应商的风险评估包括两个方面：一是产品符合性，即能否生产出满足顾客要求的产品；二是持续供货的能力，即产能和交货期周期。

b）如果供应商以前生产过类似产品，可以从以往产品的质量和交付绩效去评价，主要还是考虑产品符合性和持续供货的能力。

c）通过评价供应商管理体系的有效性，从而评估其生产能力和交货能力。

d）多方论证是指供应商的选择过程不单单只有一个部门进行，应该将研发、工艺、生产、设备、质量、采购等部门召集起来，共同完成。

e）如果该供应商涉及提供软件，那么还需要对其软件开发能力进行评估。

除了上述几个必要的要求，还应考虑如下：

1）汽车业务量，如果该供应商不单有汽车产品还有其他非汽车产品，那么需要评估汽车产品的产量以及占供应商总业务量的百分比，确认其能力。

2）财务稳定性，如资金链是否充足，会不会因为没有能力支付原材料的费用而造成缺料，或者因为无法发放工人工资而影响交货期等。

3）采购的产品、材料或服务的复杂性将会影响对供应商的管控程度和要求，不同类型的供应商选择的准则不一样。

4）产品和过程所需的技术要求。

5）人员、基础设施等资源是否适宜、充分。

6）设计和开发能力（包括项目管理）能否满足产品的要求。

7）制造能力包括产品的稳定性和产能等方面。

8）对于设计或工艺的更改如何进行管理，有无未及时响应或未经确认的风险。

9）对于持续供货中出现的异常有无规划，如防灾准备、应急计划等。

10）产品转移、交付中的物流过程如何管理，如储存、搬运、防护等。

11）售前、售中、售后的顾客服务。

条款 8. 4. 1. 3 对于顾客指定的货源，也就是顾客明确提出 ××× 材料或零件要向 ××× 供应商购买，那么组织就只能从该供应商处购买，但是这个供应商的选择过程除非顾客在合同中明确提出不需要进行，否则还是要参考 8. 4. 1. 2 的要求。

应用要点

该条款明确了在供应商的选择过程中需要考虑的多个方面，按照组织的实际情况把这些要求文件化，同时按照要求去执行，并保留相应的记录。

该条款存在的管理价值

为了保证外包的过程，产品和服务能满足顾客的要求并且持续供货，所以标准明确指出哪些供应商要纳入组织的管理范围，并提出了选择供应商的准则来帮助组织进行此项活动。

该条款主要涉及哪些过程

供应商开发过程、外包管理过程。

ISO/TS 16949：2009 条款内容

7.4　采购

7.4.1　采购过程

组织应确保采购的产品符合规定的采购要求，对供方及采购的产品的控制类型和程度应取决于采购产品对随后对随后的产品实现或最终产品的影响。

组织应根据供方按组织的要求提供产品的能力评价和选择供方。应制定选择、评价和重新评价的准则。评价结果及评价所引发的任何必要措施的记录应予保持（见4.2.4）。

注1：上述采购的产品包括所有影响顾客要求的所有产品和服务，如分装、排序、分选、返工和校准服务。

注2：当发生与供方相关的兼并、收购或从属关系时，组织应当验证供方质量管理体系的延续性和有效性。

7.4.1.3　顾客批准的供货来源若合同（如顾客工程图样、规范等）中有规定，组织应从批准的供货来源采购产品、材料或服务。采用顾客指定的供货来源，包括工具/量具的供方，不能免除组织确保采购的产品质量的责任。

新旧版本差异分析

2016 版标准中除了条款 8.4.1.2 为全新的内容，其他的条款在 2009 版标准中均有提及。

转版注意事项

在转版时需要确认目前现行的文件中对于供应商的选择要求是否满足条款 8.4.1.2 的要求，特别需要确认软件供应商的开发能力。选择供应商时还需关注特殊特性和产品安全相关方面要求的传递。

汽车行业运用最佳实践案例

将公司所有的供应商都纳入管理中，然后根据产品、工艺的复杂程度，以及法规的要求对其进行分类管理。根据不同类别的供应商制定不同的选择、评价、绩效监视和再评价的准则。新供应商在选择时要基于风险的思维，主要是考虑：

1）能否生产出满足顾客要求的产品。

2）是否持续供货的能力，即产能和交货期周期。

3）是否有一定财务稳健度。

4）是否能保证运营管理活动的合法合规性。

在制定选择准则时可考虑条款 8.4.1.2 给出的方向。

组织运行时常见失效点及可能的应对措施

常见失效点	可能的应对措施
1）未对挑选、返工等提供服务的供应商进行选择、评价，并列入合格供应商名录 2）评估内容不全（特殊过程没有体现特殊性），在考核评估中缺失 EHS 有害物质等法律法规要求 3）在评估供应商的时候，通常注重硬件的确认，而忽略程序、软件、法律法规方面及财务稳定性的确认	1）将所有影响产品满足要求的供应商都列入需要管控的范围内，并按要求进行选择、评价、绩效监视和再评价 2）识别特殊过程，将包含特殊过程的供应商作为 AVL 中等级最高的供应商选择评估和考核，按照特殊工艺过程要求增加过程监控。视法律法规要求的内容提高考核等级与频率 3）将企业管理成熟度、合规性运营及稳健运行作为考核供应商的内容之一列入清单中，可在每年度进行评估

管理工具包

CQI－19 次级供应商管理过程指南、次级供应商最低汽车质量管理体系要求。

通过认证所需的最低资料要求

1）供应商管理文件中对于供应商的覆盖范围是否明确，供应商选择、评价的准则是否建立。

2）供应商的选择准则中是否包括条款 8.4.1.2 中的要求。

3）是否保留供应商选择、评价、绩效监视的记录。

4）顾客指定供应商的管理准则是否建立。

45 控制的类型和程度

IATF 16949：2016 条款原文

8.4.2.1　控制的类型和程度（补充）

组织应有一个形成文件的过程，以识别外包过程并选择控制的类型和程度，用于验证外部提供的产品、过程和服务对内部（组织的）要求和外部顾客要求的符合性。

该过程应包括根据供应商绩效和产品、材料或服务风险评估，增加或减少控制类型和程度以及开发活动的准则和措施。

那些没有实施确认和控制的特性或者零件经组织的质量管理体系传递，组织应确保其在制造地点有适宜的控制方法。

8.4.2.2　法律法规要求

组织应有形成文件的过程，确保所采购的产品、过程和服务符合收货国、发运国和顾客确定的目的国（如有提供）的现行法律法规要求。

如果顾客为特定产品符合法律法规要求确定了特殊控制，组织应确保按照规定实施并保持这些控制，包括在供应商处。

8.4.2.3　供应商质量管理体系开发

组织应要求其汽车产品和服务供应商开发、实施并改进质量管理体系，最终目标是通过本汽车质量管理体系。

基于风险，组织应针对每一个供应商确定最低可接受的质量管理体系水平以及质量管理体系开发的目标。

除非顾客另行授权，通过 ISO 9001 认证是初始最低的可接受的质量管理体系水平。基于当前绩效和对顾客的潜在风险，目标是推动供应商遵守如下质量管理体系开发步骤：

a）经由第三方审核通过 ISO 9001 认证；除非顾客另有规定，组织的供应商应保持通过认证机构出具的第三方认证证明来证实对 ISO 9001 的符合性，证明上应由被承认的 IAF MLA（国际认可论坛多方边互相承认协议）成员认可的认可标志，其中，认可机构的主要范围包含 ISO/IEC 17021 管理体系认证。

b）经由第二方审核通过 ISO 9001 认证，同时符合其他顾客确定的质量管理体系要求，如次级供应商最低的汽车质量管理体系要求（MAQMSR）或等效要求。

c）通过 ISO 9001 认证，同时经由第二方审核符合 IATF 16949。

d）经由第三方审核通过 IATF 16949 认证（IATF 认可的认证机构进行的有效的供应商 IATF 16949 第三方认证）。

注：如果顾客认可，通过第二方审核的 ISO 9001 质量管理体系也可作为最低的可

接受水平。

8.4.2.3.1 汽车产品相关软件或带有嵌入式软件的汽车产品

组织应要求其汽车产品相关软件或带有嵌入式软件的汽车产品的供应商为各自产品实施并保持一个软件质量保证过程。

应采用软件开发评估方法来评估供应商的软件开发过程。组织应按照风险和对顾客潜在影响的优先级，要求供应商为软件开发能力自评估保存形成文件的信息。

8.4.2.4 供应商监视

组织应为供应商绩效评价制定形成文件的过程和准则，以便确保外部提供的产品、过程和服务符合内部要求和外部顾客要求。

至少应监视以下供应商绩效指标：

a）已交付产品对要求的符合性。

b）在收货工厂对顾客造成的干扰，包括整车候检和停止出货。

c）交付排程的绩效。

d）超额运费发生次数。

如顾客有所规定，组织还应视情况在供应商绩效监视中包括：

e）与质量或交付有关的特殊状态顾客通知。

f）经销商退货、保修、使用现场措施和召回。

8.4.2.4.1 第二方审核

组织的供应商管理方法中应包括一个第二方审核过程。第二方审核可用于：

a）供应商风险评估。

b）供应商监视。

c）供应商质量管理体系开发。

d）产品审核。

e）过程审核。

基于风险分析，包括产品安全/法规要求、供应商绩效和质量管理体系认证水平，组织应至少对第二方审核的需求、类型、频率和范围的确定准则形成文件。

组织应保留第二方审核报告的记录。

如果第二方审核的范围是评估供应商的质量管理体系，则方法应与汽车过程方法相符。

注：可从 IATF 审核员指南和 ISO 19011 获得指导。

8.4.2.5 供应商开发

组织应为其活跃供应商确定所需供应商开发行动的优先级、类型、程度和时程安排。用于确定的输入应包括但不限于：

a）通过供应商监视（见第 8.4.2.4 条）识别的绩效问题。

b）第二方审核发现（见第 8.4.2.4.1 条）。

c）第三方质量管理体系认证状态。

d）风险分析。

组织应采取必要措施，以解决未决的（不符合要求的）绩效问题并寻求持续改进的机会。

条款解析

条款8.4.2.1主要针对外包过程，明确组织需要对外包过程的管理形成文件，根据供应商提供的产品、材料或服务的质量和交付绩效去调整评价的控制程度、准则和措施。

条款8.4.2.2要求组织对于所采购的产品、过程和服务应该满足收货国、发运国和顾客确定的目的国的现行法律法规，并且对于这个法律法规要求的识别和实施应有形成文件的过程。例如，某产品从中国发出，在美国收货后经过组装，加工后出口到德国。那么这个产品适用的法律法规就要满足这三个国家的要求。如果顾客为特定产品符合法律法规要求确定了特殊的控制要求，那么组织应确保按照规定实施并保持这些控制，包括在供应商处的传递、实施。

条款8.4.2.3的目的是要求其汽车供应商开发、实施并改进质量管理体系，最终目标是通过汽车质量管理体系。除非顾客另行授权，通过ISO 9001认证是初始最低的可接受的质量管理体系水平。基于供应商的当前绩效和对顾客的潜在风险，组织应针对每一个供应商确定最低可接受的质量管理体系水平以及质量管理体系开发的目标。其步骤如下：

a）通过ISO 9001认证，提供第三方的认证证书。

b）由第二方审核通过ISO 9001认证，同时符合其他顾客确定的质量管理体系要求。

c）通过ISO 9001认证，即在a）的基础上同时经第二方审核，符合IATF 16949要求。

d）通过IATF 16949认证，这是最终目标。

条款8.4.2.3.1要求组织应按照风险和对顾客潜在影响等优先级要求供应商对其开发能力自评，并保留相关的记录。明确要求汽车产品相关软件或者带有嵌入式软件的产品的供应商应有一个保证软件质量的管理体系来确保软件的有效性。

根据条款8.4.2.4，为了保证外部提供的产品、过程和服务满足组织或顾客的要求，应对供应商的监视制定形成文件的过程和准则，监视供应商绩效指标至少包括如下方面：

a）交付产品的质量。

b）因质量问题造成的不良影响，如整车候检和停止出货。

c）交付排程的绩效，即是否按照交货计划准时交货。

d）超额运费的发生次数反映的是质量保证的能力，因为超额运费的产生原因是交付问题，而引发交付问题的情况有很多，如原材料问题、设备问题、人员问题、工艺问题等。需要对此进行分析，找出原因进行改善。

如果顾客还有规定，还应对下列绩效进行监视：

e）因质量或延迟交付有关的特殊状态的顾客通知，如减少供货量，审核结果的降级等；

f）经销商处的退货、保修、使用现场措施和召回等。

条款 8.4.2.4.1 说明第二方审核是一种供应商的管理办法，它可以用于：

a）进行风险评估，评估其交货的质量和供货能力。

b）监视供应商，保证其持续满足要求。

c）根据审核结果确定供应商的管理体系开发计划。

d）根据审核结果确认产品审核的范围、时机和频率。

e）根据审核结果确认过程审核的范围、时机和频率。

对于第二方审核的需求、类型、频率和范围都应在文件中描述清楚，并保留相应的审核报告便于追溯，如果第二方审核的范围是评估供应商的质量管理体系，那么应采用与过程方法相符的方式进行。

条款 8.4.2.5 要求针对现有的供应商有开发计划帮助其发展，主要从如下几个方面考虑（包括但不限于）：

a）供应商监视识别的绩效问题，如交货的质量，准时率，异常处理的反应等。

b）第二方审核的发现，除了不符合的严重程度、数量等，还需关注审核发现改善。

c）第三方质量管理体系认证的状态，是在有效期内还是已经过期失效，或者因某些原因取消了证书等。

d）风险分析的结果，包括供应商潜在在持续供货、资金链保障程度、符合法律法规要求的状态，如环评等。

根据这些来确定开发行动的优先级别、类型、程度和时间安排，同时应采取措施来解决绩效问题，寻找持续改进的机会。

应用要点

组织应该根据供应商提供产品、过程的复杂程度，产品的重要性，供应商的管理体系水平来确认控制的类型和程度，并基于风险的思维根据绩效监视的结果来调整控制的类型和程度。如下几个要求需要在供应商管理过程中明确：

1）对于采购的产品、过程和服务所适用的法律法规要求的识别、实施和控制，包括在供应商处的。

2）对现有供应商分类管理，区分管理要求。

3）供应商管理体系的开发步骤要满足条款 8.4.2.3 的要求，除非顾客有特殊规定，否则最低是通过第三方的 ISO 9001 认证，最终目标是通过第三方的 IATF 16949 认证。

4）供应商监视的绩效指标中有四项是必须要包括的，具体参照条款8.4.2.4。

5）对于供应商第二方审核的频率和范围由企业自己决定，并没有要求所有供应商都需要进行第二方审核。组织采用风险分析的方法结合供应商的绩效和质量管理体系水平来确认，并将其文件化，保留相应的记录。

6）为了让供应商持续成长、持续改进，组织需要从供应商的绩效评估、第二方审核、第三方质量体系认证状态以及风险分析等方面综合识别供应商的提升计划，持续提升供应商满足组织要求能力并监视其完成情况。

该条款存在的管理价值

对于供应商控制的类型和程度，明确了范围、管控的要求，从供应商的管理体系、绩效的监视、第二方审核、供应商的开发计划等方面给出了具体的方法和思路，指导如何进行供应商的管理。

该条款主要涉及哪些过程

供应商的管理过程、外部提供产品和服务的监控过程、进料检验过程、供应商审核过程等。

ISO/TS 16949：2009 条款内容

4.1.1 总要求（补充）

确保对外包过程的控制不应该免除组织对符合所有顾客要求的责任。

注：见7.4.1和7.1.4.3。

7.4.1.1 法定、规章的符合性

用于产品而采购的所有产品或材料应符合适用的法规要求。

7.4.1.2 供应商质量管理体系开发

组织应以供方符合本技术规范为目标进行供方质量管理体系的开发。符合ISO 9001：2008是达到这一目标的第一步。

注：供方开发的优先顺序取决于供方的质量绩效和所提供产品的重要性等。

除非顾客另有规定，否则组织的供应商应通过经认可的第三方认证机构的ISO 9001：2008第三方认证。

7.4.3.2 供货商监控

供方绩效应通过以下指标进行监视：

——交付产品的符合性；

——顾客生产中断包括售后退货；

——按计划交付的绩效（包括超额运费情况）；

——关于质量或交付问题异常情况的顾客通知。

组织应促进供方对其制造过程绩效的监视。

新旧版本差异分析

1）条款8.4.2.1的补充在2009版标准条款7.4.1.1中只是简单提及，未有详细的描述。

2）2009版标准中法律法规的要求针对产品和材料的合规性，在2016版标准条款8.4.2.2.中明确要求产品、过程和服务符合收货国、发运国和顾客确定的目的国的现行适用法律法规。

3）条款8.4.2.3是2016版标准增加的内容，原来对于此未有强制要求。

4）条款8.4.2.4供应商监视的绩效指标中交付排程的绩效是2016版标准新增加要求，其他在2009版标准中已经要求。

5）条款8.4.2.4.1中第二方审核是2016版增加的内容，虽然企业在过去的实际运行中可能已经采用了此方法，但是2009版中没明确要求。

6）条款8.4.2.5也是2016版增加的，2009版标准对此完全没有要求。

转版注意事项

1）确认外包校准、挑选返工过程有无纳入供应商的控制范围。

2）法律法规要求需要增加识别，除了产品和原材料以外，需要增加过程、服务符合收货国、发运国和顾客的目的国的现行法律法规要求，以及顾客对特定产品符合法律法规要求确定另外特殊控制，组织需要保证实施与控制，包括在供应商处。

3）是否按照条款8.4.2.3的步骤制定供应商体系管理开发计划。

4）供应商绩效监视的指标是否满足条款8.4.2.4的最低要求。

5）文件中对于第二方审核的需求、类型、频率和范围是否有规定，相关的记录是否保存。

6）是否制定了供应商开发计划，如何进行监视，是否采取了相应的措施。需要保留相应的记录，包括开发计划、实施的方案，执行的情况，整改措施等。

7）供应商业绩评价中超额运费的次数要列进去。

汽车行业运用最佳实践案例

某汽车行业一级供应商除了对其供应商进行分级管理以外，还针对不同的供应商制定不同的绩效指标，根据供应商所供产品的符合性、交付绩效、产品的复杂度、管理水平、配合度等来确定其每年的绩效指标，并调整其审核计划（包括体系审核、过程审核、产品审核）。

在供应商质量协议中规定，若现在没有通过IATF 16949认证，那么其在未来几年内要完成IATF 16949认证，并将这些汇总进行、跟踪。对于管理水平较差的供应商还安排SQE进行专门的辅导，同时将该任务列入SQE的绩效考核指标。

当公司安排培训的时候，也会安排供应商一起参与，使其跟随组织的步伐一同成长，对于供应商开发起了一定的作用。

组织运行时常见失效点及可能的应对措施

常见失效点	可能的应对措施
1）供应商出现不合格后的原因分析不到位，纠正措施的有效性未经验证或者该问题点关闭后重复发生 2）供应商审核的结果，交付绩效等未作为其再评价的输入之一 3）未明确对供应商的管理体系提出要求 4）供应商绩效评估中，超额运费次数等未作为其再评价的输入之一	1）对于供应商提交的不符合的原因需要进行确认，确保找到根本原因，在此基础上再制定纠正措施，纠正措施的验证除了文件化的更新，还要持续关注其来料状况，验证多批后才能确认纠正措施是有效的 2）在文件中规定其再评价的输入包括哪些方面，将其按比例量化，事先设定 Excel 的公式，然后输入这些数据后自动产生再评价的结果 3）制定供应商体系认证计划，与其绩效和挂钩，按照标准的要求逐步达成，未达标者可以调整其供货量，减少订单 4）放入供应商再评价的清单之中，每月评估

管理工具包

检查表、柏拉图、雷达图、8D、VDA 6. 3、VDA 6. 5。

通过认证所需的最低资料要求

供应商管理文件中对于法律法规要求、特殊特性的识别，控制和实施是否都有规定或准则？外包过程如何管控？如何验证其采购产品的有效性。

记录：供应商监视测量的数据，如 OTD、合格率等；供应商审核的报告；文件中对于供应商体系开发的策划、实施以及相应的记录；软件开发供应商软件开发能力自评估的记录。

46 外部供方的信息

IATF 16949：2016 条款原文

8.4.3.1 外部供方的信息（补充）

组织应向其供应商传达所有适用的法律法规要求以及产品和过程特殊特性，并要求供应商沿着供应链直至制造，贯彻所有适用的要求。

条款解析

相关法律法规要求，产品和过程的特殊特性不论是从顾客处还是组织自行识别、确认的，只要是适用的，都不能只在自己组织内部传递，必须要把这些要求在整个供应链上传递，保持一致性，避免出现因要求不清楚而导致的不合格现象。

应用要点

该条款在实际应用中主要体现在与外部供方沟通的过程中，如适用的法律法规要求以及产品和过程特殊特性由谁提供，由谁负责传递给供应商，以何种方式传递，是否保留了相关的沟通记录，如何确认这些要求在供应商处已经被理解并执行等。这些都需要我们在职责和过程中描述清楚。

该条款存在的管理价值

此条款是 2016 版标准增加的要求，再次强调在与供方沟通的过程中对于法律法规要求以及产品和过程特殊特性的传递，并确认这些要求已经被执行。

该条款主要涉及哪些过程

供应商管理、供方零部件批准、采购产品的验证、文件与记录控制。

ISO/TS 16949：2009 条款内容

无。

新旧版本差异分析

此条款为 2016 版标准新增加的要求。

转版注意事项

本条款为 2016 版标准新增加的要求，所以在转版时需要确认流程中对于法律法规要求以及产品和过程特殊特性的传达是如何进行的，保证信息传递的正确性和完整性，保留相关的记录。此外还应确认这些要求在供应商处的执行情况，必要时还需要确认供应商是否将这些要求传递给它的供应商。

汽车行业运用最佳实践案例

在产品开发或者供应商新产品开发初期将顾客的要求、特殊特性、法律法规的要求识别完成后，用文件化的形式，通过图纸、供应商协议、采购文件等传递给供应商，保留相应的记录。通过其递交的产品资料及供应商审核时候进行验证。

组织运行时常见失效点及可能的应对措施

常见失效点	可能的应对措施
1）顾客的要求未提供给供应商，或提供的顾客要求不完整 2）法律法规要求识别不全面 3）供应商未将要求传递给他的供应商	1）制作一份文件发放的清单，指定人员按照清单所列的内容进行核对，并发给供应商；当有客户要求更新时候，及时通知供应商 2）通过多方论证的方式进行法律法规识别，同时参考同类产品的类似经验，必要时邀请专家加入 3）在供应商协议中明确该要求，必要时需要供应商提供相应的记录。供应商审核时确认执行的有效性

管理工具包

文件发放清单。

通过认证所需的最低资料要求

顾客要求、法律法规的要求、特殊特性的要求，以及前述要求的发放记录或传递记录和前述要求更新后的相关传递记录，文件中对于此类要求规定的传递方式。

47 控制计划

IATF 16949：2016 条款原文

8.5.1.1　控制计划

组织应针对相关制造现场和所有提供的产品，在系统、子系统、部件和（或）材料各层次上（根据附录 A）制定控制计划，包括那些生产散装材料和零件的过程。采用共同制造过程的散装材料和相似零件可接受使用控制计划族。

组织应制定投产前控制计划和量产控制计划，显示设计风险分析（如果顾客提供了）、过程流程图和制造过程风险分析输出（如 FMEA）的联系，并在计划中包含从这些方面获得的信息。

如果顾客要求，组织应提供在投产前或量产控制计划执行期间收集的测量和符合性数据。组织应在控制计划中包含以下内容：

a）用于制造过程的控制手段，包括作业准备的验证。

b）首件/末件确认（适用时）。

c）用于顾客和组织确定的特殊特性（见附录 A）控制的监视方法。

d）顾客要求的信息（如果有）。

e）规定的反应计划（见附录 A）；当检测到不合格品，过程会变得不稳定或统计能力不足时，组织应针对如下任一种情况对控制计划进行评审，并在需要时更新。

f）当组织确定其已经向顾客发运了不合格品。

g）当发生任何影响产品、制造过程、测量、物流、供应货源、生产量或风险分析（FMEA）的变更（见附录 A）。

h）在收到顾客投诉并实施了相关纠正措施之后（适用时）。

i）以基于风险分析的设定频率。

如果顾客要求，组织应在控制计划评审和修订后获得顾客批准。

条款解析

条款 8.5.1.1 ~8.5.1.7 是实施汽车 QMS 的组织在“生产和服务提供的控制”时，在 ISO 9001 条款 8.5.1 基础上的具体做法和实施的具体要求。

条款 8.5.1.1 的要求从以下方面理解和实施：

1）组织“应”编制覆盖其制造现场和所有输出产品的控制计划，制造活动控制是必须覆盖的。没有要求“服务”以控制计划实施。

2）组织的生产制造产品不同，制造过程覆盖内容不同，如果包含了系统、子系统、部件和（或）材料，PFMEA 是按照系统、子系统、部件和（或）材料展开针对各层次的分析，那么输出的控制计划也是对应在各层次上的控制计划。如果一个组织，只有单一的部件生产，只有一个层次的控制计划，有可能理解不到“层次”的概念和做法。可以参看新版 FMEA 手册中图 2.2－1 和图 2.2－2，理解系统及构成一个系统和子系统和部件的“结构树”。

3）实施中对于“共线”生产不同产品，特别是散装料（如钢板）的组织，是可以用控制计划族的。这种组织如果每一个具体产品做一个控制计划，不同控制计划中会有大量重复内容。一个相同或相近工艺的产品组适合开发一个控制计划族：首先是一个适合该产品组所有产品的“基本”控制计划，然后针对某个产品在关键控制特别之处编制具体产品的“特定”控制计划。这些控制计划构成一个控制计划族。

4）控制计划应是针对产品不同的技术状态的，按照 IATF 16949 附录 A，分为原型样件控制计划、投产前（试产）控制计划和量产控制计划。根据设计责任，并不是所有组织都一定有“原型样件”控制计划，但都会有投产前（试产）控制计划和量产控制计划。

5）不管哪个阶段的控制计划，以控制计划明确产品和过程的管控要求，重要的目的和作用就是对制造过程风险的防控。因此，控制计划核心内容要“有的放矢”，风险信息来源于设计风险分析、本制程流程图和制造过程风险分析的结果，一直传递到控制计划中，以控制要求加以实施。

6）按照顾客的要求，即顾客有要求时，组织要把投产前和量产阶段控制计划执行所收集的测量和符合性数据提交顾客。投产前这些数据会用于顾客对组织提供产品的 PPAP；量产阶段的这些数据是顾客对组织制程能力和产品稳定情况的监视测量。不管顾客是否要求，从组织过程控制的角度必须以这些信息验证过程执行运行情况、验证过程是否稳健、发现问题并改进。

7）控制计划包含的内容在 IATF 16949 附录 A 中有非常具体的说明，主要包括 5 个方面内容：综合资料（第 a）~l）共 12 条）；产品控制（第 a）~c）共 3 条）；过程控制（第 a）~c）共 3 条）；方法(第 a）~d)共 4 条）；反应计划。

8）标准条文对控制计划的要求分为两个层次：一是编制控制计划时的内容，二是要求对控制计划的评审更新。

a）控制计划中必须给出“制造过程的控制手段，包括作业准备的验证”，这是 IATF 认为的过程受控必要的和基本的条件；

b）首件/末件的确认，相对于全面检验而言，是有效、高效和科学的控制方法。当生产线开产，用首件确认，评估确定工程和设备等状况是否满足了控制要求、是否可以继续或者需要调整；通过后，后续可以合适的频率抽验（也在控制计划中写明）；随着生产或加工延续，制造过程的要素会发生变化，特别是持续、逐渐的变化。那么，到末期就要确认末件是否还能够符合要求。同时，标准用“适用时”开了口子，这是基于供应链上一些散装材料、流程性材料，连续生产，没有首件和末件。

c）“特殊特性”在整改控制计划中，或者实施制造过程控制中，非常重要和关键。除了在标准正文此处的规定，IATF 16949 附录 A 的“产品控制”和“过程控制”中都要求控制计划中明确“特殊特性”。当然，不仅是简单的标注，更重要的是要在控制计划中给出有别于其他一般特性的“特别”控制方法。这些特殊特性包括顾客直接规定要求传递给组织的和组织自己识别确定的。

d）顾客要求的信息，如产品的技术要求、特殊特性、检测方法和控制方法、特殊特性和具体标识符号等，要纳入到控制计划中。当然，前提是顾客有提出。例如，菲亚特特殊要求标识符号“QH”方法如 Ⓗ 。

e）控制计划中还要明确规定“反应计划”，用于在检测到不合格产品、过程波动或统计能力不足时，指导采取必要的控制手段和措施，以保证过程的持续得到有效控制和确保提供的产品总是能符合要求。

控制计划应该评审和在需要时更新。评审做了，需不需要更新控制计划是评审的结果。评审的时机或者是触发条件（包括失稳、失控、变更、改进、拉动进行，或基于风险分析主动进行）。

f）确定了已经有不合格产品流出，向顾客发运（由问题触发）。

g）当变更发生（具体见条款 8.5.6.1 和 8.5.6.1.1）。任何影响产品、制造过程、测量、物流、供应货源、生产量和基于风险分析（如 FMEA）的变更，都应相应启动控制计划的评审（由变更出发，但变更可能是主动的也可能是被动的）。

h）收到了顾客投诉，通常要分析“失效”产生的原因和检查控制计划，包括流出原因。可能会导致 FMEA 的修订和控制计划的评审及修改。当然，投诉各不相同，原因也会千差万别，不是每一起投诉的改进措施都会触发 FMEA 和控制计划的评审修订。所以，标准说“适用时”（由改进触发）。

i）基于风险分析，根据产品、工艺、设备等实际情况，通过分析风险，策划确定控制计划的评审、更新频率（是策划安排）。

9）最后标准要求到，“如果顾客有要求”，评审和修订控制计划要征得顾客的批准，这属于 PPAP 的要求。控制计划的修订是比较重要的变更，顾客基于其风险的控制，必然会足够关注并评估上游变化对其可能产生的影响。因此，通常顾客是车厂的或者顾客规范的配套厂的，供应链上的组织一定会被提出满足这样的要求。

应用要点

1）根据组织自身实际业务，定义清楚系统、子系统、部件和（或）材料，并由此策划出组织自己的控制计划层次和控制计划体系。

2）除了研究理解本条款，还要研究 IATF 16949 附录 A 给出的具体内容，以确保控制计划内容的完整性。

3）确保过程流程图、FMEA、作业指导书等相关文件的关联性，不能割裂脱节。

4）对接顾客，识别其要求；开发阶段多功能小组设计开发，努力使控制计划准确、有效。特别是产品特殊特性和过程特殊特性的识别及后续控制准则和控制方法以及反应计划的明确确定。

5）确保控制计划适用、适宜，即控制计划保证产品符合和过程稳定。同时，控制方法实际、可操作，并在满足要求的前提下兼顾经济性和过程效率。

6）要适时评审，根据需要修订。策划出相应的基准和流程，针对问题改进、变更，并根据设定的频率评审。在需要时更新。

该条款存在的管理价值

1）通过控制计划，明确对产品和制造过程控制什么、怎么控制，以及相应的测量和反应计划。

2）把制造过程设计之初的风险分析、过去的一些问题点，反映到现在的制造过程中，并且能够规避之前问题的发生或者流出等，形成“知识”传承。

3）控制计划是纲领，给出“产品和过程控制”要求，并引出作业和控制活动实施所需要具体的 SOP 等作业指导书、控制规定等；同时也是承上启下，传递顾客要求和设计要求的纽带。比如标记和传递产品和过程的“特殊特性”。

4）控制计划是连接设计过程和制造过程的纽带。

该条款主要涉及哪些过程

特殊特性，顾客特定要求的识别，产品和制造过程设计开发，变更的控制，不合格品控制和纠正措施，检验过程，关键设备、工装和监视测量设备维护和使用；制造过程相关的原料采购验收、包装防护、库管物流等，防错及防错验证，SPC、MSA、FMEA 和 PPAP 等过程。

ISO/TS 16949：2009 条款内容

7.5.1.1　控制计划

组织应：

——针对所提供的产品在系统、子系统、部件和/或材料层次上制定控制计划（见附录 A），包括散装材料及零件的生产过程。

——在试生产和生产阶段都有考虑设计 FMEA 和过程 FMEA 输出的控制计划。

控制计划应：

——列出用于制造过程控制的方法。

——包括对由顾客和组织确定的特殊特性（见 7.3.2.3）所采取的控制进行监视的方法。

——如果有，包括顾客要求的信息。

——在过程变的不稳定或从统计的角度不具备能力时启动规定的反应计划（见 8.2.3.1）。

当任何影响产品、制造过程、测量、物流、供货来源或 FMEA 的更改发生时，应重新评审和更新控制计划（见 7.1.4）。

新旧版本差异分析

2016 版标准明确了控制计划族的概念，明确了首件/末件控制手段，强调文件之间的联系性，提出了按顾客要求提供控制计划执行测量和符合信息，强调了顾客批准，增加了需要评审控制计划的几种情况，更加具体。2009 版标准是“试生产和生产阶段”控制计划，2016版改成“投产前控制计划和量产控制计划”，更准确，也能与附录A描述更好地对应。

转版注意事项

1）如果顾客有要求，更新后需得到顾客许可；顾客有要求的，应提供各阶段控制计划执行的测量和产品符合性数据。

2）控制计划的评审和“需要时”更新的要求落实，几种情况被拉动和策划安排。

3）把基于风险的思维植入此过程的实施中。编制和评审确定控制计划相关内容时基于风险分析，变更发生要“评”控制计划；在传递、贯彻和使用控制计划中也要有基于风险的思维，并根据组织自身实际，采取措施。

汽车行业运用最佳实践案例

1）某企业进行内部审核时，拿着控制计划与现场过程进行对比，如果发现不一致的地方，对FMEA、作业指导书、检验指导书等相关文件逐条审核，按照正确的工作方式对文件进行修改，确保文件之间的一致性，并且建立变更履历。尤其每次发生问题进行改善时，都会看控制计划有没有相关项目，如果有，一定确保更新。

2）某钢厂按照不同的产品组，为每个产品平台策划一个相应“控制计划族”；控制计划是纲领和索引，引出大量的下级文件，既传递要求，又很有利与组织知识的保密。

3）某车厂对产品和工艺特性分三种控制：标准控制、额外控制、特别控制，形成了KCDS系统。

组织运行时常见失效点及可能的应对措施

常见失效点	可能的应对措施
1）上与FMEA下与作业指导书等相关文件的关联性不足，脱节或不一致；与实际生产脱节 2）对控制计划的评审更新不及时，与“变更”不对应等 3）控制计划中“特殊特性”没有相应的特别控制 4）忽视OEM特定要求。包括具体特殊特性的标识丢失或不准确；提供不出满足顾客要求“提供数据”或“经过顾客批准修改控制计划的证据” 5）没有管控实施控制计划过程的风险识别与措施	1）系统评审文件，确保协同统一才发布；开发PFMEA和控制计划吸收现场人员参加，并在批准控制计划时，有流程保证与现场一致 2）不合格品控制、顾客投诉和变更管理流程设计出口，指向控制计划，与CP指导书衔接严谨，并有统一表单跟踪“触发”评审 3）按照业务实际，在控制计划中明确特殊特性，逐项明确相应的控制方法和落实运行 4）顾客要求识别管理，衔接好这个控制计划过程，并实施检查和评审跟进 5）可用乌龟图把“控制计划”分析透彻，识别出“输入”意外的风险加以控制

管理工具包

APQP、FMEA、CP、流程图、乌龟图；如果有，采用 OEM 的 CSR 要求。

通过认证所需的最低资料要求

APQP 管理程序，CP 管理制度或作业指导书，FMEA，过程流程图，控制计划，作业指导书，不合格品控制程序，返工返修文件，8D 报告，对控制计划的评审更新记录；CSR 特定要求，以及与顾客沟通传递信息的证据信息；变更清单。

48 标准化作业——操作指导书和目视标准

IATF 16949：2016 条款原文

8.5.1.2　标准化作业——操作指导书和目视标准

组织应确保标准化作业文件：

a）被传达给负责相关工作的员工，并被员工理解。

b）是清晰易读的。

c）用有责任遵守这些文件的人员能够理解的语言表达。

d）在指定的工作区域易于得到。

标准化作业文件还应包含操作员安全规则。

条款解析

这一条款是承接上一条款“控制计划”、继续搭建过程受控所依赖的。控制计划要求可“落地”的“标准化作业文件”——操作指导书和目视标准。标题就告诉大家，要有目视标准，不能仅是文字描述。

组织的作业指导书应该达到或实现如下要求：

1）组织应传达给负责相关工作的员工，并被员工理解。也就是向文件的执行者传达，还要保证文件要求被员工理解，不能有歧义或者错误理解。

2）文件的内容是清晰易读的，现场如果涉及需要不同的颜色来操作指导，设计颜色对比度、字体字号，保持文件整洁，使其“易读”。

3）要用有责任遵守这些文件的人员能理解的语言表达：一是，识别清楚文件的适用对象，多名员工共用一个文件时，要识别清楚群体构成；二是，应确保用这些人能理解的语言表达。例如，某海外合资公司的一个工位有几种语言时，文件表单要同时兼容几种语言。还有，就是工程师文件表达“不接地气”的问题要克服。

4）操作过程中要易于获取文件信息，这里讲的“易于获取”是指在不中断生产的情况下能够顺利地获取文件，不能中断操作再去寻找文件。

5）作业文件中需要增加安全要求，不仅包含 PEE 防护、逃生通道标注指示，还应包括作业中正确的站位、正确的操作步骤和免除伤害的作业方法等。

应用要点

1）承接控制计划要求，适合现场工位。

2）对文件使用者，易读、易懂、易获得，以方便使用，提供有效作业指导。

3）标准化作业文件还应包含操作员安全规则。

4）注意满足条款 8.3.3.3 的要求，要传递和标注“特殊特性”。

5）注意本条款标题中“目视标准”、防错方法的嵌入，以最大限度地减少人为错误和失误。

☞ 该条款存在的管理价值

本条款的价值在于：基于满足顾客和过程受控需要，贯彻控制计划的准则，用标准化作业指导书和目视标准，统一规范“人”的行为和活动，达到产品一致性、过程稳定性和安全生产的良好可控秩序。

☞ 该条款主要涉及哪些过程

生产制造过程、检验过程、包装防护、库管物流等过程的作业活动；相关过程还包括过程设计开发、特殊特性和控制计划过程。

☞ ISO/TS 16949：2009 条款内容

7.5.1.2　作业指导书

组织应为所有负责影响产品要求符合性（质量）的过程操作人员提供形成文件的作业指导书。这些指导书应在工作岗位易于得到。

这些指导书应来源于诸如质量计划、控制计划及产品实现过程。

☞ 新旧版本差异分析

2016 版标准描述更清晰：

1）强调了员工对作业指导书内容的理解。

2）提出目视化的标准，高效并便于防止差错。

3）将标准化作业分为四小点，要求更明确。

4）增加了操作时的安全规则。

☞ 转版注意事项

1）现场目视化标准的挖掘和应用。

2）操作员的安全规则应融入作业文件中，如噪声岗位需要戴耳机，高温岗位需要高温防护，站位、作业步骤、动作要领、禁忌的操作方法等。

☞ 汽车行业运用最佳实践案例

参考 SMMT - 实施标准化作业、AIAG - MMOG/LE。参考通用汽车的标准化作业——组成多功能团队开发标准化作业指导书，包含精益生产、TPM、5S 和目视化，甚至“人体工学”。

组织运行时常见失效点及可能的应对措施

常见失效点	可能的应对措施
1）都是文字性的描述 2）语言不合适 3）操作指导书中描述与实际不一致、不具体，缺少准则 4）作业指导书不易获取 5）没有标注和规定特殊特性	1）挖掘可视目视标准，替代文字描述 2）根据语境使用语言 3）规范作业指导书的开发和审批控制 4）文件悬挂等方式或适宜现场的方式提供 5）做好推介控制计划工作

管理工具包

VDA 产品的生产与供应/稳健的生产过程，QSB + 标准化作业指导书开发及其中的精益生产、TPM 应用。

通过认证所需的最低资料要求

1）目视化的操作指导书。

2）文件中须要体现安全规则。

3）指定工作区域可获得受控作业指导书并满足实际控制需要。

4）识别作业指导编制、贯彻和落实的重点风险，及其应对措施。

5）不管是媒介和形式，文件有效控制实现方法的证据。

49 作业准备的验证

IATF 16949：2016 条款原文

8.5.1.3　作业准备的验证

组织应：

a）当执行作业准备时进行作业准备验证，例如，需要新作业准备的一项工作的首次运行、材料的更换或工作的变更。

b）保持有关准备人员的形成文件的信息。

c）适用时采用统计的验证方法。

d）进行首件/末件确认，如适用；适当时，应当保留首件用于与末件比较；适当时，应当保留末件用于与后续运行中的首件比较。

e）保留作业准备和首件/末件确认之后过程和产品批准的记录。

条款解析

条款 8.5.1.1 和 8.5.1.2 是以文件建设构建“过程受控”条件，本条款是用“行动、活动”来支撑过程的受控实现。从本条款的内容不难看出这就是控制计划要求的具体实施和落实。组织应：

a）明确什么情况下需要做作业准备的验证。正常是开始启动就需要做，中间经过了计划或者非计划的停机再度启动前或启动时也是需要重新验证；材料更换要做，工作岗位变更也要做。作业准备的验证通常是两种情况。第一种是条件准备验证：通常是“人、机、料、法、环”的确认，确认是否具备开始生产的条件，如点检确认表（确认设备/工装、确认物料等）。第二种是继续加工的能力：是否具有继续加工的能力就是首件确认，如首件是检验员或者实验室等操作需要有对应的确认单。

b）需要为作业验证的人员准备好文件化的信息，如参数表、制造规格等，以确保验证有确切的标准可遵循。注意此处用了“保持”一词，意味着要适时更新维护这一验证依据文件。

c）作业准备验证时，在适用的情况用统计的验证方法。要理解验证意图和意义，有的情况可能仅是抽样、测量和判定合格与否，显然有局限性和风险。于是，对测量结果数据统计特征值评价，如 Cpk、极差、标准差等；甚至可以构建合适的 SPC 控制图，监测是否存在异常，则更可靠。根据组织的产品、现场工艺实现、测量能力等，考虑风险、成本、效率，以及是否具备相应的 SPC 条件来确定能否适用。SPC 验证虽然更精准，但不是每种情况都能适用。

d）并不是所有情况都适合进行首/末件确认。在适合的条件下，进行首件/末件确认。适当时，保留首件用于与末件做比较；适当时，保留末件用于与下次运行中的首件比较，以确保输出质量的稳定性和一致性，避免结果都在规格内但数值方向或分布位置已有不利的趋势。

e）作业准备验证，首件/末件确认之后的过程批准和产品批准的记录需要被保留。

☞ 应用要点

1）要基于风险分析和控制计划规定准则方法，策划和适时作业准备的验证，包括什么情况验证、验证什么、如何验证等。如开班前的检查，设备点检、材料确认、工装夹具的确认、人员的确认等，需要有对应的点检确认表。

2）一定把给实施验证人员“验证准则”的信息作为指导文件，并跟进维护这些指导文件。

3）根据组织实际业务，基于风险控制需要，识别和定义出首件/末件确认、统计的验证方法，并予以实施。除了文件指导，首件/末件确认时，适用于使用首件、末件、标准样件或极限样件等直接比对判定和确认。

4）保留好产品和过程批准的记录。

验证或确认没有通过时的“反应计划”、遏制和纠正措施等不能缺失。

☞ 该条款存在的管理价值

组织在作业开始前需要进行确认，确保各方面的条件都满足要求时才能进行正常的生产运行，才能保证产品和服务达到客户要求。开班前的检查是便于在生产前进行准备工作，防止因准备不当而发生生产中断、工艺和产品质量波动、批量不合格等。

首件/末件确认可以直接控制不合格批量产生和流出；统计的验证方法更有益于过程和产品的一致性控制。

实施本条款是控制计划准则方法延伸落地、防控异常和风险实现过程有效控制的重要方法和手段。

☞ 该条款主要涉及哪些过程

过程设计开发、控制计划、变更管理，生产过程、不合格品控制和纠正措施、文件管理等过程。

☞ ISO/TS 16949：2009 条款内容

7.5.1.3　作业准备的验证

无论何时进行作业准备，如作业的初次运转、材料更换、作业更改，均应进行作业准备的验证。

作业准备人员应能得到作业指导书。适用时，组织应使用统计方法进行验证。

注：推荐采用末件比较的方法。

新旧版本差异分析

1）基于 OEM 厂的先进实践经验，IATF 吸收了 OEM 的特定要求，把首件/末件确认的全套方法作为“标准”的控制方法，在整个“供应链”上作为通行的要求，当然也是“如适用”。

2）保留作业准备和首件/末件确认之后过程和产品批准的记录：需要对作业准备和首件/末件确认之后过程和产品批准的记录进行保留。

转版注意事项

1）基于风险分析和控制，识别并建立适用的“首件/末件确认”的整套方法。

2）作业准备和首件/末件确认之后过程和产品批准的记录进行保留。

汽车行业运用最佳实践案例

开班检查清单：

1）定义了工装检查。

2）定义了设备点检。

3）定义了材料准备工作。

4）定义了首件是否合格。

某厂，首件/末件循环确认，并用标准样件和极限样件。

某厂，采用统计的验证方法，且借助信息化系统和自控模型，生产前先工艺模拟“标定”。如果生产线达不到基准条件，防错连锁设定不能开线生产。

组织运行时常见失效点及可能的应对措施

常见失效点	可能的应对措施
1）作业准备验证没有在开始生产前进行 2）没有首件/末件确认单 3）没有进行作业验证就开始生产 4）生产中断后，没有进行重新确认 5）取样检验需要一段时间才能出具报告，在这过程中对产品没有标识 6）实际存在适用首件/末件确认条件，但没有识别定义出来；实际应使用统计的验证方法，没有识别和定义，仅是简单验证	1）~4）不经过验证或确认时，产线最好停止；或者在无法实施防错时，建立流程和流程相应运行的表单，责任者按照流程步骤执行，防止漏洞 5）取样后继续生产，在检验样件通过批准前，必须对期间的产品进行标识和隔离 6）策划者培训率先掌握方法；策划并构建实施的方法，培训有关岗位掌握并实施

管理工具包

VDA 产品的生产与供应、稳健的生产过程。

☞ 通过认证所需的最低资料要求

相应的控制计划，除此外有：

1）条件准备——点检确认。

2）继续加工的能力——首件确认、末件确认。

3）点检表和首件检查后人员确认的形成文件的记录。

4）生产中断后的过程和产品重新认可放行并形成记录。

5）验证或确认没有通过时，相应的纠正和纠正措施的记录。

6）过程的关键风险识别和应对措施及实施的证据。

50 停工后的验证

IATF 16949：2016 条款原文

8.5.1.4　停工后的验证

组织应确定并采取必要的措施，确保在计划或非计划生产停工期之后，产品对要求的符合性。

条款解析

此条款是又一旨在对制造过程和输出产品符合性实施有效控制的要求。此条款的实施要求组织要确定和采取“必要的措施”，确保计划或非计划停工之后，产出的产品是合格的。

1）此条款的实施，不是条款 8.5.1.3 中要求的末件确认，而是落实停工后的“验证”及其后措施，确保输出的产品合格。

2）验证的对象是产品质量。适当时也可以对设备先进行确认，再对材料进行确认，最后对输出产品进行确认。各组织制造过程不同、设备设施特性不同、材料特性不同、产品特性不同，如何实施停工验证也不同。这就要基于设备、材料与产品风险分析，“确定”并采取必要措施，包括验证的项目、内容和方法。

3）标准已经明确，验证的时机是计划停机或非计划停工之后。大致有以下几种情况。①立即验证。基于任何原因的计划安排停工之后，应将设备设施、工装夹具、测量仪表等，对照基准评价，采取诸如提出检修项目，或者额外补充开始前的检维修项目；材料清点和确认，并做出相应调配、更换等，或退回前道生产工序返工；短时间复产计划停工，人员、工艺和运行环境的验证，可以与再次启动生产的“生产准备验证”结合实施。②意外的非计划停工。设备设施、工装夹具、测量仪表、运行环境、工艺、材料，甚至岗位人员等，可能会遭受破坏、损伤和不好的变异或变化；再者，导致中断的原因是上述因素的一项或一项以上出现了异常变化。所以验证更加必要。通过验证，查清中断带来的各种影响后果，安排好相应措施。以“确定并采取必要措施”，确保后续生产制造稳健，输出符合要求的产品。③针对较长时间的停工，应定期安排验证和维护设备设施、工装夹具，测量仪表和运行环境等，适时采取措施。不能长时间弃之不管，等想安排复产时，一堆问题无法恢复生产。

4）停工后的验证，是策划安排设备设施和工装、夹具检修维护的“输入”，即条款 8.5.1.5 和 8.5.1.6 的输入。

应用要点

1）组织要根据其生产线特点、业务实际和 PFMEA 结果，定义清楚各种重点，策划清楚相应的验证内容和重点项目，以及验证方法和基准等，有针对地实施停工后的验证。不能没有重点，全面验证。例如，根据历史故障数据统计分析，安排重点验证项目和内容。同时组织需要识别哪些停工需要进行停工后的验证，如节假日、设备改造、工装改造、设备搬迁、设备更换工装、材料变更、人员变化等原因造成停工。

2）通常以设备设施、工装夹具、测量仪表器具和运行环境的验证为主。不同的原因造成停工后的验证方法可能不一样。环境发生重大的改变时（如设备搬迁、工装模具改造），不能只用简单评审（检查表）的方法和样件对照的方法，这些方法不足以验证是否满足生产能力和质量要求，有可能需要做小批量验证或 PPAP，需要在文件中进行规定。例如，某“非计划停机”可能导致预备投入的材料因为等待而出现变质、污染等情况，在恢复生产前当然要确认材料的状况，必要时采取措施以确保输入的材料质量符合规定的要求；同时对产出的产品进行必要确认，以保证产出的质量。

3）非计划停工，一定要评价影响范围和后果（类似变更条款），确定验证重点和相应的验证方法。对能够确定不会受到影响的范围，不验证或常规巡检。例如，剪切落料时“塞料”停机后，立即检查验证刀刃、间隙等，同时也要对排除问题后的首件进行质量确认（必要时增加数量或检查项）；冲压过程出现“塞料”情况，一定验证好模具是否损伤、精度是否变化等，同时也要对排除问题后的首件进行质量确认（必要时增加数量或检查项）。

4）特别注意较长时间停产期间，合理安排验证和维护，以保持生产线的状态和能力。即便如此，生产线长时间停工后，复产时要报请顾客重新提交 PPAP。

5）验证后的设备参数发生更改或操作方法发生改变时，需要对 FMEA、CP、作业指导书、设备参数关键控制点进行评审更新，并对操作者进行培训。

6）验证需要有评审记录，以备质量追溯，必要时须留本次生产末件作为样件。

☞ 该条款存在的管理价值

1）此条款是把 OEM 先进实践方法纳入标准，能够确保过程能力（生产能力）、输出产品持续满足客户的要求。

2）停线验证的安排落实，可以有效利用资源，提高效率。

☞ 该条款主要涉及哪些过程

作业准备验证、全面生产维护、生产工装和设备管理、临时变更、防错验证、PPAP、不合格品控制和纠正预防措施等。

☞ ISO/TS 16949：2009 条款内容

无。

☞ 新旧版本差异分析

本条款为 2016 版标准新增加条款。

转版注意事项

需要确认文件中对停工后的验证是否完整，有无遗漏。

汽车行业运用最佳实践案例

1）某冲压厂经过“十一”小长假，对放假的停工实施了停工后的验证，及时发现模具氮气缸漏气，采取了措施。开线生产准备验证加以确认，开线顺利，产量、质量双赢，追回了假期停产的影响，保证及时交货。

2）某企业贯彻实施 VDA 标准时，首先进行了差距分析，围绕“停线验证”识别差距，组织系统梳理了覆盖各个生产线的停线验证的实施制度，包括验证项目、验证内容、验证方式方法和判定基准，以及验证发现不符合时解决问题的流程和准则，并开发了支撑运行的实施表单记录。

组织运行时常见失效点及可能的应对措施

常见失效点	可能的应对措施
1）验证内容有缺失，验证不充分，产生质量问题和生产线设备停机 2）没有运用合理的方法或方法，未进行停工后的验证，没有发现问题	1）运用 FMEA 等工具对验证产生失效因进行分析总结，并更新控制计划（停线验证方法及准则）、作业指导书等内容 2）熟练运用 TPM 管理原则和五大工具，并不断经验总结

管理工具包

FMEA、PPAP、SPC、CP 及变化点管理、TPM、故障树分析等工具。

通过认证所需的最低资料要求

1）需要有文件规定停工后的验证，什么情况下行进停工验证及验证的方法和内容。

2）验证需要有评审记录，以备后续质量追溯。

3）过程的重点风险识别确定和相应的落实及落实的证据。

51 全面生产维护

IATF 16949：2016 条款原文

8.5.1.5　全面生产维护

组织应制定、实施并保持一个形成文件化的全面生产维护系统。该系统至少应包含：

a）对按照要求产量生产合格产品的所需过程设备的识别。

b）a）项中被识别设备的替换件的可用性。

c）机器、设备和设施维护资源提供。

d）设备、工装和量具的包装和防护。

e）适用的顾客特殊要求。

f）形成文件的维护目标，如 OEE、MTBF、MTTR 以及预防性维护符合性指标。该绩效可以作为管理评审的输入。

g）维护计划和目标及形成文件的措施计划的定期评审，以及在未达目标时采取纠正措施。

h）对预防性维护方法的使用。

i）对预测性维护方法的使用（适用时）。

j）周期性检修。

条款解析

1）本条款是实现过程受控必要条件之一，是过程控制活动的重要组成部分，是通常所定义的影响质量的要素“人、机、料、法、环、测”中的“机”，也是 IATF 16949 对 ISO 9001 条款 8.5.1 中过程条件“d）为过程的运行使用适宜的基础设施”的展开和进一步的具体要求。

2）在汽车供应链上的组织，不管是生产组织还是诸如 4S 店的服务组织，离开了适宜的设备设施将无法提供满足要求的产品和服务。当然，组织生产制造的流程不同、输出的产品和服务不同，组织的规模也不同，设备设施的多少和复杂程度等会各不相同。但不论具体如何，按照本条款的要求，组织必须“制定、实施和保持”一个全面生产维护的体系，并且这个系统是文件化的。不仅策划建立相应文件，要执行落实，还要持续维护保持这个系统的适宜和有效。该系统（要求的管理规定和落实）至少应包括：

a）要按照生产输出“足量”合格产品的要求，识别确定出所必需的过程设备。这也就明确了全面生产维护系统的主要管控对象。

b）保证和提供实施 a）项“识别”确定的“必需”设备的替换备件（随时可换

用），通常设备主体不动，随着生产会不断地安排换件。

c）为了保证机器、设备和设施持续“适宜”，就要涉及相应资源的提供。

d）设备、工具和量具等的包装和防护，主要是必要的防护，是根据现场实际保护设备工具、量具功能、精度和完好状况的措施。

e）规定和落实顾客的特定要求。例如，通用汽车有设备管理要求的专门实践策略要求还不够，“QSB + 异物控制” CC2 中就明确要求“对所有清洗/去毛刺设备的参数进行采集、监控/记录”“对清洗液和过程参数进行持续监控和分析”；也有的顾客要求评价管控 Cmk。如果组织的顾客是 GM 等，那么策划实施“全面生产维护” 系统时必须落实。

f）全面生产维护，需要专门设定绩效指标以监测实施运行的效果。指标要文件化并提交组织的管理评审。标准以“例如”，推荐指标项目包括 OEE、MTBF、MTTR 以及预防性维护指标。组织应根据自身实际，策划全面生产维护的适宜绩效指标，不能仅仅用生产过程绩效指标来度量评价该“系统” 活动。

g）要根据生产设备运行和满足生产需要的实际，编制维护计划和目标以及形成文件的措施计划（至少包括异常、变异应对计划）；维护计划和目标、措施计划应定期评审，目的是保证充分和适宜。还要在未能达到目标时采取纠正措施，隐含了要监视目标的达成。

h）要使用预防性维护的方法，不是被动检修、抢修。

i）对于预测性维护方法标准此处开了口子，要求“适用时”。不过，组织要根据其设备设施特点和运行数据监测情况，真适用时要能辨识出来、定义清楚并实施。

j）关于周期性检修，需要组织据实合理策划和运行。可以与预防性检修相结合。

应用要点

1）全系统策划，形成文件体系和专门绩效指标体系；全员参与，对设备全生命管理。

2）管理宗旨和落脚点是支撑生产线能“按照要求产量生产合格产品”。

3）预防为主，注重维护保养、预防性和预见性方法的落实。

4）贯彻顾客特定要求。

5）该系统逻辑性强，一环扣一环，策划严谨严密，标准、基准、指导书和表单记录合理，设计十分有用。

6）基于风险，重点明确，不能用一个标准和一个方式。否则，或者达不到要求、经常中断生产，或者是不发生中断但成本过高，如什么备件都备几件，什么设备都“特护”。

该条款存在的管理价值

1）设备生产线稳定是产品质量稳定并高产、高效的基本基础。该条款就是通过 TPM 实现生产的持续良好运转，保证质量和交货期，也保证了成本和效益。

2）长期实施促进企业整体管理水平提升，塑造优良的 TPM 企业文化。

该条款主要涉及哪些过程

顾客要求识别和顾客特定要求、研发过程、风险分析、生产制造过程、变更管理、质量目标、管理评审、纠正措施、清洁生产和现场标准化作业等。

ISO/TS 16949：2009 条款内容

7.5.1.4　预防性和预见性维护

组织应标识关键过程设备，为机器/设备的维护提供资源，并建立有效的、有计划的全面预防性维护系统。这个系统至少应包括：

——有计划的维护活动。

——设备、工装和量具的包装和防护。

——关键生产设备备件的可获得性。

——将维护目标形成文件并予以评价和改进。

组织应使用预见性维护方法，以持续改进生产设备的有效性和效率。

新旧版本差异分析

2016 版标准融合 GM 的质量体系实践策略和方法，新增和强化了 a）项、b）项、e）项、f）项和 g）项，实际意图还让组织导入 TPM。

转版注意事项

关注客户的特定要求（特别是 OEM 顾客的 CSR）。

OEE、MTBF、MTTR 以及预防性维护符合性指标的统计分析。

把设备检修维护的管理升级为 TPM，设备部及设备系统落实变为全员参与，思路策划设计形成系统。

汽车行业运用最佳实践案例

1）有些企业运用了 IBM 公司的 MAXIMO 软件，能够自动根据设备台账，合理规划维修管理团队资源，进行有效设备保养计划的安排（如周保养、月保养、季保养、半年保养和年保养）。所有检查项目都根据设备特点进行设置，系统会定期自动修改生产计划，用于指导机修人员工作。机修人员就可以按照罗列的任务清单进行检查。完成后，经现场人员确认签字，任务单输入计算机保存。同时，如果采用其库存管理系统，所有备件只要设置好最小和最大库存，它都会给予提示，方便进行备品仓库的库位管理。

2）GM－Global 的 BIQS－26“设备维护管理”，GM－China 的 QSB－11“设备维护管理实践策略”的实施，并在供应链上要求。读者可自行参照学习并应用。

组织运行时常见失效点及可能的应对措施

常见失效点	可能的应对措施
1）设备是设备人员的事情，作业岗位不关注、不参与 2）备品备件不全，与需求清单不一致 3）设备维护保养后，缺少对设备维修后的再次确认和检查 4）故障中断重复，不能有效根治 5）关键设备和关键备件策划定义不清楚，相应管理维护要求分不清	推进实施 TPM，构建稳健运行的“全面生产维护”系统

管理工具包

SWOT 分析法、应急计划、GM - Global 的 BIQS - 26“设备维护管理”、GM - China 的 QSB - 11“设备维护管理实践策略”。

通过认证所需的最低资料要求

1）关键设备清单、关键备件库存管理报表。

2）年度维修计划和目标、定修计划和目标及其执行记录、验证记录（需要有层次分解），含预防性检修项目。

3）全员参与的职责、任务，如操作岗位点检维护指导书和记录。

4）OEE/MTBF/MTTR 等 KPI 指标达成情况，及需要进行的改进措施或计划。

5）针对关键设备的应急计划。

6）设备备件周期管理，包括周期的确定和调整。

7）设备精度状况监测数据及趋势分析，及相应的预防性检修证据。

8）在各个活动中的重点风险确定，及相应措施融入策划安排的证据。

52 生产工装及制造、试验、检验工装和设备的管理

IATF 16949：2016 条款原文

8.5.1.6 生产工装及制造、试验、检验工装和设备的管理

组织应针对生产和服务材料和散装材料（如适用），为工具、量具的设计、制造和验证活动提供资源。

组织应建立并实施一个生产工装管理体系，不管归组织或顾客所有，其中包括：

a）维护、维修设施与人员。

b）存储与修复。

c）工装准备。

d）易损工具的工具更换方案。

e）工具设计修改的文件、包括产品的工程变更等级。

f）工具的修改和文件的修订。

g）工具标识，如序列号或资产编号；状态，如生产、修理或废弃；所有权；以及位置。

组织应验证顾客拥有的工具、制造设备和试验/检验设备是在明显的位置永久标记的，以便能够确定每件工具或设备的所有权和用途。

如果任何工作被外包，组织应实施监视这些活动的系统。

条款解析

支撑生产和服务过程有效控制，除了基础设备设施，还需要对“工具、量具、治夹具、模具”等实施必要的管理和控制。本条条款就是对工装、量具、治夹具、模具等这类相对特殊的“设备、设施”管理要求的实施内容。那么如何实施管理呢？

1）标准首先明确了管理对象：用于（汽车和备件）生产、服务材料生产和散装料生产（如果适用）的工具、量具、治夹具、模具。如此，本条款的要求就覆盖了几乎整个汽车供应链。管控内容还要求为这些工装、量具、治夹具、模具和设备的设计、制造和验证活动提供资源。

2）标准此处同样要求组织要建立一个生产工装的管理体系，包括所有权归组织的或者归顾客但提供组织使用的。但没有明确要求是“文件化”的管理体系。这个管理系统的内涵包括：

a）“工具、量具、治夹具、模具”的维护、维修设施和人员要求，要求管好支撑工具维修、维护的设施和人员。

b）“工具、量具、治夹具、模具”的存储与修复要求。工具、量具、治夹具、模

具对生产重要，存储和修复保证满足按生产需要有效供应提供。

c）生产时工装的准备要求，是生产前必需的活动，且应纳入条款 8.5.1.3 的准备验证。

d）生产过程中，易损、易耗工具的更换方案要求，防止出现工具毁损的风险，顺畅操作提高作业效率。此处现场适合采用精益生产的 5S 和目视化防错等手段，不一定是文件指导书。

e）工具的设计更改的文件管理控制要求，要包括产品的工程变更等级。

f）工具的修改和文件修改的管理控制要求。

对于 e）和 f）条实施，要结合条款 8.5.6.1，按照变更管理落实相应的要求，以免影响到生产过程的产品输出的符合性。

g）工具的标识要求，如序列号或资产编号、状态标识、所有权标识，以及位置指示标识，主要是便于实施追溯和有效的管理，防止误用、错用。

3）对于顾客提供给组织的生产工具、制造设备、试验和检验设备，组织要验证以确保在设备的明显位置标有永久的标记，标识的内容有序列号、所有权和用途。状态标识通常不是永久的。要结合 ISO 9001 的条款 8.5.3 实施。

4）因为组织规模、生产特征、组织架构和业务范围等差异，有的组织这些工装、工具、量具和设备，从设计、制造、维修保养等能全部“自给自足”，其运行完全在组织构建的该管控系统下掌控。也有的情况是通过“外包”来实现，那么组织就要比照自身系统实施有效的监控，管理“过程”，不能只是验证结果。

应用要点

1）该类工装、量具包括顾客提供的制造设备、试验/检验设备、验证设备，对产品质量具有特殊意义。按照标准要求构建系统的管理。尽管标准没有提出具体文件化的要求，但是要落实这么多要素的管理，尽管可以用 5S、目视化等方式和手段，但多数组织完全没有文件规定恐怕不行。

2）此类工装设备与生产设备与设施作用不同、管控要求不同，但二者有相关性，也有诸如维护、维修和验证的类似要求。要处理好接口。

3）此类工具与条款 7.1.5 所说的测量资源也不尽相同，有明显的差异。但其中量具、顾客提供的试验/检验设备，属于测量资源的范畴。因此，此类设备管理系统的规定要满足“测量设备”的管控要求。这两个系统也要处理好相应的接口。

4）正是基于这类工装设备的特殊性，其“变异”的风险识别和“更改”风险识别和影响，应该得到管控落实。

该条款存在的管理价值

1）工具工装直接关系到输出产品的质量控制。本条款的主要作用就是使用这些工具、工装的生产过程得到有效控制，特别通过本条款的有效落实，保证产品质量的稳定。

2）除了个别散装料生产不存在管控需要外，可以在供应链全覆盖。

该条款主要涉及哪些过程

顾客或外部供方的财产管理、更改的控制、监视和测量资源、人力资源控制。

ISO/TS 16949：2009 条款内容

7.5.1.5 生产工装的管理

组织应为工装和量具的设计、制造和验证活动提供资源。

组织应建立并实施生产工装的管理系统，包括：

——维护和修理的设施与人员。

——贮存和修复。

——工装准备。

——易损工具的更换计划。

——工装设计的修改的文件，包括工程更改等级。

——工装的修改和文件的修订。

——工装标识，明确其状态，如在用、修理或废弃。

如果其中任何一项工作被外包，组织应实施监视这些活动的系统。

注：该要求也适用于车辆服务零件的工装。

新旧版本差异分析

一是增加和强化了标识更多的内容，明确了位置。二是拓展了对来自组织外的此类“工装、量具和设备”要纳入系统管控。三是此处业务发生外包，靠组织识别到并以管控，2016 版在本条款直接强调了“外包”控制要求。

转版注意事项

1）识别清楚组织实际使用的工具设备，按照标准要求，特别是结合风险分析，策划建立和管理系统。

2）落实标识内容的策划和完善，定义描述好外包的内容和管控方法。

3）结合变更管理章节要求、顾客和外部资产管理要求，对此类设备管控定好规则，明确好接口。

汽车行业运用最佳实践案例

加工生产线使用的工装及刀具，有专职刀具工程师负责刀具寿命的研究，使用刀具供应商的刀具管理系统进行独立管理。刀具寿命到期后，需要录入系统，统计校正刀具寿命。

除此之外，齿轮、花键等加工过程所使用的设备的刀具由企业内部自行研磨制造，根据刀具检测的实际结果与理论数据进行比对、修磨，并对相关刀具寿命进行统计。

装配线的工装可以结合设备进行统一管理和维护。自制的量具也可以结合系统进行定期校验。任何点发现异常，都需要及时验证，确保问题得到控制。

当发生变更时，工装系统的各个责任人需要将相关变更要求作为输入，告知项目管理人员，评审影响范围和风险，做出正确的相关变更需求成本预测，形成变更申请。

当确定变更执行时，相关责任人需要根据既定计划进行相关工装图纸和实物修改，并通知相关人员进行验证，验证合格后通知仓库进行贮存。原有工装需要进行统一更改。所有的变更可以通过企业内部的变更管理模块进行查询。

组织运行时常见失效点及可能的应对措施

常见失效点	可能的应对措施
1）生产工装的管控过程不完全有效，如刀具寿命没有得到监控，夹具的定位磨损没有得到监控 2）夹具维护登记台账列明的夹具与现场实际使用的夹具不对应 3）没有过程绩效指标、没有风险分析识别到重点风险并加以控制，出现影响质量的问题，不能分析改进等	针对这些失效问题，从流程原因和系统原因入手策划设计系统和流程，包括职责明确、规则明确、绩效指标要求等，还有就是重视表单的开发，以“表单”促进实现管理落地

管理工具包

清单管理，5S 管理和目视化方法。

通过认证所需的最低资料要求

该过程的绩效指标、完成情况和分析改进；工装清单（如为顾客所有，需要按照顾客要求进行清单管理）；工装更换指导书；工装更换记录；刀具寿命记录及相关处置结果；涉及工装设计变更记录及相关资料；量具清单（如量具为特种量具，属于自行开发、制造的）；量具鉴定记录（同上）；工装设计变更系列资料；识别的重点风险和应对措施。

53 生产排程

IATF 16949：2016 条款原文

8.5.1.7　生产排程

组织应确保为满足顾客订单/需求来安排生产，例如准时化生产（JIT），并且确保生产由一个信息系统支持，该信息系统允许在过程的关键阶段获得生产信息，并且是由订单驱动的。

组织生产排程期间应包含相关策划信息，如顾客订单、供应商准时交货绩效、产能、共享负荷（共线工位）、前置期、库存水平、预防性维护及校准。

条款解析

标准围绕生产和服务过程控制，在前面用条款 8.5.1.1～8.5.1.6 实施控制或到达受控的工艺要求、支撑生产服务运行的人员和资源的要求等，到本条来规范“生产排程”，告诉组织如何落实生产计划和组织、指挥生产线生产。

此次标准换版 IATF 把企业的先进实践经验方法（或过去的顾客特殊要求）写进了标准，如丰田汽车的精益生产中 JIT 和订单驱动。

标准表达了 4 个意思，即：

1）组织应根据顾客订单和需求来组织安排生产，确保满足顾客“准时”供货的要求。

2）给出了满足订单要求的方法——准时化生产（JIT）。JIT 是由日本丰田汽车公司创立的一种独特的生产方式，指企业生产系统的各个环节、工序只在需要的时候，按需要的量生产出所需要的产品。由订单来驱动生产，而不是由生产驱动订单。

3）另一个方法是信息系统支持：生产排程（计划）用信息系统技术来实现供应链管理和计划安排。随着信息技术革命和进步，多数企业设计开发了信息化系统，支持销产转换、自动排程、订单下达及跟踪，其功能优势在于实时约束与报警功能，也有快速精准的顾客交期应答和实时调整功能。系统一定支持“取得过程关键阶段的信息”，否则无法掌控排程的执行。

4）组织在编制排程时输入应充分，以达到排程的优化。输入包括顾客订单、供应商准时交货绩效、产能、共享负载（多工位）、前置期、库存水平、预防性维护及校准等信息。既要保证准时，又要保证生产线效率和建设库存等。

应用要点

组织的业务不同，流程长短和复杂程度不同，面对的顾客和顾客要求也有差异。要根据组织自身实际，统筹生产排程，科学精准地将生产任务和资源分配至生产过程。落实好销产衔接，实现满足顾客订单/需求的根本目标，并保证是经济和高效的。

完成生产，有诸多的要素和资源协同保证，有这些信息的准确确定才有排程的准确；供应商供货、设备工装维护水平、工艺控制和人员操作水平的保持和提升是实现生产排程执行和达成的前提，要管控。

☞ 该条款存在的管理价值

本条款不仅为组织提供了保证顾客订单/需求的原则和方法路径，也是组织提高效率、降低运行成本的有力保障，能具体落实经营风险的防控，甚至促进组织精益生产文化的构建。

☞ 该条款主要涉及哪些过程

顾客要求的确定与评审、生产制造、设备设施维保、检验试验、物流交付等过程以及应急响应等。

☞ ISO/TS 16949：2009 条款内容

7.5.1.6　生产计划

应有满足顾客要求的生产计划，例如由信息系统支持的“准时”计划，该信息系统允许在过程的关键阶段获得生产信息并且是订单驱动的。

☞ 新旧版本差异分析

一是，2016 版标准提供了更具体的方法，使组织能够更具体地实施；二是，2016 版标准强化了先进的理念，聚焦了经营成果的改善。

☞ 转版注意事项

一定要关注生产排程的参考输入，包括相关策划信息；要识别其中具体供货中断风险、经营风险，融入业务管控；学习研究精益生产知识和方法，结合自身业务实际，成为适合自己业务的有效方法。

☞ 汽车行业运用最佳实践案例

某大型跨国钢铁企业，生产企业分布在欧洲多地，供应原料来自海外，客户有分布在欧美的 OEM 汽车厂。该企业开发了自动计算排程供选择的全局产销计划系统，从一个工厂做起拓展覆盖全集团生产和交付排程。系统输入用户订单要求、计算各工厂生产线有限产能、物流运输时间、成本、库存信息等，通过算法实现订单和排程的优化，取得了巨大成功。并且系统将向矿石等原料的供应链覆盖拓展。

在某个项目的里程碑总结到，系统支持供应链计划的透明度、支持场景比较的计划方式，从不同计划策略中选择优劣，显著提高了“交付准时率和产量”。

该系统从库存指标、交期和兑现指标、交付运费指标、产量指标等多维度监视过程。

组织运行时常见失效点及可能的应对措施

常见失效点	可能的应对措施
1）生产安排不均衡 2）生产安排没有考虑最大和最小库存 3）生产安排没有考虑人员、工具、设备以及环境的变化 4）用户交期绩效差，并且不能有效分析和整改。	1）运用标准化工具（如单件工时管理）进行测算 2）定期进行库存盘点 3）周期性安排产销协调会议 4）可以用 8D 报告方法，规范问题解决流程

管理工具包

产销协调会议、自动排程系统、精益生产知识。

通过认证所需的最低资料要求

1）编制生产排程的策划输入信息，如标准所列的内容。

2）相应的评审记录，发生变化需要及时更新并通知相关部门及人员。

3）总的生产计划需要分解到各个部门和生产线。

4）准时交付指标完成情况及分析和改进。

54 标识和可追溯性

IATF 16949：2016 条款原文

8.5.2.1　标识和可追溯性（补充）

可追溯性的目的在于支持对顾客所收产品的开始点和停止点的清楚识别，或者用于发生质量和（或）安全相关不符合情况。因此，组织应按照下文描述实施标识和可追溯过程。

组织应对所有汽车产品的内部、顾客及法规可追溯性要求进行分析，包括根据风险等级或失效时对员工、顾客的严重程度，制订可追溯性计划并形成文件。这些计划应按产品、过程和制造位置明确适当的可追溯性系统、过程和方法，应：

a）使组织能够识别不合格品和（或）可疑产品。

b）使组织能够隔离不合格品和（或）可疑产品。

c）确保能够满足顾客要求和（或）法规对响应时间的要求。

d）确保保留了形成文件的信息，保留的形式（电子、硬拷贝、档案）使组织能够满足响应时间要求。

e）确保各单个产品的序列化标识，如顾客或监管标准有所规定。

f）确保标识和可追溯性要求被扩展应用至外部提供的具有安全/监管特性的产品。

条款解析

产品的标识和追溯应形成一套固定的能满足顾客或法规要求的且能实现的方法体现在文件中。

1）标识的分类。一是表明产品状态，如待检验、检验合格、不合格品、已加工、待加工、停止加工、报废品等。标识方法有标签、流程卡、检验卡、放置区域、不同颜色的器具、不同形状的标牌等。二是表明产品信息，如产品的名称、型号、特性、位置等。标识的方法有标签、条形码、Marking、记录卡等。

2）标识的作用。有利于贮存控制；防止混淆或误用，防止不合格品或可疑品流出；为产品的可追溯性提供信息。

3）制定可追溯性计划是标准强制要求的。根据产品标识的信息实现产品的可追溯性，可追溯到的信息应包括产品制造或加工履历、使用的设备、作业者、被追溯产品的生产时间及结束时间、确定受影响的产品范围。根据受影响的范围调查产品所处的流转位置，如待发送、在途中或已交付等。

4）对于涉及法规或安全特性的产品，标识及追溯要求应扩展到供应链，能追溯到供方提供的产品或服务的批次。

5）实现产品可追溯性的有效方法是对产品进行唯一性标识，如对某零件的生产日期、使用材料批号、各工序加工人、各工序设备、交付的顾客等进行记录，可通过生产流程卡、产品交付记录等实现，可作依据的有订单、生产指示单或派工单、采购单、验收单、领料单等单据和编号；仓库进出产品的记录和凭证号；生产报表注明的记录；检验报表注明的记录等。

应用要点

1）制定标识及可追溯性文件。

2）产品的序列化标识程序要结合顾客或监管标准的规定，如汽车发动机的编号应该做到单个产品唯一性标识；同时还要考虑产品自身情况，如汽车灯用的 LED 不可能做到单个产品唯一性标识。

3）明确在落实标识和可追溯性时要考虑顾客要求和法律法规的适用性，以及响应时间的要求。

4）制定可追溯性计划、实现可追溯性，需要一定的费用，应根据需要确定实现可追溯性的内容，不要范围过大。一般对新产品试验、顾客要求或特别重要的部件实施。导入电算化系统实施追溯比手动记录的追溯方法更有效可行。

该条款存在的管理价

1）对于汽车行业标识和追溯要求是强制执行的。

2）生产或服务实现过程的任何阶段出现质量和（或）安全相关的不符合时，标识及追溯的信息为分析原因及改进提供输入，并能追溯到受影响的产品范围，确保识别和隔离受影响的不合格品或可疑品。

该条款主要涉及哪些过程

产品制造过程、标识与可追溯性管理。

ISO/TS 16949：2009 条款内容

无。

新旧版本差异分析

本条款为 2016 版标准新增加的内容。

转版注意事项

1）根据组织实际的标识和可追溯性方法制定计划并形成文件，避免文不对题。

2）识别、评审组织适用的法律法规对追溯的要求并加以落实。

3）具有安全或监管特性的标识和可追溯性要求要在供应链上扩展传递。

汽车行业运用最佳实践案例

有的组织生产现场通过物流自动化 + MES 系统实现产品标识及可追溯性要求。首先 MES 生成 Lot 基准情报，用激光在每个产品上刻印 Lot 号码，通过读取自动物流 Box 上的 RFID 把实物与 MES 信息绑定，MES 会记录产品的生产履历，包括制造过程中每个工序的开始结束时间、产品位置、状态、作业员、使用的设备等信息。当提供产品 Lot 号码时可以在 MES 系统中逆向追溯到以上信息，同时也可追溯该产品使用的原材料信息（批次、生产日期、供应商等）。发生不合格品或可疑品时系统会自动锁定该产品，锁定的产品不会误投入到下一工序或流出。

生产现场不再使用标识牌或 Lot 卡，避免了人为放置错误导致的混用等不良现象的发生。

组织运行时常见失效点及可能的应对措施

常见失效点	可能的应对措施
1）追溯所需的时间长 2）可追溯性不足，对于法律法规、安全特性的要求，无法确保整个供应链的可追溯性 3）条形码等标识模糊无法识别，不能追溯或信息不准确	1）导入计算机化的追溯性系统 2）开发过程与材料/产品批准过程加入供应链可追溯性的确认 3）进行标识检查或采用激光打印

管理工具包

ERP/MES 系统、物流自动化。

通过认证所需的最低资料要求

文件：标识和可追溯性控制程序。

记录：可以是手动、电子或系统，包括原材料入出库记录及在库明细表；生产履历（包括作业人员、设备号、起始终止时间、所用材料批次）；半成品、成品检验记录；成品入库单、发货单；电子标签、条形码、追溯 Marking；区域标识、状态标识；追溯记录（如果有）。

55 防　护

IATF 16949：2016 条款原文

8.5.4.1　防护（补充）

防护应包括标识、搬运、污染控制、包装、存储、输送或运输以及保护。

应对来自外部和（或）内部供方的材料和部件，在从收货到处理的期间提供防护，包括发运并直到交付给顾客、被顾客验收。

组织应按适当计划的时间间隔来评估库存品状况、存储容器放置类型以及存储环境，以便及时探测变质情况。

组织应使用库存管理系统以优化库存的周转期，确保库存周转，如“先进先出（FIFO）”。

组织应确保过期产品按对待不合格品的类似方法进行控制。

组织应满足其顾客规定的防护、包装、发运和标签要求。

条款解析

产品防护主要是对材料或产品在搬运、存储和包装等过程中要确保质量符合要求。

产品防护包括静态防护和动态防护。静态防护如标识方法、储存环境等。动态防护如搬运高度、搬运工具、运输过程防碰撞振动、有些产品放置禁止倒立等。除此之外，有些精密产品或特殊产品需要做到污染控制（如防尘）。组织要关注现场、库区容器和台架等辅助设施的管理，包括必要的清洁和识别到的影响产品、零件或材料“品质”的因素，采取相应的措施。

标准要求从原材料接收到产品交付给顾客并被顾客验收为止的整个过程中都要落实防护措施。除了场内物流外，还要落实厂外物流的管理，直到“顾客收货验收”。特别是关注物流外包时的管理、顾客指定组织的外部物流承包方、顾客自主到厂提货或顾客委托其代理承运等情况。

组织还应制定一个评估计划，按策划的时间间隔评估库存状况以防止超期变质等。为了确保物品保质期，应实施先进先出并监督与优化库存的周转时间。过期产品应视为不合格品加以管理。

如客户对于防护上有任何要求时，需要满足客户的要求，包括防护、包装、发运和标签。

应用要点

储存环境包括温湿度、洁净度、静电、避光、防尘等。

组织常用定期在库盘点的方式评估库存状况及周转时间。

先进先出的方法虽是公认的但也是审核中常出现问题的点，尤其手动台账记录的方式比系统管理方式可靠性更低。对于超期物料，无论变质与否为了防止误用都应有标识及隔离措施，且视为不合格品处置。

产品防护过程没强制要求形成文件，但防护相关记录要保存。

☞ 该条款存在的管理价值

明确防护包含的内容；明确防护管理周期；定期确认防护情况；要求使用库存管理系统，以优化库存周转期。

☞ 该条款主要涉及哪些过程

产品制造、产品防护、包装、不合格品管理过程，仓储管理、物流运输过程。

☞ ISO/TS 16949：2009 条款内容

7.5.5.1　储存与库存

应按适当计划的时间间隔来检查库存品状况，以便及时探测变质情况。

组织应使用库存管理系统以优化库存的周转期，确保货物周转，如“先进先出（FIFO）”。应以对待不合格产品的类似方法控制过期产品。

☞ 新旧版本差异分析

IATF 16949：2016 在产品防护方面增加了如下要求：

1）污染控制、输送或运输过程的防护以及存储容器放置及储存环境的要求。

2）防护的对象包括来自内（外）部供方的原材料，以及要交付给顾客的完成品。防护期间应从原材料接收开始到交付给顾客、被顾客验收为止。

3）当顾客对产品防护、包装、发送和标签有要求时要满足顾客要求。

☞ 转版注意事项

如果组织的仓储物流涉及外包过程，那么产品防护要求应在外包过程中传递，特别是顾客对产品防护的要求。

☞ 汽车行业运用最佳实践案例

针对 FIFO 管理，供应链上有的组织使用 ERP 系统管理库存周转。系统自动按生产日期排序出库，不同日期的同一型号物料，生产日期最早的没出库时后面日期的不能出库。对于系统中超过有效期的物料，由系统锁定不能出库，利用系统的防错功能避免过期物料被使用。

组织运行时常见失效点及可能的应对措施

常见失效点	可能的应对措施
1）未定期对产品防护情况检查确认 2）防护不满足顾客规定的要求 3）可疑品继续使用 4）未做到先进先出；按入库日期计算有效期	1）识别各种物料的有效期及存储条件 2）定期实施客户要求审核 3）设置单独区域隔离；对所有人员施以可疑品处理的教育训练 4）以电算系统管制先进先出作业，按生产日期管理有效期

管理工具包

先进先出管理、ERP、SAP 系统、5S 的三定三要素和目视化方法。

通过认证所需的最低资料要求

产品防护管理流程、产品防护评估报告、超期物料清单及处置记录（如果有）、存储环境维护记录、产品先入先出记录。

56 服务信息的反馈

IATF 16949：2016 条款原文

8.5.5.1　服务信息的反馈

组织应确保建立、实施并保持一个在制造、材料搬运、物流、工程和设计活动之间沟通服务问题信息的过程。

注1：将“服务问题”增加到这个子条款，是为了确保组织知晓可能在顾客地点或使用现场被识别的不合格品和材料。

注2：“服务问题”应当在适用时包括使用现场失效试验分析（见第10.2.6条）的结果。

条款解析

组织要能确保售后服务的相关问题的信息能在组织内部及相关流程中传递与沟通，以使组织相关部门及流程能及时地予以矫正或改进，避免问题持续发生，造成客户不满意或抱怨。

应用要点

对于客户反应的信息、与抱怨相关的资信及不良品分析的结果，以公告的方式或内部宣导的方式及时地对内部相关部门或流程的人员进行沟通与传达。

该条款存在的管理价值

客户反应的资信与客户退回产品分析的结果要让相关人员知悉，以避免持续发生问题。

该条款主要涉及哪些过程

产品制造、不合格品管理、产品的监视和测量、物流管理、顾客反馈。

ISO/TS 16949：2009 条款内容

7.5.1.7　服务信息反馈

应建立并保持一个在制造、工程和设计部门之间沟通服务问题信息的过程。

注：将“服务问题”增加到这个条款，是为了确保组织知晓发生在组织外面的不合格事件。

新旧版本差异分析

2016 版标准增加了材料搬运与物流问题的考量，同时也提醒客户退回不合格品分析的结果需要进行内部传递。

转版注意事项

需要有顾客反应信息与失效分析的内部沟通方式。

汽车行业运用最佳实践案例

A 整车制造厂建立了信息管理系统，系统分为：市场反馈信息，整车物流信息，厂内信息，零部件进厂检查/试验信息的录入、分类、处置、验证等项目，并建立各环节的职责和时限性要求。

组织运行时常见失效点及可能的应对措施

常见失效点	可能的应对措施
1）顾客反馈的信息仅品保部门知悉，组织内部相关单位未有效传递 2）顾客反馈的信息没有反馈到产品设计和工艺设计部门，不能应用于设计输入	通过信息化手段建立信息共享平台，设定相关部门权限，做到同步传递

管理工具包

PDCA、FMEA。

通过认证所需的最低资料要求

形成文件的信息管理流程或系统、信息沟通的运行记录并形成闭环。

57 与顾客的服务协议

IATF 16949：2016 条款原文

8.5.5.2 与顾客的服务协议

当与顾客达成服务协议时，组织应：

a）验证相关服务中心满足适用要求。

b）验证任何特殊用途的工具或测量设备的有效性。

c）确保所有服务人员得到了对适用要求的培训。

条款解析

增加在与顾客达成服务协议时相关验证的要求，与客户签订和达成协议时，信息收集渠道建立要充分。汽车供应链里很多都使用了第三方物流，或者是现场服务的人员，这些人员往往会通过换货或现场在线返工处理问题产品，使得顾客的质量部门的绩效反馈里不包含这些数据。组织要有方法获得并使用这些数据，它们包括相关测量工具的计量证书或合格证明，以及涉及过程活动的参与人员受过应知应会教育训练的记录。

应用要点

在与顾客确定服务协议时，应考虑三方面的验证要求。尤其验证满足适用要求使用到的测量工具的计量有效性证明和服务人员教育培训合格证明。

该条款存在的管理价值

通过一种契约的形式来增加对顾客方的确认要求，提升对顾客方的管控能力。

该条款主要涉及哪些过程

售后服务过程、监视和测量设备管理、人力资源管理。

ISO/TS 16949：2009 条款内容

7.5.1.8 与顾客服务的协议

当与顾客达成服务协议时，组织应验证以下项目的有效性：

——组织的任何一个服务中心。

——任何专用工具或测量设备。

——服务人员的培训。

新旧版本差异分析

基本没有多大变化，只是文字顺序调整使得逻辑更清晰，明确在与顾客达成服务协议时组织应验证的相关内容，当然隐含沟通的范围包括材料搬运和物流。

转版注意事项

确保验证过程的相关记录得以保持。

汽车行业运用最佳实践案例

整车厂建立、使用客户服务系统，接收顾客服务信息。在接收到服务需求时，依据协议的时间和要求提供服务，如导航地图版本升级或故障救援服务。

服务站具备软件升级、故障处理能力，并配备组织认可的设备。

组织运行时常见失效点及可能的应对措施

常见失效点	可能的应对措施
1）接到顾客服务需求信息后，组织不能在协议范围内提供服务 2）提供服务人员未得到适用要求的培训，例如整车电路排查或系统升级设备的操作资质	1）整理系统内近三个月的顾客投诉信息，建立优先处理原则，处置措施形成闭环 2）提供服务人员的岗位资质和人员清单，每人办理资格证

管理工具包

FMEA、控制计划、职务说明书。

通过认证所需的最低资料要求

与顾客的服务协议、与服务提供有关的流程、测量设备验收记录、培训记录。

58 更改控制

IATF 16949：2016 条款原文

8.5.6.1 更改控制（补充）

组织应有一个形成文件的过程，对影响产品实现的更改进行控制和反应。任何更改的影响，包括由组织、顾客或任何供应商所引起的更改，都应进行评估。

组织应：

a）明确验证和确认活动，以确保与顾客要求相一致。

b）在实施前对更改予以确认。

c）对相关风险分析的证据形成文件。

d）保留验证和确认的记录。

应当对更改（如对零件设计、制造地点或制造过程的更改），包括供应商做出的更改，进行以验证为目的的试生产，以便确认更改对制造过程带来的影响。

当顾客要求时，组织应：

e）向顾客通知最近一次产品批准之后任何计划产品实现的更改。

f）在实施更改之前获得形成文件的批准。

g）达成额外验证或标识要求，如试生产和新产品确认。

条款解析

1）更改过程要形成文件，进行文件化的管控。

2）这里的更改指量产以后的所有更改，包括由组织、顾客或任何供应商所发起的更改，包括产品和制造过程更改，如对零件设计、制造地点或制造过程的更改。

3）组织的任何更改实施前应进行评估，即使是顾客提出的更改，也应评估更改的影响，保留相关风险分析的证据。

4）需要制定有效的验证和确认活动，保留相应记录。

5）为确认更改对制造过程的影响，应进行试生产运行的验证活动，并保存记录。

6）当顾客要求时，PPAP 之后的任何更改应通知顾客，并重新提交 PPAP 批准。需要与顾客就试生产、产品额外验证和确认以及新旧状态切换的特殊标识要求等达成一致。

应用要点

1）建立产品更改、制造地点或制造过程更改的管理流程，包括由顾客、组织、供应商发起的更改。

2）流程包括更改的发起、风险评估、确定更改实施方案、进行产品和试生产验证、确认，取得顾客书面认可批准、更改实施、更改切换要求等环节的要求，所有过程要保存记录。当顾客要求时，通知顾客并获得批准。

☞ 该条款存在的管理价值

对影响产品实现过程的任何更改进行管控，通过风险分析和有效的验证活动，保证更改过程受控，满足顾客要求。

☞ 该条款主要涉及哪些过程

变更管理过程、APQP 过程、PPAP 批准过程、产品制造过程、标识和可追溯性管理过程。

☞ ISO/TS 16949：2009 条款内容

7.1.4 更改控制

组织应有一个对影响产品实现的更改进行控制并做出反应的过程。任何更改的影响，包括由任何供方引起的更改，都应进行评估，并应规定验证和确认活动，以确保与顾客要求相一致。更改在实施前应予以确认。

具有专利权的设计，对外形、配合、功能（包括性能和/或耐久性）的影响应与顾客共同进行评审，以便所有影响都能得到适当地评价。

当顾客要求时，还应满足附加的验证/标识要求，如对新产品引入的那些要求。

注 1：任何影响顾客要求的产品实现的更改都要通知顾客，并征得顾客同意。

注 2：以上要求适用于产品和制造过程更改。

☞ 新旧版本差异分析

1）2016 版标准加强了对更改要求的控制，以满足现有 OEM 要求。

2）控制和反应更改的过程包括风险分析、保留验证和确认记录。

3）明确了任何更改，包括由组织、顾客或任何供应商所发起的零件设计、制造地点或制造过程的更改，应进行以验证为目的的生产试运行活动，确认更改对制造过程的影响。

☞ 转版注意事项

1）量产后更改的识别和管控，要有文件化的管理流程。

2）更改实施前，应进行评估，保留风险分析的证据。

3）试生产验证活动要保留记录。

☞ 汽车行业运用最佳实践案例

组织的供应商提出制造地点更改，并向组织提交了异地生产申请和实施方案，双方商定了更改验证和确认的相关细节要求。

同时组织根据与顾客商定的更改控制清单中对此种更改情况的规定，向顾客提出了供应商制造地点更改的申请，并提交了供应商更改实施方案以及对供应商更改试生产验证和产品认可方案。

顾客同意更改申请，供应商开始更改方案的落实，组织相继对供应商新址进行了试生产验证以及产品验证，并向顾客提交了首样和首批，完成产品装车验证，取得了顾客的书面认可。

组织运行时常见失效点及可能的应对措施

常见失效点	可能的应对措施
1）顾客电话或口头通知更改，组织就开始实施这个更改，没有进行评估 2）组织的更改没有通知顾客，组织自行评估没有风险，就内部实施了这个更改	建立组织更改控制清单，对组织识别的更改情况进行等级管理，识别组织的更改类型，并对每种类型的更改与顾客提前沟通，确定哪种更改需要通知顾客、哪种只需要组织内部控制

管理工具包

PPAP、APQP、FMEA。

通过认证所需的最低资料要求

更改控制程序、更改清单、可行性评估、PFMEA、更改申请，更改方案、工艺验证记录、试生产报告、产品检验报告、更新版文件、内部 PPAP 确认记录、顾客书面认可报告等。

59 过程控制的临时更改

IATF 16949：2016 条款原文

8.5.6.1.1　过程控制的临时更改

组织应识别过程控制手段，包括检验、测量、试验和防错装置，形成文件化的清单并予以保持，清单包含主要过程控制和经批准的备用或替代方法。

组织应有一个形成文件的过程，对替代控制方法的使用进行管理。组织应基于风险分析（例如 FMEA）和严重程度，在本过程中包含要在生产中实施替代控制方法之前获得的内部批准。

在发运采用替代方法检验或试验的产品之前，如有要求，组织应获得顾客批准。组织应保持一份控制计划中提及的经批准替代过程控制方法的清单并定期评审。

每个替代过程控制方法应有标准的工作指导书。组织应至少每日评审替代过程控制手段的运行，以验证标准作业的实施，旨在尽早返回控制计划规定的标准过程。方法范例包括但不限于：

a）以质量为关注点的每日审核（如分层过程审核，如适用）。

b）每日领导会议。

基于严重程度，并在确认防错装置或过程的所有特征均得以有效恢复的基础上，在规定时期内对重新启动验证形成文件。

在使用替代过程控制装置或过程期间，组织应实现生产的所有产品的可追溯性（如验证并保留每个班次首件和末件）。

条款解析

1）组织应识别过程中的检验、测量、试验和防错装置等过程控制手段，基于风险分析和严重程度，提前考虑开发备用或替代的方法，进行内部验证和确认，建立清单，并对清单进行定期评审。

2）建立文件化的备用或替代控制方法使用管理制度，规定何种情况可以启用备用或替代方案、启用内部批准人、备用或替代方案的启用期限要求等。

3）如在更改控制清单约定顾客通知范畴，备用或替代的控制方法要经过顾客批准。

4）内部批准启用替代过程时，要根据之前更改控制文件中确定的等级管理制度来确认是否要通知顾客。

5）备用或替代控制方法应规定在控制计划中。

6）正常控制方法和每个备用或替代控制方法，都应有标准作业指导书。

7）当内部批准启用备用或替代控制方案时，要求每天针对替代方案的运行状况进行评审，确认替代过程是否有效、是否受控。

8）每日评审方法包括但不限于分层审核、每日领导会议等。

9）在防错装置或过程得以有效恢复基础上，在规定时间内的重新启动验证，记录要保存。

10）在运行备用或替代控制方案期间，要确保生产的所有产品的可追溯性，如每班进行首件/末件验证并保留样件。

应用要点

1）识别过程中的控制手段，基于风险分析和严重程度（FMEA），提前考虑开发备用或替代的方法，内部验证和确认，建立清单，并对清单进行定期评审。

2）备用或替代控制方法，在控制计划中有规定，并建立标准作业指导书。

3）当内部批准启用备用或替代控制方案时，要求进行每日分层评审，确认替代过程是否有效、是否受控，并在每日领导会议上通报，保留相关记录证据。

4）在运行备用或替代控制方案期间，要确保生产的所有产品的可追溯性，如每班进行首件、末件检验并保留样件。

5）备用或替代控制方案结束后的重启验证。

该条款存在的管理价值

早期识别风险并策划备用或替代控制方法，使得组织临时变更得到有效控制。

该条款主要涉及哪些过程

变更管理过程、临时变更管理过程、APQP 过程、PPAP 批准过程、产品制造过程，标识和可追溯性管理过程。

ISO/TS 16949：2009 条款内容

无。

新旧版本差异分析

本条款为 2016 版标准新增要求，规范了备用或替代控制方法的批准、管理、启动、日常监督与原控制方法恢复的管理要求，建立备用或替代控制方法清单，定期更新评审。

转版注意事项

需要有文件化的备用或替代控制方法管理流程，建立备用替代控制方法清单。文件化管理流程中需要清楚规范备用或替代控制方法的启动、日常监督管理、追溯性与恢复原控制方法的要求。

汽车行业运用最佳实践案例

如总装车间，车门生产线某工位的零件粘接作业由设备进行粘贴，粘接过程胶的涂布状况会影响最终产品的粘接强度，因此生产过程采用胶涂布检验设备对每个零件胶的涂布状况进行自动影像辨识检验。考虑到设备粘接强度不足时会发生异响及市场召回，且设备仅有一台，故障时产品粘接品质将无法保障。因此，规划多个影像放大并增加人工影像确认作为替代方案。该替代方法通过工艺验证和产品确认，并得到顾客批准，纳入控制计划与备用方法清单中，并编制“涂布状况人工检验作业指导书”，同时对相关人员进行培训与考核。当胶涂布检验设备出现异常时，经授权人批准，启用替代方法，并完善“临时变更工艺切换记录”，每班次记录采用替代方法检验的产品的批号与数量。每日由相关领导对产品质量及现场是否按替代方法执行进行评审确认。胶涂布检验设备修复后，恢复原检验方式前进行胶涂布检验设备验证，验证通过后恢复原始检验作业。

组织运行时常见失效点及可能的应对措施

常见失效点	可能的应对措施
1）将工程更改期间的试验阶段视为临时更改管理 2）无临时更改管理的书面化程序 3）针对现场可能存在的失效，未提前识别风险点，没有备用或替代控制方法，发生异常后无法实施有效控制，存在质量风险	1）盘点现有工程更改管理程序，避免误用临时更改 2）制定书面化临时更改管理流程 3）提前识别过程控制手段风险，提前开发备用或替代控制方法

管理工具包

QSB 之变更管理、FMEA、CP。

通过认证所需的最低资料要求

包含临时替代控制管理流程的文件，备用或替代控制方法清单、临时更改申请单、临时更改跟踪记录、FMEA、控制计划、标准作业指导书、检验和验证记录、临时更改工艺切换记录等。

60 产品和服务的放行

IATF 16949：2016 条款原文

8.6.1　产品和服务的放行（补充）

组织应确保用于验证产品和服务要求得以满足的所策划的安排围绕控制计划进行，并且形成文件，规定在控制计划中（见附录 A）。

组织应确保为产品和服务初始放行所策划的安排围绕产品或服务批准进行。

根据 ISO 9001 第 8.5.6 条，组织应确保在初始放行做出更改之后，完成产品或服务批准。

条款解析

此条款对于放行分三个维度：第一，制造过程各工序与产出的放行；第二，产品与过程在初期放行；第三，变更后的产品与制程的放行。

组织要确保进料检验、首件检验、制造过程检验、末件检验、最终检验、出货检验等验证活动的检验方法及相关的验证证据形成文件并围绕控制计划展开实施。

对于规划的初次产品和过程放行活动，应该围绕着取得产品与制程核准来实施，如通过 PPAP 的要求。

组织应确保 PPAP 批准后（产品与制程的初始放行后），如有更改发生，应该再次取得对产品和服务的批准（如重新提交 PPAP）。

应用要点

1）组织策划的产品和服务需制定控制计划。

2）产品和服务的检验、试验准则及现场实施要与控制计划相一致。

3）产品与服务的首次放行应该以通过产品与服务的批准方式（PPAP）来进行。

4）产品和服务生产件初始批准后（PPAP）如发生更改，需再次取得对产品和服务的批准。

该条款存在的管理价值

产品品质是规划与管理出来的。在制造过程的产品与过程要求规划于管制计划，产品初始承认的要求规划于产品/制程批准要求（PPAP）中，变更发生时会影响先前批准的结果。所以条款要求在这三种状况下需要遵守并符合当时规划的条件，才能给予各自的放行，确保零缺陷的达成。

该条款主要涉及哪些过程

产品和服务的放行，更改的控制，产品质量先期策划。

ISO/TS 16949：2009 条款内容

无。

新旧版本差异分析

本条款为 2016 版标准新增内容。

转版注意事项

1）组织内所有状态产品、服务的检验准则及现场实施要与控制计划保持一致，并保留相关检验实验记录。

2）产品从开发阶段到量产阶段需要有产品、过程批准的规划与证明资料，如 PPAP。

3）在初始放行后如有更改，按条款 8. 5. 6 更改控制执行产品或服务的批准。

汽车行业运用最佳实践案例

1）某汽车内饰件制造厂注塑工序的过程控制参数检查时，发现与设备设定参数不一致，检查员经过调查发现控制计划和参数条件表一致，都对过程参数做了严格规定，符合顾客的要求，很快判定出是机器设备该调整参数了。并追溯了上次检查到这次检查之间的产品，避免了不良损失和顾客设诉问题。

2）某喷涂厂 PPAP 批准后有工艺变更，技术部按更改控制要求组织相关部门进行了更改评审，得到顾客批准并保留记录，避免更改不确认导致的产品不良和顾客投诉。

组织运行时常见失效点及可能的应对措施

常见失效点	可能的应对措施
1）制造现场某工序使用的量具与控制计划规定不一致 2）产品 PPAP 批准后进行量产，量产后尺寸变更，公司只是由内部进行了验证确认，未重新提交 PPAP	1）安排 IPQC 每班执行制程巡检 2）在变更管理程序或表单中增加重新提交 PPAP 或承认书栏位

管理工具包

PPAP、CP。

通过认证所需的最低资料要求

控制计划和与其相关执行记录，产品和服务的放行程序，PPAP 批准全套资料，更改的控制程序与其相关记录（含更改后 PPAP 批准全套资料）。

61 全尺寸检验和功能试验

IATF 16949：2016 条款原文

8.6.2　全尺寸检验和功能试验

应按控制计划中的规定，根据顾客的工程材料及性能标准，对每一种产品进行全尺寸检验和功能验证。其结果应可供顾客评审。

注1：全尺寸检验是对设计记录上显示的所有产品尺寸进行完整的测量。

注2：全尺寸检验频率由顾客确定。

条款解析

按照公司制定的控制计划，依据顾客对材料及性能标准的要求，对每个顾客每个规格的产品进行全部尺寸、性能、功能、外观、包装、标识等检验。检验的结果应满足顾客要求，得到顾客的批准。也就是说，除各工序的产品、过程特性的监控要求外，全尺寸和全性能的监督需要列入控制计划中，应按要求的周期进行监控。当顾客要求提供资料时要必须提交，才能证明组织按控制计划执行。这其实就是要求组织定期做产品/制程的再承认。

全尺寸检验是指对图纸上标注所有产品尺寸进行测量。全尺寸检验的频率满足顾客规定要求。若顾客无要求，那么企业自行确定检验频率。

应用要点

1）具有设计职责的组织需把全尺寸检验及功能性试验纳入控制计划进行管控，并依据客户的工程材料及性能标准要求实施。

2）对各零部件、成品的图纸上标注的所有尺寸及相关的功能、性能进行测量，如耐久性测试、跌落试验等。全尺寸检验和功能试验的结果需提交客户批准。

3）全尺寸检验要按规定检验频率进行，如顾客有规定按顾客规定执行。

该条款存在的管理价值

由于生产过程设备可能逐渐磨耗、人员可能年龄渐增导致作业手法迟钝、供应商可能为了减低成本而做了变更，所以需要通过对产品定期进行全尺寸与全部性能的监测来确认是否仍与初期批准时处于相同的性能水平，确保变异被监测出。

该条款主要涉及哪些过程

产品和服务的放行、更改的控制、产品质量先期策划。

ISO/TS 16949：2009 条款内容

8.2.4.1　全尺寸检验和功能试验

应根据适用的顾客工程材料及性能标准，按控制计划的规定，对每一种产品进行全尺寸检验和功能验证。其结果应可供顾客评审。

注：全尺寸检验是对设计记录上显示的所有产品尺寸完整的测量。

新旧版本差异分析

条款精神相同，2016 版标准增加对检验频率的要求。

转版注意事项。

1）把全尺寸检验纳入控制计划中。

2）保留全尺寸检验、功能试验的相关记录。

汽车行业运用最佳实践案例

某注塑件制造厂按照顾客要求把某规格零件客供图纸的全部尺寸要求及功能要求列入公司的控制计划，并按照顾客规定的频率进行检验，保留了全尺寸检验及功能试验的相关记录。

组织运行时常见失效点及可能的应对措施

常见失效点	可能的应对措施
控制计划中未列入全尺寸检验和全部功能性试验的要求	流程标准化，在控制计划检查表中增加“是否有全尺寸检验与全部功能测试”的项目

管理工具包

APQP、CP。

通过认证所需的最低资料要求

全尺寸检验与全部功能测试的量产控制计划、全尺寸检验记录、功能试验报告。

62 外观项目

IATF 16949：2016 条款原文

8.6.3　外观项目

若组织制造的零件被顾客指定为“外观项目”，则组织应提供：

a）适当的资源，包括评价用的照明。

b）适当的颜色、纹理、金属亮度、织物结构、映像清晰度（DOI）和触感技术的原版样件。

c）外观原版样件及评价设备的维护和控制。

d）验证执行外观评价的人员有从事该工作的能力和资格。

条款解析

如果公司生产的产品被顾客指定为“外观件”，企业必须提供以下四方面的支持：

1）适当的资源，包括工作环境，需具备充足的照明资源来进行有效评价。

2）依据外观件的特性准备适合的原版样件以供比对判断，包括适当的颜色、纹理、金属亮度、织物结构、映像清晰度和触感技术等。

3）对外观原版样件及外观件评估设备进行维护、控制，以确保资源的有效性。

4）外观评估人员具备相应的能力，并经过资格认可才能从事外观件检验工作。

给顾客提交 PPAP 和“外观件批准报告”，经顾客批准后量产。

应用要点

1）理解“外观件”定义。并不是有外观检测要求的零件就是外观件，外观件是顾客指定的，“外观件批准报告”需经过客户批准。

2）“外观件”检验需建立检验流程和允收标准，并保留相关记录。

3）外观原版样件及评价用检测设备要按要求进行维护、控制。

4）从事外观评估的人员必须具备相关的资格，经过考核合格方可上岗。要形成人员技能图。

该条款存在的管理价值

确保外观件的质量管理，尽可能排除人员与设备所造成的变异，以维持一致的水平并满足顾客的要求。

该条款主要涉及哪些过程

产品和服务的放行、产品质量先期策划、PPAP 管理。

ISO/TS 16949：2009 条款内容

8. 2. 4. 2　外观项目

若组织生产的零件被顾客指定为“外观项目”，则组织应提供：

——适当的资源，包括评价用的照明。

——适当时，颜色、纹理、金属亮度、结构、映像清晰度（Distinctness Of Image，DOI）的标准样品。

——外观标准样品及评价设备的维护和控制；

——对从事外观评价人员的能力和资格的验证。

新旧版本差异分析

增加“触感技术”。

转版注意事项

组织要对顾客指定外观件有“触感技术”要求的进行识别并确保满足。

汽车行业运用最佳实践案例

某车灯制造厂，汽车大灯被顾客指定为“外观件”，公司对其建立检验流程和允收标准，保留外观原版样件，定期对检测设备进行维护、控制，外观检验人员经过培训经验证后满足要求。公司提交“外观件批准报告”经过顾客批准后再量产。

组织运行时常见失效点及可能的应对措施

常见失效点	可能的应对措施
1）未建立外观件检验流程及允收准则 2）从事外观检验的人员能力不足 3）未对外观件所需要的环境及设备进行定期监督与维护	1）所有检验工作都制定标准检验程序 2）检验程序中，定义各类型检验工作的人员资格要求 3）检验程序中，规定机器设备与作业环境的要求和监督维护机制。

管理工具包

人员技能图、AIAG MSA 手册。

通过认证所需的最低资料要求

外观检验人员资格认可记录（如培训记录、上岗证、人员技能图、GRR 等）、外观件检验流程、允收标准、检验记录、外观件批准报告、外观原版样件维护记录、外观件检测设备管理记录。

63 外部提供的产品和服务符合性的验证和接受

IATF 16949：2016 条款原文

8.6.4　外部提供的产品和服务符合性的验证和接受

组织应有一个过程来确保外部提供的过程、产品和服务的质量，可采用以下一种或多种方法：

a）接收并评价组织供应商提供的统计数据。

b）接收检验和（或）试验，如基于绩效的抽样检查。

c）结合可接受的已交付产品对要求的符合性的记录，由第二方或第三方机构对供应商现场进行评估或审核。

d）指定实验室的零件评价。

e）顾客同意的其他方法。

条款解析

在一个汽车零部件的生产制造或服务过程中，通常会涉及从外包方购入产品或者委托其承担贮存、物流、电子商务、计量、广告等服务。组织需要完整的识别外部提供方从输入到输出所有子过程涉及的“人、机、料、法、测”以及相关要求，尤其对零部件质量的影响十分重要时。因此标准除对提供的产品有具体要求外，也增加了对外部产品和服务的具体要求。对于产品和服务要求的验证和接受均可以使用一项或多项下列方法：

——取得外包方的有关产品和服务质量的统计数据，并对数据进行分析和评估；(如含有分布图或 Cpk 分析报告)。

——按照检验或试验的项目和抽样水平实施检验和试验。

——要求外包方提供质材、服务证明，或出厂（服务）的验证报告。

——如有必要，对外部提供方现场进行第二方、第三方的评定或审核。

——对于无法检测的项目，委托认可的实验室进行产品或服务评价。

——确保有效的进货（或服务）检验与试验（验证）或顾客现场验证等。

应用要点

该条款更加明确提出可以采用过程方法对外部提供的产品（包括服务在内）的符合性的验证和接受，并且需要从多个方面考虑，按照组织的实际情况明确这些要求。同时按照要求执行，并保留相应的符合性验证的记录。

该条款存在的管理价值

根据统计，组织内60%的质量问题来自供应商。为了保证外包方提供的产品和服务能满足顾客的要求并持续的供货和服务，标准明确指出产品和服务外包方都要纳入组织外部提供过程的管理范围，并提出对于产品和服务要求的符合性验证和接受可以通过一项或多项方法表明其满足能力。

该条款主要涉及哪些过程

供应商的管理过程、外部提供产品和服务的监控过程、进料检验过程、供应商审核过程等。

ISO/TS 16949：2009 条款内容

7.4.3.1　进货产品对要求的符合性

组织应有一过程来保证采购产品的质量（见7.4.3），可以采用下面一种或多种方法：

——组织接收统计数据，并对其进行评价。

——接收检验和（或）试验，如基于绩效的抽样。

——结合已交付产品对要求的符合性的可接受的记录，由第二方或第三方机构对供方现场进行评估或审核。

——由指定的实验室进行零件评价。

——顾客同意的其他方法。

新旧版本差异分析

2016版标准中主要新增了外部提供服务的内容，其他的条款在2009版标准中均有提及。

转版注意事项

在转版时需要确认目前实际运作中每个环节涉及服务提供的过程已全部被识别出来，并在现行的文件中对外部提供服务方的选择、评定、实施服务和监控服务涉及方法予以明确。特别是软件服务外包方还需要确认其开发能力，若组织没有确认其开发的能力，应委托有资质的机构予以验证和评价。

汽车行业运用最佳实践案例

某汽车零部件企业的一款汽车紧固件产品需要委外电镀。主机厂对产品表面处理要求为锌镍合金，其中明确镀层厚度需达到12～15μm。多功能小组立即组织相关人员展开讨论，识别与明确后续执行要求。在识别测试设备能力的过程中，发现镀层厚度需要用精密度很高的测试仪器来测试方能保证测试的准确性，而目前企业内部的设备无法满足这项测试要求，需要委托电镀厂测试。采购人员指令电镀厂提供电镀样件镀层测试数据报告和后续每批次的镀层测试报告，指定某第三方检测机构的检测报告作为权威结论，要求电镀厂提交的样件需获得该第三方检测机构的检测结果，且每季度提交一次第三方检测机构的检测报告。技术部在控制计划中也将这些要求予以文件化。

该外部电镀厂收到指令后对送来的电镀样件提交了内部镀层检测报告和指定的第三方检测机构提供的镀层测试报告，测试报告的结论均为合格。汽车零部件企业提交给主机厂的样件和 PPAP 文件均获得客户的认可。近 2 个月，外部电镀厂陆续送货 9 批次，均提供了镀层内部检测报告，发给客户货物没有收到任何投诉。

组织运行时常见失效点及可能的应对措施

常见失效点	可能的应对措施
1）外部提供产品和服务过程识别不完整 2）漏掉产品和服务的外包方供方系统管理 3）漏掉产品和服务的外包方能力验证和接受标准以及记录	1）组成多功能小组按汽车零部件形成涉及全过程流程走向逐项仔细核对 2）明确责任部门对外部提供方按供方管理程序作业并设定绩效评估指标阶段性考核

管理工具包

过程分析法、乌龟图、过程控制计划、头脑风暴、故障树分析法、多功能小组研讨会、案例分析、抽样方案、外部提供产品和服务清单、外部提供产品和服务合格外包方清单。

通过认证所需的最低资料要求

1）外部提供产品和服务符合性验证和接受过程乌龟图。

2）外部提供产品和服务检验和试验记录。

3）当组织能力不足时，委托外部机构和实验室评价的资质和评价记录。

4）顾客对外部提供产品和服务的现场验证要求和评价记录。

64 法律法规的符合性

IATF 16949：2016 条款原文

8.6.5　法律法规的符合性

在放行外部提供的产品进入生产流程之前，组织应确认并能够提供证据证明，外部提供的过程、产品和服务符合制造国以及顾客确定的目的国（如有提供）最新的适用法律、法规和其他要求。

条款解析

组织放行外部产品前必须遵守和符合产品生产和销售地政府、安全和环境保护部门的最新法规。为保证产品的法规符合性，外部提供过程或采购的产品、材料以及服务也应符合适用的生产和销售地政府、安全和环境保护部门的最新法规要求。这些要求可以体现在以下方面。

1）应收集、发放、培训、执行、更新有关的法规，通常应符合的法规包括：

——对产品或材料或服务涉及的搬运、再循环使用、收集或处置的规定，如危险化学品的使用、贮存和废弃物处置应按《危险化学品管理条例》进行。

——为预防污染和减少资源消耗而制定的法规，如汽车尾气排放法规等。

——为保证人体安全、环境及公共安全（包括用电安全、电磁辐射等）而由政府有关部门做出的强制性认证法规，如国外 RoHS 和我国的“3C”认证等。

2）可要求供方提供执行有关法规的证明，特别应注意符合产品销售国的法规。

应用要点

违反法律法规要求的产品一定不能销售，销售后一定会被要求全面召回。否则会造成组织巨额的财物损失与商誉伤害。

该条款更加明确提出对外部提供的不单单是产品，还应包括过程和服务在内的符合制造国和目的国法律法规最新要求；并且需要确认和验证制造国和目的国法律法规要求和实际提供过程、产品和服务的外包方能够满足要求的符合性证据。

需要在法律法规风险识别和应对措施文件中明确规定，对外部提供的过程、材料、产品和服务在制造国与输出目的国放行前要全部识别出政府、安全和环境保护部门的最新法规，应设计一份“产品（服务）制造国和输出目的国法律法规风险识别表”，销售人员接单时予以详细了解和评估并记录在该表上。对于有法律法规和其他要求的过程、产品和服务的，应该验证在制造国和输出目的国放行前已经满足要求和符合当地法律法规的要求。

该条款存在的管理价值

该条款的目的就是规避和防止外包方提供的产品（服务）违反生产和销售地区政府、安全和环境保护部门的最新法规要求。所以标准明确指出，外部提供的过程、产品和服务都应该满足生产与销售目的国最新法律法规要求，进一步防止不满足生产和目的国法律法规的过程、产品和服务输入。

该条款主要涉及哪些过程

法律法规符合性过程、采购过程、外部提供产品和服务符合性验证和接受过程。

ISO/TS 16949：2009 条款内容。

7.4.1.1　法律法规的符合性

用于产品而采用的所有产品或材料应符合适用的法规要求。

新旧版本差异分析

2016 版标准中新增了外部提供的过程、产品和服务符合制造国以及顾客确定的目的国（如有提供）最新的适用法律、法规和其他要求。

转版注意事项

对于此条款要求的法律法规在识别后的措施应在文件中明确，并保留相应的记录。

汽车行业运用最佳实践案例

某汽车零部件生产型企业由外部提供表面处理产品。销售人员接到客户试样要求时，协同技术部立即展开多功能小组作业，按照 APQP 运作要求进行产品先期策划，首先进行计划和确定项目，充分了解具体的产品要求（包括安全要求），以及该车型需要销售目的国（包括目的国法律法规和行业要求）后，立即展开设计和开发。客户特殊要求中明确提出该车型输出目的国为意大利，设计开发人员了解到意大利属于欧盟国家，其政府强制规定，输入产品必须要求相关零部件符合 RoHS 认证要求，并提供 RoHS 证书后才能入关销售。该汽车零部件生产企业对外部提供表面处理的五金铆螺母进行铅、镉、汞、六价铬、多溴联苯（PBB）、多溴二苯醚（PBDE）六种有害物质检测，以确定是否符合 RoHS 指令要求。技术人员根据这个原则在潜在失效模式和后果分析予以明确评价，在控制计划中也予以明确执行，提交 PPAP 前技术部将样件提交 SGS 检测机构进行检测并获得 RoHS 证书，以满足该产品输出目的国政府强制性认证法规要求。

组织运行时常见失效点及可能的应对措施

常见失效点	可能的应对措施
1）没有文件规定如何识别过程、产品和服务符合制造国以及顾客确定的目的国最新的适用法律、法规和其他要求 2）销售人员接单过程中没有充分识别甚至疏忽制造地与目的国最新的适用法律、法规和其他要求 3）对识别的过程、产品和服务符合制造国以及顾客确定的目的国最新的适用法律、法规和其他要求执行不完整，存在条款漏项	1）在公司体系文件中明确规定需要识别过程、产品和服务符合制造国以及顾客确定的目的国最新的适用法律、法规和其他要求 2）组织多功能小组在订单评审过程中反复核实制造地与输出目的国法律法规要求 3）设计一份“产品/服务制造地与输出目的国法律法规符合性检查表”，产品或服务输出前逐项确认和签字

管理工具包

过程分析法、乌龟图、过程控制计划、头脑风暴、故障树分析法、多功能小组研讨会、案例分析、外部提供产品和服务输出目的国法律法规识别清单、外部提供产品和服务输出目的国法律法规符合性检查表。

通过认证所需的最低资料要求

1）法律法规的符合性过程乌龟图。

2）在体系文件中明确对外部提供过程、产品和服务的制造国与输出目的国的法律法规识别、执行、确认符合性的规定。

3）外部提供产品和服务输出制造国与目的国法律法规识别清单。

4）产品（服务）输出制造国与目的国法律法规符合性检查表。

65 接收准则

IATF 16949：2016 条款原文

8.6.6　接收准则

接收准则应由组织确定，当被要求时，由顾客批准。对于计数型数据的抽样，其接收水平应是零缺陷（见第 9.1.1.1 条）。

条款解析

产品接收准则应是对产品放行的原则性要求，作为评定产品是否合格的依据。产品接收准则可以包括组织规定的产品质量特性、顾客要求，通常以产品检验标准（规范）的方式予以表述，如国家标准、行业标准或组织的内控标准等。在有些情况下，组织产品的设计文件、某些技术文件及相关技术条件等，也可以作为产品的接收准则依据。

顾客关于产品的特殊要求也属于规定的产品要求，也是产品接收准则的范围。这些顾客的特殊要求，有时可以超越推荐性产品标准的约束。

总之，接收准则的确定应在考虑到这些条件和背景后再根据实际运作评估出不同批量和样本的选择标准，最终直接遵循接收质量限（AQL）的判定原则。IATF 16949：2016 在接收准则中规定，当使用计数型数据抽样计划进行检验与试验时，其接收准则为零缺陷（C＝0）。也就是说只有抽样产品全部经检验且全部合格，整批产品才能被接收。

如果产品的检验与试验的接收准则不是零缺陷要求，应得到顾客的批准；建议在非抽样的下列情况时，接收准则采用零缺陷法：目视判定时、尺寸测量时、产品的功能与性能测试等。

应用要点

该条款首先明确组织对产品和服务的放行必须确定好接收准则，接收准则依据实际需求制定时需要得到顾客的批准。组织与顾客签订的产品销售合同中规定，顾客要求产品的某项指标严于国家标准、行业标准或组织的内控标准。如果组织向顾客提供的产品达到了相关产品的标准要求，但没有达到顾客在合同中提出的特殊要求，则这种产品仍属不合格产品。例如，某组织向顾客提供的作为某种化工原料使用的化工产品，顾客要求产品的某项指标必须低于国家标准、行业标准或组织内控标准，才能满足顾客的实际使用需要。在这种情况下，加工时需要调整某项工艺指标或某项原料配比，方可达到顾客要求。这时，产品的接收准则仍应以顾客的特殊要求为准。组织按顾客的特殊要求向顾客提供的产品，虽然没有达到推荐性的国家标准、行业标准或组织内控标准的要求，却满足了顾客关于产品合同的特殊要求。在这种情况下，组织向顾客提供的产品则不属于不合格产品。值得注意的是，在这种情况下的产品只能属于满足顾客特殊使用要求的产品，绝不可以转销，所以在应用过程中要具体考虑这些后选择接受水平，才能符合实际运作要求。

条款其次规定使用计数型数据抽样计划，其接收水平必须为零缺陷（通常采用 C = 0）。所以在策划时一定要紧扣这个指导原则，要以组织的实际运营能力为基础，不能脱离组织的实际能力。该条款在策划接收准则时需要同步考虑条款 9.1.1.1 的相关要求。

该条款存在的管理价值

该条款的目的就是为组织对产品和服务的放行提供相应的标准，这些标准可以判断产品和服务符合国家或行业要求并能够满足客户指定的特殊要求。而在接收准则中涉及计数型数据抽样，采取国际上惯用的抽样计划，判定的水平确定为零缺陷，规避和防止产品和服务抽样与判定出现随意性偏差。通过零缺陷标准差值反映客观的实际质量水准，一般为汽车行业所认可的普遍方法。

该条款主要涉及哪些过程

设计开发控制过程、生产件批准过程、采购过程、外部提供过程产品和服务符合性验证和接受过程、制造过程的监视和测量过程、SPC 过程、质量策划过程。

ISO/TS 16949：2009 条款内容

7.1.2　接收准则

组织应规定接收准则，要求时由顾客批准。

对于计数型数据抽样，接收水平应是零缺陷（见 8.2.3.1）。

新旧版本差异分析

此条款整体没有变化，只是在字眼上做了顺序调整。

转版注意事项

在转版时需要在体系文件中明确规定，通过识别客户要求，对产品形成的工艺流程予以充分且有序排列，同时对全部产品特性给予识别，并运用（FMEA）潜在失效模式和后果分析工具完整分析出产品特性的一般风险和关键风险，由此策划出控制计划。根据控制计划指明的产品特性和过程特性，明确它们的接收准则，准则中必须对产品（如外观、尺寸、性能或功能安全）给出接收的标准范围（含公差值），且准则中还应重点突出抽样和判定水平的要求。对于计数型数据抽样计划进行检验与试验时，其接收准则为零缺陷，如规定抽样为3%，1000 个零件抽了 30 个检验，发现有 1 个不合格，则应判为整批不合格或进行 100% 检验。当产品的检验与试验的接收准则不是零缺陷要求时，需要得到顾客的批准。

汽车行业运用最佳实践案例

某汽车零部件生产企业为主机厂提供一款铆螺母产品，用于汽车牌照的固定和锁紧。每台车需要4颗，月需求量为10万颗。根据这个基本需求情况，技术部组织质量人员首先对该客户需要使用的产品特性和过程特性充分了解和识别清楚，编制了检验规范，明确该产品的外观、尺寸、性能测试标准，在选择和确定抽样水平中考虑到该产品不涉及安全问题，且根据企业实际情况对检查费用进行评估，采取GB/T 2828规定的一般检查水平II级，即a = b；接收质量限选择AQL0.1。例如，该汽车零部件企业某月某日生产该款铆螺母500个，按照II级检查水平，查GB/T 2828表1的样本量码值为H，接收质量限选择AQL0.1，在GB/T 2828表3中，由样本量字码H所在行向左，与AQL = 0.1所在列的相交处查到↓。这表明，应使用箭头下所指的第一个抽样方案“125，0，1”，即n = 125，AC = 0，RE = 1。

组织运行时常见失效点及可能的应对措施

常见失效点	可能的应对措施
1）接收准则中漏掉新增产品的检验标准和判定要求 2）顾客对某个产品有特殊要求时没有及时更新检验标准和判定要求 3）产品的接受准则要求含糊不清，无法充分和满足特性能够得到接收的要求 4）计数型数据抽样，其抽样水平和判定水准没有按照策划要求实施 5）计数型数据抽样，其抽样水平和判定水准满足不了零缺陷要求时没有和顾客充分沟通和采取其他方式	1）多功能小组职责和作业指导书中明确规定当新开发和销售新增产品，或者客户中间提出产品特殊要求时必须重新识别风险和更新控制计划与检验标准 2）技术部和质量部门策划检验标准时采用小组会议反复预演后确定接收界限 3）日常执行抽样人员的数据报表采用电子共享，审批层发现问题及时纠正 4）多功能小组作业指导书中明确规定当产品满足不了零缺陷要求时需和顾客充分沟通和采取其他方式

管理工具包

FMEA、CP、PPAP、MSA、SPC、GB/T 2828.1—2003、GB/T 8054—1995、MIL - STD - 105E、MIL - STD - 1916。

通过认证所需的最低资料要求

与检验有关的作业程序、计数型的抽样计划，其接收准则需要呈现“0收1退”。

66 顾客的让步授权

IATF 16949：2016 条款原文

8.7.1.1 顾客的让步授权

无论何时，当产品或制造过程与当前批准的不同时，组织在进一步加工之前应获得顾客的让步或对偏离许可。

组织应在进一步加工之前，获得顾客对不合格品“照现状使用”和返修（见8.7.1.5）处置的授权。如果在制造过程中有子部件的再使用，应在让步或偏离许可中向顾客清楚传达该子部件的再使用。

组织应保持有效期限或让步授权数量方面的记录。当授权期满时，组织还应确保原有的或接替的规范与要求的符合性。让步的物料装运时，应在每个发运集装箱上做适当的标识（此要求同样适用于采购的产品）。

在提交给顾客之前，组织应批准由供应商所提出的请求。

条款解析

1）只要组织的产品或制造过程与 PPAP 批准的产品或过程不同，必须事先获得顾客让步或偏离许可批准（见生产件批准程序手册），此规定也适用于组织的采购产品。

让步是指对使用或放行不符合规定要求的产品的许可，通常仅限于在规定的时间或数量内及特定的用途，对含有限定的不合格特性的产品和限定的交付。

偏离许可是指产品实现前，对偏离原规定要求的许可，通常是在限定的产品或服务数量或期限内并针对特定的用途。

2）组织在进一步加工前，应向顾客提出让步或偏差许可的申请，只有获得顾客的授权批准后，组织才能“照现状使用”和进行返修处置。不合格产品的子部件如果在制造过程中再使用，组织也应该在让步或偏离许可申请时明确告知顾客。

在 2017 年 10 月 IATF 官方发布的最新更新及解释中，对此处标准内容进行了修改（SIs），即将原文的“返工”调整为“返修”，取消了针对返工需要得到顾客批准的要求，明确组织只有在让步和返修处置时需要得到客户的预先批准。因为返工后的产品是合格的，合格的产品直接放行是不需要顾客批准的，这样的修改使标准更符合实际运行。

这里，对已经实施 IATF 16949 的企业来说，需要针对上述要求同步更新。

3）组织一旦获得顾客授权，可“照现状使用”，或是偏差许可，或是返修处置等，必须保存顾客批准的记录。这里的记录包括授权的期限或数量方面的记录，同时组织在交付时要确保每个发运集装箱上做有效标识，以备后续的追溯。

让步和偏离许可术语定义的注里，都强调了在规定的时间或数量内，有可能规定一个月的期限，超过期限则将恢复原有的状态；也可能是从数量上有限制，如规定超出一万件恢复原有状态等。

在规定时间内完成相应整改，因为标准规定了当顾客授权期满，也就是在规定时间期限或一定数量后，组织必须确保产品或制造过程符合原有的 PPAP 批准的状态或接替的规范与要求。

在提交给顾客前，组织必须与供应商就供应商提出的请求达成一致。若供应商提出产品让步或偏差许可的请求时，组织应该在将产品提交给组织的顾客前，先批准供应商的请求；同样，供应商在交付给组织和组织在交付给组织的顾客时，要确保每个发运集装箱上做有效标识。

应用要点

1）只要组织的产品或制造过程与 PPAP 批准的产品或过程不同，就要事先获得顾客让步或偏离许可批准。

2）顾客授权申请，或是“照现状使用”，或是偏差许可，或是返修处置。

3）要保留有效期限或让步授权数量方面的记录。

4）让步的物料装运时，应在每个发运集装箱上做适当的标识，这同样适用于采购的产品。

5）在授权期间内完成相应整改。顾客授权期满时要确保产品或制造过程符合原有的或接替的规范与要求。

6）在供应商提出产品让步或偏差许可的请求时，要在产品提交给组织的顾客前先批准供应商的请求。

该条款存在的管理价值

此条款明确了不合格品和子部件的顾客让步授权管理要求，明确了顾客授权的方式、记录保存内容、标识要求、授权期满时的控制以及供应商让步授权管理等方面的要求，指导组织如何执行顾客的让步授权要求。

该条款主要涉及哪些过程

不合格品管理过程、顾客让步授权管理过程、PPAP 批准过程、标识和可追溯性管理过程、交付过程、纠正措施管理过程、供应商管理过程。

ISO/TS 16949：2009 条款内容

8.3.4 顾客特许

无论何时，只要产品或制造过程与当前批准的不同，在继续生产之前，组织应获得顾客的让步或偏离许可。

组织应保持授权的期限或数量方面的记录。当授权期满时，组织还应确保符合原有的或替代的规范和要求。经授权的材料装运时，应在每一集装箱上作恰当的标识。

此规定同样适用于采购的产品。在提交顾客批准前，组织应与供方就其提出的任何要求达成一致。

新旧版本差异分析

1）2016 版标准增加：组织在进一步加工前，应获得顾客的授权批准，才能对不合格品“照现状使用”和进行返修处置，并且子部件如果再使用，组织也应该在让步或偏离许可申请时清楚地传达给顾客。

2）2016 版标准更加明确：让步物料装运时，应在每个发运集装箱上做适当的标识的要求同样适用于采购的产品。

转版注意事项

1）顾客授权批准可以是“照现状使用”的让步接收，也可以是返修处置。返工后的产品是合格品，可以直接放行，不需要顾客授权批准。

2）不合格品的子部件再使用，要在让步或偏离许可申请时清楚地传达给顾客，组织不能自行内部进一步加工。

3）采购的产品让步装运时，也要在每个发运集装箱上做适当的标识。

汽车行业运用最佳实践案例

案例 1：组织被客户 PPAP 批准过的生产线 A，由于组织扩产导致产能严重不足，需要转移到生产线 B 生产。虽然 B 生产线有同型设备，但与当初 PPAP 批准的 A 生产线不同，所以组织需要事先取得顾客同意的授权，才可以在 B 生产线进行生产。

案例 2：若采购产品中，供应商 A 发生供应中断，影响到顾客交期，面临断货情况。此时组织应向客户申请在某段时间内的授权许可，才能更换为 B 供应商；在向客户提出申请前，应先有相关的测试记录，证明 A、B 供应商的材料差异不会影响交付产品性能。顾客批准，度过了这次供货危机后，组织要考虑今后如何避免这种供应中断的发生。如果这个供应商质量能力不足，组织制订供应商提升计划，并考虑备选供应商，进行新供应商的开发，以降低供应中断风险。

组织运行时常见失效点及可能的应对措施

常见失效点	可能的应对措施
1）让步接收的授权管理不严谨，导致让步随意 2）缺少记录 3）没有系统分析和改进 4）让步的物料装运时没有标识，不便于追溯和跟踪	1）要明确处理流程和处理权限 2）制定让步放行记录表 3）处理流程中增加分析改进活动并跟踪 4）完善标识管理规定，明确标识要求

管理工具包

FMEA、CP、标识管理、MRB。

通过认证所需的最低资料要求

不合格台账、不合格处置记录表、顾客的让步授权批准记录、供应商采购产品让步授权批准记录、内部让步授权记录等。

若发生返修，保留返修记录、返修指导书、返修过程的风险分析。

67 不合格品控制——顾客规定的过程

IATF 16949：2016 条款原文

8.7.1.2　不合格品控制——顾客规定的过程

组织应遵守顾客规定的适用的不合格品控制。

条款解析

如果顾客针对不合格品的控制提出要求，组织需要将这些顾客特殊要求整合完善到内部流程中，并保存相关记录。

此条款是新增内容。每个组织都有不合格品控制流程，但是控制方式和细化程度因组织而异，所以一些顾客就会有提出特别的控制要求，确保不合格品得到有效标识、隔离、处置，防止不合格品的流出和误用，否则组织和顾客都会承担风险。

应用要点

1）对顾客提出的不合格品控制要求组织要进行评审，并与组织的流程进行差异分析，将顾客的要求整合完善到内部流程中加以落实。

2）对不合格品标识、隔离、处置等控制方法，如果顾客有特别的控制要求，须采纳顾客的要求。

该条款存在的管理价值

此条款强调对顾客控制要求的遵守和落实，通过重新评审、梳理、细化和完善组织的内部控制流程和方法，使不合格品得到有效控制，避免不合格品的流出和误用，降低了组织和顾客的风险。

该条款主要涉及哪些过程

不合格品管理过程、标识和可追溯性管理过程、纠正和预防措施管理过程。

ISO/TS 16949：2009 条款内容

无。

新旧版本差异分析

本条款为 2016 版标准新增内容，强调顾客规定的控制要求的遵守。

转版注意事项

识别顾客关于不合格品控制的特定要求并进行评审，将顾客对不合格品控制的要求与内部流程进行整合，采纳顾客要求的控制方式和控制方法。

汽车行业运用最佳实践案例

1）不合格品返工，通常会根据产品的特点规定哪种类型的不合格品可以返工，哪种类型的不合格品不可以返工，哪些可以返工但要对允许的返工次数做出要求等。

2）不合格品的隔离，隔离容器或隔离区域通常有红色标识。对于小型零件，通常会使用设计为只能放入不能随意拿取形式的箱子，或箱子可上锁；对大件零件，通常是单独的房间或有栅栏隔离区域，有锁，同时规定只有授权人员才有权限开箱或进入隔离区取出不合格品进行处理等。

3）不合格品的标识，有使用红色的标签，或直接在零件上做出标记，以区分与正常产品的差异。

4）通常不合格品需要报废，并在报废前使不合格品失去功能等。

组织运行时常见失效点及可能的应对措施

常见失效点	可能的应对措施
1）不合格品没有标识或没有隔离，导致不合格品混入正常产品中 2）不合格品处置随意 3）不合格品返工没有明确要求，如返工条件不清晰、没有返工作业指导书等	1）完善不合格品控制流程，包括标识、隔离和处置方法及要求 2）对不合格品返工制定作业指导书，明确返工条件和返工方法以及再检验要求等

管理工具包

标识管理。

通过认证所需的最低资料要求

顾客关于不合格品控制特定要求清单、不合格品控制流程（满足顾客特定要求）、现场不合格品管理状况（如标识、隔离以及处置情况、不合格品清单）、不合格处置记录表。

68 可疑产品的控制

IATF 16949：2016 条款原文

8.7.1.3　可疑产品的控制

组织应确保处于未经标识或可疑状态下的产品被归类为不合格品进行控制。组织应确保所有适当的制造人员都接受了关于可疑产品和不合格品遏制的培训。

条款解析

1）未经标识或过期，或者状态不明的可疑产品，不管在任何地方，一经发现，组织应统一归类为不合格产品进行控制。这里所说的控制包括对不合格品的标识、记录、评审、隔离和处置，以防止不合格品的非预期使用或安装、发运。同时需要量化和分析不合格品，建立优先减少计划，并跟踪计划的进展和落实情况。

2）标识，要求是可视化的标识，对所有的不合格品或可疑状态的产品、材料、以及待验区域等都要进行可视化的标识。

3）隔离，要做到非授权的人员不能拿到，如设置单独的隔离区域，区域封闭上锁，专人管理等。

4）需要规定对不合格品评审的职责和处置的权限，评审后可能出现以下结果：①返工，以达到规定的要求；②拒收或报废；③在顾客授权下返修或不经返修的让步接收；④必须顾客提前批准的降级改作他用等。

5）确保所有适当的制造人员都接受了可疑产品和不合格品遏制的培训。

6）要了解产品特殊特性、产品安全相关知识，了解产品要求与失效的后果，要知道遇到不合格品时应该如何标识、如何隔离，要清楚不合格品遏制流程和问题升级流程，要清楚顾客对不合格产品控制的特殊要求等。

应用要点

1）不合格品包括处于未经标识或过期，或者状态不明的可疑产品。

2）要对所有适当的制造人员进行培训。

3）可疑产品和不合格品遏制的培训应列为制造、检验相关人员的通识训练（或必要的基本训练项）。

该条款存在的管理价值

此条款明确了不合格品的范围和要进行可疑产品和不合格品遏制培训的要求，这是不合格品控制的基础，让一线员工有认知是组织的责任。问题往往来自一线员工的疏忽或是认知不足。要确保相关人员都知道对不合格品的处理要求和不合格品遏制流程，才能够降低不合格品非预期使用或安装的风险。

该条款主要涉及哪些过程

培训过程、不合格品管理过程、标识和可追溯性管理过程、不合格品遏制流程、纠正和预防措施管理过程等。

ISO/TS 16949：2009 条款内容

8.3.1　不合格品的控制（补充）

状态未经标识或可疑的产品，应归类为不合格品（见7.5.3）。

新旧版本差异分析

2016版标准增加了控制未经标识或可疑产品的要求，要确保所有适当的制造人员都接受了可疑产品和不合格品遏制的培训。

转版注意事项

要注意对可疑产品和不合格品遏制进行培训的要求，保留培训记录，同时确认培训需求或培训计划中有无此内容。

汽车行业运用最佳实践案例

1）某产品由于体积小，无法在产品上进行标识，所以它的标识是在外箱上。在进入生产线前，操作人员拆了外箱，但由于现场5S管理差，与其他同类产品混在了一起，没有作好相关的记录，也没有立即分隔开，以致于要使用时无法分辨，这些就要视作可疑品。先作为不合格品进行整体隔离，再由授权人员判定做后续的处置后，才可以放行使用。

2）某产线的地面上发现一件产品，应先放入不合格品的盒子中，再由授权人员处置，而不能直接当作合格品放行使用。

组织运行时常见失效点及可能的应对措施

常见失效点	可能的应对措施
1）对可疑产品或状态不明的产品没有归类为不合格品进行控制 2）没有对不合格品遏制进行培训 3）与产品生产相关的制造人员和现场物流人员没有全部经过了不合品的培训 4）不合格遏制不足，有流入顾客处的情况	1）文件明确要求并培训，同时关注现场落实情况，建立现场监督检查机制 2）可疑品和不合格品培训进行策划，编制培训教案，对培训内容进行评审 3）将不合格品培训内容作为员工岗位要求 4）建立不合格品遏制检查表，以防止遏制范围识别不足

管理工具包

检查表、标识颜色管理、培训矩阵。

通过认证所需的最低资料要求

培训及考核记录、查看现场可疑品和不合格品的标识和隔离实施情况、不合格品清单及处置情况记录。

69 返工产品的控制

IATF 16949：2016 条款原文

8.7.1.4 返工产品的控制

组织应在决定对产品进行返工之前，利用风险分析（如 FMEA）方法来评估返工过程中的风险。如顾客有所要求，组织应在开始产品返工之前获得顾客批准。

组织应有一个形成文件的符合控制计划的返工确认过程，或者其他形成文件的相关信息，用于验证对原始规范的符合性。

包含了重新检验和可追溯性要求的拆卸或返工指导书，应易于被适当的人员取得和使用。

组织应保留与返工产品处置有关的形成文件的信息，包括数量、处置、处置日期及适用的可追溯性信息。

条款解析

1）返工是指为使不合格产品符合规范要求而对其采取的措施，返工的目的是使不符合要求的产品符合要求。

2）在返工拆卸和返工作业过程中，可能会产生次生故障，所以产品返工之前要对控制计划中所述特性的每个可能返工过程进行风险分析和控制。通常使用 PFMEA 分析法识别返工相关的风险，针对返工可能存在的风险进行分析，确定控制措施，以消除或降低这些返工带来的风险。

3）当顾客有要求时，在返工作业正式实施前应经过顾客的批准。

4）FMEA 和控制计划需要包含返工的流程。在 FMEA 分析中确定的返工过程控制要求，要落实到 CP、SOP 中。产品返工完毕后，需要有一个再确认的过程，要求返工后的产品符合控制计划的要求。或者符合原始规范的要求，提供产品和返工过程符合要求的确认证据。

5）要确保返工产品要有相应的拆卸或是返工作业指导书，并且返工作业指导书要放置在返工工作区域，并易于操作和检验人员获取和使用。

6）编制拆卸或返工作业指导书，要包含对返工产品重新检验的要求。作业指导书的内容，可以包含返工条件（控制计划中可返工的产品特性）、返工作业要求（拆卸要求和返工作业方法等）、允许的返工次数、可追溯性要求（如返工标识、返工可追溯性记录等）。

7）返工作业指导书要放置在返工工作区域，并易于操作和检验人员获取和使用。

8）所有返工产品要保留相应的返工原始记录，包括返工产品数量、处置方法、处置日期等可追溯性信息。

应用要点

1）安全件和关键功能件不建议返工，未知风险大，要特别注意。

2）要做风险分析，对每个可能的返工风险进行分析和控制，在此基础上制定返工控制计划和作业指导书。

3）组织在决定对产品进行返工前，如顾客有要求，应获得顾客批准才能进行。

4）返工作为生产过程，需增加到生产流程图中。FMEA 和控制计划中要包含返工的流程，在 FMEA 分析中确定的对返工过程的控制要求，要在 CP、SOP 中落实，对于每个返工过程要制定作业指导书。

5）返工必须进行重新检验验证，确保符合要求，才能准许放行。

6）返工产品要有必要的标识，返工产品检验合格后可直接入库。

7）要保留返工记录，包括可追溯性内容的记录。

8）返工人员要有资格确认记录。

9）相关人员在返工区域易于取得和使用返工作业指导书。

该条款存在的管理价值

返工过程控制是组织不合格品控制的重点，它最后输出的是产品，所以对返工过程的策划和控制尤为重要。

另外，返工过程较正常生产的作业过程增加了一些需要控制的过程，如返工品发料、返工品拆封、返工品标签处理等，这些都可能导致新的风险产生，因此新版条文有了更严谨的返工要求。

该条款主要涉及哪些过程

风险分析过程、标识和可追溯性、顾客通知过程、过程确认过程、文件和资料管理过程

ISO/TS 16949：2009 条款内容

8.3.2　返工产品的控制

返工指导书，包括重新检验要求，应易于被适当的人员得到并使用。

新旧版本差异分析

2016 版标准更增加了返工产品的控制范围，包括顾客批准、风险评估、返工确认、可追溯性和保留文件化信息。

转版注意事项

事先与顾客沟通，顾客是否要求对返工过程进行批准。

在内部策划时，要对照控制计划中所述特性的每个可能的返工过程进行风险分析

和控制，继而完成 FMEA、CP、SOP 文件的制定。

汽车行业运用最佳实践案例

1）某个喷涂过程，作业指导书中规定发生某种失效的情况可以返工补喷涂以及如何返工的操作方法，同时规定可以返工 2 次。但由于没有明确要求对返工后的产品进行标识，无法追溯产品返工的次数，导致喷涂返工次数超出规定要求，喷涂返工质量无法保证。

2）生产线发生某种产品失效的情况，由于没有事先进行风险分析和返工确认，擅自决定返工，在零件拆卸过程中，拆卸方法错误造成大量产品报废。

组织运行时常见失效点及可能的应对措施

常见失效点	可能的应对措施
1）FMEA 和控制计划没有返工流程 2）返工作业没有规定在作业指导书中 3）返工作业指导书没有重新检验的要求 4）返工作业不固定，人员在工作区无法易于取得作业指导书 5）没有保留返工相关记录	1）在产品过程策划时，同步进行返工作业的策划和分析，完成策划输出流程图、FMEA、CP、SOP 2）标准化返工作业指导书内容 3）设置返工区域，返工作业指导书中明确 4）过程策划时同步输出返工记录要求

管理工具包

FMEA、CP、SOP、标识管理。

通过认证所需的最低资料要求

返工作业须纳入 FMEA 与 CP 中，同时备有返工的 SOP 及人员培训记录；不合格品清单及处置情况记录；返工品的验证记录和追溯方法；申请客户批准的记录（如需要）。

70 返修产品的控制

IATF 16949：2016 条款原文

8.7.1.5　返修产品的控制

组织应在决定对产品进行返修之前，利用风险分析（如 FMEA）方法来评估返修过程中的风险。组织应在开始产品返修之前获得顾客批准。

组织应有一个形成文件的符合控制计划的返修确认过程，或者其他形成文件的相关信息。

包含了重新检验和可追溯性要求的拆卸或返修指导书，应易于被适当的人员取得和使用。

组织应获得顾客对待返修产品的形成文件的让步授权。

组织应保留与返修产品处置有关的形成文件的信息，包括数量、处置、处置日期及适用的可追溯性信息。

条款解析

返修是为使不合格品满足预期用途而对其采取的措施。

当产品出现缺陷时，需要对产品进行评估是否需要返修。如从返修的复杂程度、风险影响和成本角度等方面评估无法返修或返修成本过高，则不进行返修，由相关部门申请报废；若评估后需要返修，则需组织相关部门对返修过程进行风险分析，从 5M1E 的角度来评估返修可能出现的风险，可能对其他因素造成的影响，可能产生的新的风险等；可以考虑在 FMEA 中增加返修过程的失效分析。

组织应将评估返修可能产生的结果及对顾客的影响通知顾客，并在获得顾客批准后实施返修。顾客批准可以是邮件也可以是文件形式的让步授权书。

Control of reworked product 返工/返修产品的控制

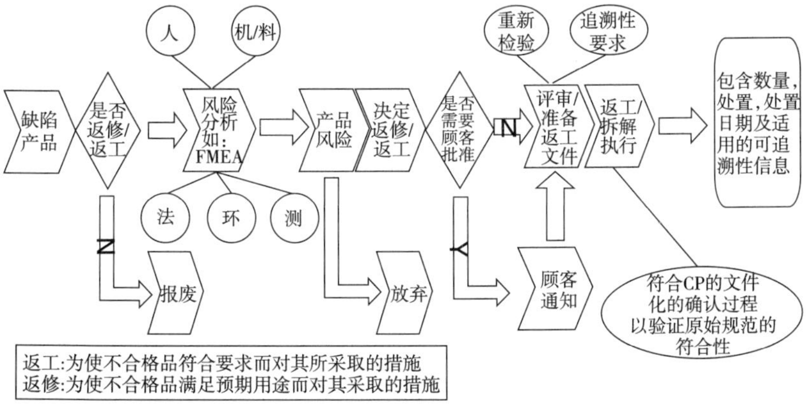

确定实施返修后，组织需要评审和准备相关的返修文件。根据 FMEA 中增加的对返修过程的风险分析和失效影响，在控制计划中增加相应的控制措施，同时根据返修的复杂程度制定相应的返修作业指导书。返修作业指导书中的返修方法要和控制计划中要求一致，包含数量、处置、处置日期及适用的可追溯性信息。

返修作业指导书由工艺工程师制作完成，经相关部门确认后下发到返修工位执行，返修后的产品需经检验人员重新检验。

应用要点

在实际工作中企业一般都会遇到返修的情况，过程检查发现不合格产品，顾客退回的不合格产品，为降低浪费经评估可以进行返修时，要依照上述步骤进行。

在实际执行返修前，在 FMEA 中增加返修的风险分析，并把返修过程体现在 CP 中，备妥返修 SOP。虽然过程内的返修如果没有功能影响一般是不通知顾客的；但 2016 版标准强制要求任何反修作业需要事先取得客户同意。对于顾客反馈的不合格退货经评估可以返修时应征得顾客同意，经返修后的产品要再次验证合格后方可放行。获得顾客让步接收授权后发送，同时应特别标识此批返修产品。

该条款存在的管理价值

从企业生产成本考虑，对于过程中的不合格品和顾客退货的不合格品进行返修每个生产型企业都会遇到。本条款明确规定了返修时的要求和实施方法，准确理解和执行本条款规定的返修流程可以有效地降低损失和避免顾客投诉的风险。

该条款主要涉及哪些过程

制造过程设计输出、标识和可追溯性、不合格输出的控制、返修产品控制、顾客通知、记录的保存。

ISO/TS 16949：2009 条款内容

无。

新旧版本差异分析

本条款为 2016 版标准的新增条款。2009 版标准未明确返修产品的控制，将其统一在条款 8.3 中，包括了过程中不合格品和返工、返修等所有不合格品的处理。2016 版标准单独将对返修产品的控制和要求从不合格品处理条款中提取出来，更有利于企业明确对返修产品的管理方法，有效降低生产损失。

转版注意事项

对于本条款转版时可考虑制定返修处理流程文件，明确返修的实施要求和方法，并符合控制计划中对返修过程的控制，同时建立返修指导书，明确返修的要求和相关信息。

汽车行业运用最佳实践案例

1）企业生产汽车线束产品，当总成线束完成后经导通检查发现有线路错误，检查人员会拿到专门的剔端子工位进行返修，返修时可能会去除原有端子重新铆接，此时要评估返修部分的尺寸是否影响安装。公司设立了专门的剔端子工位，制作了返修指导书，设立专人进行剔端子作业。返修后需要进行重新导通和外观检查合格后方可装箱入库。这类返修一般在公司内完成，因没有功能偏差一般不需要通知顾客。

2）某散热器厂成品水压测试时发现有渗漏现象，进行全检后对所有渗漏产品进行补焊，补焊后并未再次进行水压试验，而直接包装与其他同批未补焊产品一起入库，随后按订单交期发运，也未告知顾客本批产品是经过补焊返修得到顾客批准。产品到顾客处组装后检查漏气，造成整批退货并产生大额索赔。而该公司检验规程中规定，检查如出现渗漏，操作者应进行补焊返修处理，然后重复试压检查，直至无一点渗漏为止。

组织运行时常见失效点及可能的应对措施

常见失效点	可能的应对措施
缺乏返修的 PFMEA、管制计划或 SOP	在申请返修的表单上增列返修的风险（PFMEA）、CP 和 SOP 确认栏

管理工具包

FMEA、CP、SOP、标识管理。

通过认证所需的最低资料要求

返修的 FMEA、返修的 CP、返修评审表、返修作业指导书、返修记录、申请客户批准记录。

71 顾客通知

IATF 16949：2016 条款原文

8.7.1.6　顾客通知

当不合格品被发运时，组织应该立刻通知顾客，初始通知应随附事件的详细文件。

条款解析

当产品已经发货或已经交付到顾客后发现了不合格，此时应立即通知顾客，包括产品信息、发货日期、数量、发货批次、不合格内容和影响程度，以及发货批次产品的处置方式和现场同批次产品的处置方式等。

应用要点

企业在运营中如果在发货后才发现不合格品，此时应立即联系顾客沟通发货批次的不合格情况和紧急应对措施，防止不合格品混入顾客现场和误用，造成客户抱怨和索赔。

该条款存在的管理价值

不合格品未及时发现而发货在任何企业都可能发生。本条款对不合格发货后的管理可以有效地避免对顾客及组织造成更大的损失。

该条款主要涉及哪些过程

交付后的活动、产品和服务的放行、不合格品的控制——顾客规定的过程。

ISO/TS 16949：2009 条款内容

8.3.3　顾客告知

一旦发生不合格品被发运时，应立即告知顾客。

新旧版本差异分析

2016 版标准中对于客户告知增加了“初始通知应随附事件的详细文件”这一要求，更明确指出发生不合格品发运时，组织需采取的具体措施。

转版注意事项

本条款转版时无增加的文件化信息要求。需要关注的是在发生不合格品发运时不是简单地告知顾客，应将本批次不合格品的信息尽可能全面地通知到顾客，以便于快速做出补救措施。

汽车行业运用最佳实践案例

某冲压件企业在生产时由于冲头折断未及时发现，有一批产品中混入漏冲孔零件而未检验出来，已经发货到主机厂。企业发现不合格品后立即封存了现有库存，并立即邮件发送所有顾客处采购部门和相关联络人，包括产品信息、发货日期、已发批次数量、批次、不合格原因、物流联络方式等信息，通知顾客采购方货到后及时隔离全数退回，并同时补发了一批经检验确认合格的产品，确保了客户端的正常生产周期。

组织运行时常见失效点及可能的应对措施

常见失效点	可能的应对措施
1）发生不合格发运时未及时通知顾客 2）通知顾客时信息描述不全面 3）需要通知的顾客不全面，不能完全监控本批次不合格品	1）指定专职客户质量对应人，发生任何阶段不合格需通知顾客时负责与顾客沟通 2）设定顾客通知模板，列出所有需通知信息明细，使用模板填写对应信息；包括需通知客户相关部门

管理工具包

8D、5W2H 分析法。

通过认证所需的最低资料要求

是否发生过不合格品发运，不合格品发运时顾客通知的记录和信息化证据。

72 不合格品的处置

IATF 16949：2016 条款原文

8.7.1.7　不合格品的处置

组织应有一个形成文件的过程，用于不经返工或返修的不合格品的处置，对于不符合要求的产品，组织应验证待报废产品在废弃之前已被变得无用。

若无顾客事先批准，组织不得将不合格品用于服务或其他用途。

条款解析

不合格品是指企业生产的产品中不符合质量标准的产品，它包括废品、返修品和超差利用品三类产品。

本条款的主要目的是要求组织明确不合格品中报废品的处理，经验证确认不能再使用的产品要予以报废。

对于经返修可利用或特采的不合格品，组织应向顾客申请并得到顾客批准后才可以交付或作为其他用途。

应用要点

对于无法返工、返修的不合格品一般会以待报废品的名义加以隔离，等待回收或销毁处理及销账。但为避免被偷卖、偷用或转卖等，应该对该待报废品予以破坏到不能使用的程度。

该条款存在的管理价值

本条款规范了不合格品的处置要求，避免不合格品输出和非预期的使用对顾客及组织造成更大的损失。同时，要求对废品的处理方式可以避免废品被有意或无意的流入市场中（如偷卖、转卖等），造成客户及使用者的应用困扰及企业的商誉损失。

该条款主要涉及哪些过程

标识和可追溯性、不合格输出的控制、返修产品控制、顾客通知。

ISO/TS 16949：2009 条款内容

8.3　不合格品的控制

组织应确保不符合要求的产品得到识别和控制，以防止其非预期的使用或交付。应编制形成文件的程序，以规定不合格品控制以及不合格品处置的有关职责和权限。

适用时，组织应通过下列一种或几种途径处置不合格品：

a）采取措施，消除发现的不合格品。

b）经有关授权人员批准，适用时经顾客批准，让步使用、放行或接收不合格品。

新旧版本差异分析

此条款为2016版标准新增条款。2009版标准未单独提出对于不合格品的处置，将其统一在条款8.3中，包括了过程中不合格品和返工、返修等所有不合格品的处理。2016版标准单独将不合格品的处置加以说明，更有利于企业明确对不合格品的控制和防止不合格品的非预期使用。

转版注意事项

本条款从体系运行角度考虑，组织应建立不合格品处理流程，在流程中要包含对不合格品的定义、分类和处理方法，并明确客户批准的要求。同时也要规定如何使待报废品变得不可用的处置方式。

汽车行业运用最佳实践案例

某企业在生产冲压件过程中产生了数件不合格品，在班后联系检查人员进行判定，有外观缺陷和尺寸不良。对于尺寸不良品检验人员判定无法返修和特采，通知生产部门进行报废处理。对于待报废品，车用金属件通常用喷红漆的方式处理，电子产品则以砸坏来处理。

对于外观不良品通知生产部门返修后让步接收，并由质量部门提前向主机厂申请，说明了不良原因和返修状态，得到顾客批准后才安排发货。

组织运行时常见失效点及可能的应对措施

常见失效点	可能的应对措施
不合格品处理程序缺乏待报废品处理规则，实际报废处置时也未按要求执行	待报废品签核单加注处置要求确认栏位

管理工具包

8D、标识单、特采申请、返修流程、FMEA、报废品处理单。

通过认证所需的最低资料要求

不合格处理程序中有符合本条款要求的报废品处置规则，及待报废品按此要求执行的证据。

73 监视、测量、分析和评价

IATF 16949：2016 条款原文

9.1 监视、测量、分析和评价

9.1.1.1 制造过程的监视和测量

组织应对所有新的制造（包括装配或排序）进行研究，以验证过程能力，并为过程控制提供附加的输入，包括有特殊特性的过程。

注：在一些制造过程中，可能无法通过过程能力证实产品的符合性。对于这些过程，可采用替代的方法，如批次对规范的符合性。

组织应保持由顾客零件批准过程要求所规定的制造过程能力或绩效。组织应验证已实施了过程流程图、PFMEA 和控制计划，包括遵守规定的：

a）测量技术。

b）抽样计划。

c）接收准则。

d）计量数据实际测量值和（或）试验结果的记录。

e）当不满足接收准则时的反应计划和升级过程。

应记录重要的过程活动，如更换工具或修理机器等，并将其当作形成文件的信息予以保留。

组织应对统计能力不足或不稳定的特性启动已在控制计划中标识，并且经过规范符合性影响评价的反应计划。这些反应计划应包括适当时的产品遏制和100%检验。为确保过程变得稳定且有统计能力，组织应制定并实施一份显示明确进度、时程安排和指派责任的纠正措施计划。当被要求时，此计划应由顾客评审和审批。

组织应保持过程变更生效日期的记录。

9.1.1.2 统计工具的确定

组织应确定统计工具的恰当使用。组织应验证产品质量先期策划（或等效策划）过程中包含了适当的统计工具，作为策划的一部分，并且适当的统计工具还包含在设计风险分析（如 DFMEA）（适用时）、过程风险分析（如 PFMEA）和控制计划中。

9.1.1.3 统计概念的应用

从事统计数据收集、分析和管理的员工应了解和使用统计概念，如变差、控制（稳定性）、过程能力和过度调整后果。

条款解析

原文中有 6 处“组织应……”，简要摘录如下：

1）组织应进行过程研究。

2）组织应保持制造过程能力或绩效。

3）组织应验证：a）测量技术；b）抽样计划；c）接收准则；d）计量数据实际测量值和（或）试验结果的记录；e）当不满足接收准则时的反应计划和升级过程。

4）组织应记录过程活动。

5）组织应启动反应计划。

6）组织应保持记录。

从上述内容可以清晰地看出条款 9.1.1.1 的实施流程及要求。

排序：简单的理解就是生产工序，是和流程图对应的。如同将原来工序不同的两个或多个过程分析后重新排序，达到二合一、三合二或三合一的效果，减少重复等待时间，降低人工成本、工序间等待时间，最终提高过程能力。

批次对规范的符合性：意思就是生产过程中每个生产批次是否符合检验标准的要求。例如，一个月能够生产 100 个批次，月底总结时统计，有 99 个批次是合格的，那么批次对规范的符合性（率）就是 99%。这个是要定个目标的，如符合性大于 98%。就像 SPC 要大于等于 1.33 一样。

先对过程进行研究，然后保持顾客所规定的过程能力或绩效，对信息进行验证，继而记录过程活动，对不满足的启动反应计划，最终保持记录。

统计工具要恰当合理地使用，需要组织“确定”。

统计工具要包含在 APQP、DFMEA、PFMEA 和 CP 中，需要组织“验证”。

相关统计工作的员工需要了解和使用统计概念。

☞ 应用要点

条款 9.1.1.1 的适用范围和内容界定后，实施方法就容易确定了，通常采用的监视和测量方法如下。

1）过程验证。过程验证的方法很多。在制造业，每一道工序就是一个过程，有些过程只涉及一道工艺。验证方法主要有：

①工艺试验。如装配过程中的螺丝锁付工艺，先拟订方案，然后按照方案进行螺丝锁付，最后进行各种试验（如扭力测试、应力测试），评定工艺方案的合理性和正确性。

②过程能力及其指数测定。在制造业，一般将产品生产过程的过程能力称为工序能力。工序能力反映了该工序在“人、机、料、法、环、测”受到管理和控制时的实际加工能力。可以参考 AIAG 的《SPC 手册》去评估过程能力。

非定量过程的过程能力指数（或工序能力指数）Cpk 的计算公式为

$$Cpk = 过程结果的评定/过程所策划的目标$$

计算过程能力和过程能力指数，要收集、整理有关该过程质量特性值的数据，所以需要运用统计技术。计算出 Cpk 后，就能评价过程满足产品规定要求的能力了。过程处于不稳定状态，容易出现不合格。这时，必须分析原因，采取纠正措施以提高过程能力。

特别要提醒的是，只有稳定受控的过程才能去评估能力，一个不稳定的过程首先要改进，使之稳定后再评估。

③首件检验。每一批产品在加工每一工件时，对每一个加工过程都要进行检验，以有效防止成批产品出现不合格。相对于工序能力指数测定而言，这种监视和测量方法只是初步鉴定过程的能力，通常还要安排中检和终检。

2）统计过程控制（SPC）。这种方法主要是在生产过程中采集数据，制成控制图，以及时发现过程失稳的征兆，及时采取纠正措施消除不稳定因素。该方法将证实过程能力、报警和采取纠正措施紧密结合起来，对确保产品符合性作用重大。

3）产品验证。通过试生产首件样品，证实这种产品设计、工艺设计的合理性和过程能力是不少企业采取的做法。

有些企业为了证实其设计、加工的工装模具能否在生产过程中保证产品质量，往往对该工装模具加工的少量产品进行检验后予以验证。这也是一种对过程能力的产品验证方法。

还有许多“制造过程的监视和测量”的方法，如过程有效性评价、工艺检查等。

条款 9.1.1.2 强调的是“恰当”“适当”。只有“恰当”使用了“适当的”统计工具，才能确保监视和测量的结果有效，即符合 9.1.1 b）中方法的符合，从而做出正确的分析和评价。

该条款存在的管理价值

“制造过程的监视和测量”是“监视、测量、分析和评价”的基础和核心。

1）过程监视和测量的重点应是产品实现过程。从证实过程能力的角度进行监视和测量，从而控制过程质量，确保产品的符合性以达到确保产品符合性的目的，进而达到顾客满意的目的。

2）所选择的监视和测量方法应能证实过程能力。

3）真正体现了“质量控制在源头”“产品质量是设计出来的，产品是制造出来的”等基本的质量理念。

从管理角度讲，“统计工具的确定”是“监视和测量”到“分析和评价”道路。组织应找到一条正确、精简的道路，这样才能准确地到达目的地“分析和评价”。

“统计工具”是武器，那么“统计概念的应用”就是使用统计工具的说明、方法，只有掌握了“统计概念的应用”才能更好地发挥武器“统计工具”的最大威力。

一个合适和恰当的统计工具，会像阳光一样在一片晦涩的文字描述中给出指引，帮用户快速发现问题点和重要点，有助于整个组织效率的提升和措施方向的有效。

该条款主要涉及哪些过程

COP 生产控制过程、SP 过程审核过程、SP 统计分析过程、SP 变更管理过程、MP 数据统计过程（绩效统计过程）、COP 产品质量先期策划过程、COP 潜在失效模式分析及控制计划过程（包含 DFMEA 和 PFMEA）。

ISO/TS 16949：2009 条款内容

8.2.3.1　制造过程的监视和测量

组织应对所有新的制造过程（包括装配和排序）进行过程研究，以验证其过程能力并为过程控制提供附加的输入。过程研究的结果应形成文件，适用时，包括生产、测量和试验方法的规范及维护指导书。这些文件应包括制造过程能力、可靠性、可维修性和可用性的目标及其接收准则。

组织应保持顾客零件批准过程要求中规定的制造过程能力或性能。组织应确保实施控制计划和过程流程图，包括符合规定的：

——测量技术。

——抽样计划。

——接收准则。

——当未满足接收准则时的反应计划。

应记录重要的过程事件，如更换工装、机器修理等。

组织应对统计能力不足或不稳定的特性启动控制计划中的反应计划。适当时，反应计划应包括对产品的限制和100%检验。为确保过程变得稳定和有能力，组织随后应完成明确进度和责任要求的纠正措施计划。要求时，此计划应与顾客共同并经顾客批准。

组织应保持过程更改生效日期的记录。

8.1.1　统计工具的确定

在质量先期策划中应确定每一过程适用的统计工具，并应包括在控制计划中。

8.1.2　基本统计概念知识

整个组织应理解和使用基本统计概念，如变差、控制（稳定性）、过程能力和过渡调整。

新旧版本差异分析

新增内容：

1）增加了“包括有特殊特性的过程”，此处强调了为过程控制提供附加的输入，包括特殊特性的过程。

2）增加了“注：在一些制造过程中，可能无法通过过程能力证实产品的符合性。对于这些过程，可采用替代的方法，如批次对规范的符合性”，列举了无法通过过程能力证实产品符合性的替代方法。

3）增加了“PFMEA”。2016版标准强调了风险管控的重要性，此处就是代表。

4）增加了“d）计量数据实际测量值和/或试验结果的记录”。

5）增加了“并将其当作形成文件的信息予以保留”，2016版标准要求此处“形成文件”及“记录”予以保留。

6）增加了“组织应确定统计工具的恰当使用”，此处强调了统计工具的重要性，尤为重要的是“恰当”。

7）增加了“适当的统计工具还包含在设计风险分析（如 DFMEA）、过程风险分析（如 PFMEA）”，2009 版标准只提到了 CP，此次修订增加了 DFMEA 和 PFMEA。

变化内容：

1）“组织应保持顾客零件批准过程要求中规定的制造过程能力或性能”中“性能”改成“绩效”。

2）“组织应对统计能力不足或不稳定的特性启动控制计划中的反应计划”改为“组织应对统计能力不足或不稳定的特性启动已在控制计划中标识，并且经过规范符合性影响评价的反应计划”，把反应计划的形容词改变了：①已在控制计划中标识的；②经过规范符合性影响评价的。反应计划要满足这两个条件。

3）“产品的限制”改为“产品遏制”，用词更专业化。

4）“有能力”改为“有统计能力”，指明了能力方向。

5）“要求时，此计划应与顾客共同并经顾客批准”改为“当被要求时，此计划应由顾客评审和审批”，强调了此处顾客的主导性。

6）“在质量先期策划中应确定每一过程适用的统计工具，并应包括在控制计划中”改为“组织应验证产品质量先期策划（或等效策划）过程中包含了适当的统计工具，作为策划的一部分，并且适当的统计工具还包含在设计风险分析（如 DFMEA）（适用时）、过程风险分析（如 PFMEA）和控制计划中”，由原来的“确定”改为了“验证”，并且把原来的“每一过程”忽略了。

7）“整个组织”改为“从事统计数据收集、分析和管理的员工”，缩小了要求范围。

删除内容：

删除了“过程研究的结果应形成文件，适用时，包括生产、测量和试验方法的规范及维护指导书。这些文件应包括制造过程能力、可靠性、可维修性和可用性的目标及其接收准则。”

转版注意事项

需要“形成文件”和“形成记录”的部分，以及风险的识别；需要“验证”恰当统计工具的过程；需要了解和使用统计工具的人员范围变化了。

汽车行业运用最佳实践案例

某企业对所有新的制造过程进行过程研究。经过研究，决定对制造过程采取几方面的监视和测量方式：①要定期进行过程审核（确定好过程审核的时机、频率，内容、项目、人员等）；②过程能力及指数的测定，同样制定好测定的时机、方式等。

通过以上几个方面来收集过程能力或绩效符合不符合顾客的要求。且以上几种方式可验证：过程流程图、PFMEA、CP、测量技术（检具形式、规格、精度等）、抽样计划（数量、频次）、接收准则（产品技术规范和公差要求等）、计量数据实际测量值和试验结果记录、当不满足接收准则的反应计划和升级过程（隔离、调整、返工、返修、100%检验等）。

通过以上方式的监视和测量，统计能力强、稳定，符合顾客规定的，企业继续保持并对相关信息/数据做好记录；统计能力不足或不稳定的，启动反应计划（反应计划必须是已经在CP中标识的并且经过了规范符合性影响评价的，另外，反应计划包括适当时的产品遏制和100%检验）。企业需要制定相应的纠正措施计划（包含明确进度、时程安排、指派责任等），且应由顾客评审并审批（被要求时，未被要求可忽略）。此时过程的变更，应保持其生效日期的记录。

组织运行时常见失效点及可能的应对措施

常见失效点	可能的应对措施
1）惯性思维，未对过程进行研究，直接采用经验的监视和测量方法。未考虑此方法是否能证实过程能力的符合性 2）相关的记录需要保持，通常情况下，很多企业相关记录未留存 3）组织会用“经验论”来进行统计工具的确定，不验证此工具是否是最恰当的，使用的时机是否是最恰当的	1）需要对过程进行研究，找到适用的监视和测量的方法（如标准中“注”提到的替代方法等） 2）在实际中要分清是应该保留而没有保留，还是没有规定保留 3）在确定统计工具后，进行有效的验证

管理工具包

1）SPC手册（包含：控制图和过程能力分析）。

2）VDA6.3。

3）过程能力及其指数测定。

4）DOE工艺验证。

5）首件/末件检验。

6）过程有效性评价。

7）基本统计图、统计表（如百分比图、趋势图等）。

8）品管七大手法（直方图、因果图、柏拉图、层别法、检查表、散布图、控制图）。

9）新品管七大手法（关联图法、KJ法、系统法、矩阵图法、矩阵资料解析法、过程决定计划图法、箭形图解法）。

10）MSA手册。

11）抽样检验。

12）实验设计（DOE）与田口三次设计。

13）质量功能展开（QFD）。

14）方差分析与回归分析等。

15）可靠性。

通过认证所需的最低资料要求

文件：制造过程控制需要文件化、制造过程审核需要文件化、统计过程控制需要文件化、纠正和预防措施需要文件化。

记录：首件/末件检查记录表、随工单、工程变更申请单（ECR）、工程变更通知单（ECN）、反应计划、纠正措施计划、过程流程图、PFMEA、控制计划。

74 顾客满意

IATF 16949：2016 条款原文

9.1.2.1　顾客满意（补充）

应通过对内部及外部绩效指标的持续评价来监视顾客对组织的满意度，以确保产品和过程符合规范及其他顾客要求。

绩效指标应基于客观证据，包括但不限于：

a）已交付零件的质量绩效。

b）对顾客造成的干扰。

c）使用现场退货、召回和保修（在适用情况下）。

d）交付时间安排的绩效（包括超额运费的情况）。

e）与质量或交付问题相关的顾客通知，包括特殊状态。

组织应监视制造过程的绩效以证明符合顾客对产品质量和过程效率的要求。监视应包括顾客绩效数据的评审，其中包含所提供的在线顾客门户和顾客计分卡。

条款解析

1）顾客满意度放入售后服务过程，组成乌龟图。

2）满意度监控的对象包括市场退货、客户投诉、品质事故、准时交付率、超额运费等。没有满足要求的项目要形成改善方案。

3）客户满意度最好有一个基准值，和竞争对手或行业标杆比较，以明确知道组织与顾客满意之间的差距，在管理评审会议上要进行报告。

4）年度针对客户满意度的分析报告要纳入客户记分卡，综合考核的内容。

5）审核不符合项：如在客户满意度调查时扣分项目没有改善方案。客户满意度调查没有纳入超额运费、客户退货、零件更换、售后服务等内容，只有一个准时交货率、价格等方面的评价。

应用要点

根据本条标准的要求，首先策划一个年度顾客满意度调查计划，根据计划时间向客户发出顾客满意度调查表。调查表内容应体现通过对内部及外部绩效指标的持续评价来监视顾客对组织的满意度。

根据满意度调查表的客户回复状况结合内部及外部绩效指标来证明符合顾客对产品质量和过程效率的要求和顾客记分卡。

本条款其实强调的是组织应监视顾客的需求和期望已得到满足的“程度”，强化了对顾客满意进行监视的量化要求，这样以便于组织去实施。所以，在策划和实施本过程时，不仅要关注组织是否确定了适宜的方法和渠道来获取顾客满意的信息，更要关注组织如何获得这些量化的信息以及如何应用这些信息，而不是仅仅看到顾客满意调查表就认为符合要求了。

该条款存在的管理价值

顾客满意有时也被称为“客户满意”，是由组织或以组织的名义进行，用于评价顾客对产品的质量。交付、效率目的的认可，可以作为组织产品质量自我合格声明的基础。

顾客满意也是组织评价质量管理体系的绩效和有效性的有效方法，能够帮助组织证实其具有稳定提供满足顾客要求和适用法律法规要求的能力；通过顾客满意度调查能够帮助组织有效地评估风险和机遇以及产品质量采取改进活动的机会。

该条款主要涉及哪些过程

顾客满意、顾客特殊要求、顾客财产。

ISO/TS 16949：2009 条款内容

8.2.1　顾客满意

作为对质量管理体系绩效的一种测量，组织应对顾客有关组织是否已满足其要求的感受的信息进行监视，并确定获取和利用这种信息的方法。

监视顾客感受可以包括从诸如顾客满意度调查、来自顾客的关于已交付产品质量方面数据、用户意见调查、流失业务分析、顾客赞扬、索赔和经销商报告之类的来源获得输入。

注：对内部和外部顾客均应当加以考虑。

8.2.1.1　顾客满意（补充）

顾客对组织的满意应通过对（产品）实现过程业绩的持续评价进行监视。业绩的指标应基于客观数据，包括但不限于：

——交付零件的质量性能。

——顾客生产中断，包括外部退货。

——按计划交付的业绩（包括附加运费情况）。

——关于质量或交付问题的顾客通知。

组织应对制造过程的业绩进行监视，以证明其符合顾客对产品质量和过程效率的要求。

新旧版本差异分析

1）2009 版标准中条款 9.1.2 强调组织应确定获取、监视和评审该信息的方法。

2）2009 版标准中条款 8.2.1.1 补充顾客对组织的满意应通过对（产品）实现过程业绩的持续评价进行监视。业绩的指标应基于客观数据，2016 版标准变更为应通过对内部及外部绩效指标的持续评价来监视顾客对组织的满意度，以确保产品和过程符合规范及其他顾客要求强调了绩效指标应基于客观证据。

转版注意事项

IATF 16949：2016 在条款 9.1.2.1 中指出绩效指标应基于客观证据，在顾客调查时应注意客户对交付产品的质量绩效进行评审。

汽车行业运用最佳实践案例

某汽车继电器生产企业，主要产品服务于本田、宝马系列汽车，公司内部品质在同行处于一流地位，管理成熟度高。考虑到客户的特定要求和内部经常被客户或其他车厂审核，所以在顾客满意度调查计划方案策划时，以一年为一周期覆盖到所有客户，指定业务人员编制每年的客户满意度调查计划和排程，在规定时间内向所有客户发出满意度调查表格并回收整理客户的意见，依据顾客记分卡的内容分析汇总评审，对于顾客有特殊要求的依照客户要求，定期拜访客户。

组织运行时常见失效点及可能的应对措施

常见失效点	可能的应对措施
顾客满意度调查表中对超额运费发生的情况进行调查分析	顾客满意度调查内容做成清单，确保不遗漏

管理工具包

顾客记分卡、运用适当的 QC 七大手法或图表分析顾客满意度情况。

通过认证所需的最低资料要求

参考文件、顾客满意监测程序、顾客特殊要求清单、记录、顾客财产清单、售后服务及反馈记录、质量信息反馈处理单、顾客满意度调查计划、顾客满意度调查表、顾客满意度调查统计分析报告、顾客满意的绩效登记表。

75 优先级

IATF 16949：2016 条款原文

9.1.3.1　优先级

质量和运行绩效的趋势应与朝向目标的进展来进行比较，并形成措施以支持提高顾客满意度改进措施的优先级。

条款解析

本条款要求对各过程的绩效指标要实行监视和测量的数据，同时对数据分析和评价后要采取相应措施。分析数据不是目的，重要的是使用分析的结果。要用分析的结果来评价各监视和测量的过程，形成有用的输出，如措施行动计划等。

本条款明确了数据分析的方法，如各种统计技术的使用。

1）针对“质量监测分析评价程序”，公司应对过程绩效指标（如 PPM/OTD/CPK）进行统计、评价并与目标值比对，通常可用趋势图。

2）针对“制造过程控制程序”要求对各工序三大不良要素进行统计、分析，做出改善方案，通常可用柏拉图。

3）针对“管理评审程序”要求对经营计划数据每年至少要统计一次，并进行评价。

4）针对“经营环境和风险控制程序”，要求对相关数据统计、分析，并提交管理评审，通常可用 SWOT。

5）针对“顾客满意监测程序”，要求顾客满意度的数据要分类统计、分析，做出评价，通常可用趋势图或直方图。

根据以上各指标的结果，针对不达标所反映出来的问题点，识别出重要度，制订优先级计划并形成措施以支持提高顾客满意度。

应用要点

依据条款要求组织需要制定：组织需要监视和测量哪些过程、哪些指标；监视和测量的方法和适用的统计技术有哪些；如何分析和评价这些数据；通过评价的结果，用什么方法确定采取措施行动的机会。

该条款存在的管理价值

组织通过监测分析评价和对风险和机遇所采取措施的有效性及外部供方的绩效通过质量目标策划，运用优先级改进计划，对过程绩效指标进行统计、评价并与目标值比对，持续增加顾客满意的程度。

☞ 该条款主要涉及哪些过程

不符合管理、监测分析评价、持续改进、目标策划。

☞ ISO/TS 16949：2009 条款内容

8.4.1 数据的分析和使用

质量和运行业绩的趋势应与实现目标的进展进行比较，并形成措施以支持：

——确定迅速解决与顾客相关问题的优先顺序。

——确定与顾客相关的关键趋势和相互关系以支持状况评审、决策和长期策划。

——及时报告产品使用信息的信息系统。

注：应该将数据与竞争对手和/或适用的基准进行比较。

☞ 新旧版本差异分析

1）2009 版标准用“数据的分析和使用”，2016 版标准用“分析和评价”，更加强调对各过程的绩效数据进行判断、分析后形成的结论，而不单纯只是引用或使用数据，主要目的是从数据中发现问题并识别出采取措施行动的机会。

2）2016 版修订的注，推荐企业在已识别出来的措施行动的机会上，明确要求质量和运行绩效的趋势应与朝向目标的进展来进行比较，识别各种机会的重要度，对哪些问题采取优先行动措施支持提高顾客满意度改进。

3）取消了 2009 版的“应该将数据与竞争对手和/或适用的基准进行比较”并不代表这个要求不再适用。事实上，公司日常运营过程中来自竞争对手或行业标杆的一些绩效一直是要关注的内容之一，也是第 4 章和条款 6.1 的输入之一。

☞ 转版注意事项

需要在改进计划，质量目标管理方案中体现对于优先级这个概念如何应用。

☞ 汽车行业运用最佳实践案例

某大型二级汽车配件生产企业，主要生产车联网导航类产品服务于大众系列汽车。公司内部品质在同行处于一流地位，管理成熟度高，考虑到客户的特定要求和内部经常被客户审核，所有在过程生产时间按照监测评价程序逐步实施监督，所有监测数据和测量设备都定期校准维护，依照体系条例要求制定质量目标管理方案，每个部门按照 IATF 16949：2016 的要求制定目标，各部门依照质量目标有效实施，定期对客户投诉的问题点制定改进计划，不断改进完善。

组织运行时常见失效点及可能的应对措施

常见失效点	可能的应对措施
1）数据分析不完整，遗漏评价 2）采购物料部分供应商不能按期交付	1）制定监测分析评价程序和需要评价的指标清单，依照程序规定定期做监测和数据分析 2）根据实际不能交付的原因制订不同的措施，如最小库存量、准确的预测单、供应商的产能评估等

管理工具包

乌龟图、分析控制表、监测分析报告。

通过认证所需的最低资料要求

参考文件、顾客满意监测程序、质量监测分析评价程序、记录、质量综合统计分析月报、各过程统计工具识别使用清单。

76 内部审核

IATF 16949：2016 条款原文

9.2　内部审核

9.2.2.1　内部审核方案

组织应有一个形成文件的内部审核过程。该过程应包括制定并实施一个涵盖整个质量管理体系的内部审核方案，其中包含质量管理体系审核、制造过程审核和产品审核。

应根据风险、内部和外部绩效趋势和过程的关键程度确定审核方案的优先级。在负责软件开发的情况下，组织应在其内部审核方案中包含软件开发能力评估。应对审核频率进行评审，并在适当时，根据发生的过程更改、内部和外部不符合及投诉进行调整。应对审核方案有效性进行评审，作为管理评审的一部分。

9.2.2.2　质量管理体系审核

组织应根据年度方案，每三个日历年采用过程方法审核一次全部的质量管理体系过程，以验证与本汽车 QMS 标准的符合性。结合这些审核，组织应对顾客特定的质量管理体系要求进行抽样，检查是否得到有效实施。

9.2.2.3　制造过程审核

组织应采用顾客特定要求的过程审核方法，每三个日历年审核一次全部制造过程，以确定其有效性和效率。

如果顾客未指定，组织应确定采用的审核方法。在每个审核计划内，每个制造过程的审核应涵盖所有发生的班次，包括适当的交接班抽样。制造过程审核应包括过程风险分析（如 PFMEA）、控制计划和相关文件有效执行的审核。

9.2.2.4　产品审核

组织应采用顾客特定要求的方法，在生产及交付的适当阶段对产品进行审核，以验证对所规定要求的符合性。如果顾客未指定，组织应确定要采用的审核方法。

条款解析

9.2.2.1　内部审核方案

标准已明确要求“组织应有一个形成文件的内部审核过程”。为符合本条款要求，组织应建立、实施并保持审核方案。

审核方案应该确定在一个特定时间段内策划一个或多个审核组合的安排，包含质量管理体系审核、制造过程审核和产品审核，目的是确保质量管理体系的有效性、过程的有效性和效率及产品的符合度。

审核方案中应确定审核的频率安排，如月度、季度、年度的审核进度计划的安排。

在确定审核的频率时，应综合考虑过程运行的频繁度、过程的完善程度以及过程的复杂程度、过程是否有变更以及实施内审的目标是什么。一般来说，过程运行越频繁、过程越不成熟、过程比较复杂以及有过变更，需要更频繁的内审安排。

总体来说，在策划审核安排时可以考虑的输入包括但不限于：过程的重要性，管理优先度，过程的实际绩效表现，是否有影响组织的变更、风险和机遇，以往审核的结果（包括外审、内审、客户审核等），顾客投诉趋势，顾客是否有特殊要求，法律法规方面的要求。

针对组织存在软件开发过程的情况下，标准特别强调在内审审核方案中包含软件开发能力的评估的要求。

审核方案应是一个动态的文件，当并不限于以上的输入有变化时应及时评估审核方法是否需要调整，以持续保持审核方案的有效性，作为管理评审输入的一部分。

组织的审核方案中还应确定审核方法，审核方法可以包括但不限于访谈、观察、实际测量、抽样和信息评审等。按本标准的要求，优先使用过程方法来实施审核。

9.2.2.2　质量管理体系审核

体系审核侧重于整个管理体系的有效性和效率，具体内容包括：第 4 章、第 5 章、第 6 章、第 7 章、第 8 章、第 9 章和第 10 章。

9.2.2.3　制造过程审核

制造过程审核侧重于每一个生产制造过程（也就是工序）的有效性和效率，相当于 VDA6.3 过程审核中的“生产过程”的要求。

不是所有生产制造过程都必须在一年内全部审过，2016 版标准规定三个日历年能够全部包含在内就可以了。

9.2.2.4　产品审核

通常产品审核有独立的审核计划和实施部门，产品审核的审核员需要具备相关的测量技术的能力，这是与其他审核员的不同之处。策划产品审核时如果顾客有特定要求的产品审核方法，要遵循客户的要求去实施。

应用要点

根据本条款的要求，首先策划一个年度或一个获证周期内（三年）内的审核活动安排。例如，何时由何人需要什么资源进行什么目标的审核，包括质量管理体系审核、制造过程审核、产品审核。审核方案中应指定相关审核活动的负责人，由审核负责人编制具体的年度审核计划。审核负责人根据组织提供合格的审核员和相关的审核资源，编制实施审核的具体审核排程，审核排程中应规定审核员、审核的相关过程或对象、被审核方等要素，相关审核员应按审核排程的安排策划审核的检查表或问题清单，以确保在规定的时间内有效、完整地完成策划的审核任务。

结合本公司的具体情况，审核方案有可能会有变化，审核方案有效性应被评审并向管理评审会议报告。

内审活动按本标准要求应该文件化。

该条款存在的管理价值

内部审核，有时也被称为“第一方审核”，是由组织或以组织的名义进行，用于管理评审或其他内部目的，可以作为组织自我合格声明的基础。

内部审核是组织评价质量管理体系的绩效和有效性的有效方法，能够帮助组织证实其具有稳定提供满足顾客要求和适用法律法规要求的能力，以增强顾客的满意。通过内部审核，也使组织的这种能力能够被组织内部的人员感知和了解。内审的结果，作为管理评审的输入，能够帮助组织有效地评估风险和机遇以及采取改进活动的机会。

内审活动，在整个标准的 PDCA 循环中是“Check”（检查）动作中非常关键和重要的一环。组织进行的内审活动，不仅是为了满足标准的要求，更是为了组织的改进。

该条款主要涉及哪些过程

内部审核、管理评审的问题解决。

ISO/TS 16949：2009 条款内容

8.2.2.1　质量管理体系审核

组织应审核质量管理体系，以验证与本技术规范和任何附加的质量管理体系要求的符合性。

8.2.2.2　制造过程审核

组织应对每一个制造过程进行审核以确定其有效性。

8.2.2.3　产品审核

组织应以确定的频率，在生产和交付的适当阶段对其产品进行审核，以验证符合所有规定的要求，如产品尺寸、功能、包装和标签等。

8.2.2.4　内部审核计划

内部审核应覆盖所有与质量管理有关的过程、活动和班次，且应按年度计划进行日程安排。

当内部/外部不符合或顾客抱怨发生时，应适当增加审核频次。

注：每类审核应当使用特定的检查表。

8.2.2.5　内部审核资格

组织应具有资格审核本标准要求的内部审核员（见 6.2.2.2）。

新旧版本差异分析

1）2016 版标准条款 9.2.2.1 最后一段增加“应对审核方案的有效性进行评审，作为管理评审的一部分”，这是新增要求。

2）2016 版标准条款 9.2.2.2 对质量管理体系要求每“三个日历年采用过程方法审核一次全部的质量管理体系过程”，是 2009 版标准中没有明确规定的，在本次换版中已明确。

3）2016 版标准条款 9. 2. 2. 3 对制造过程审核要求“每三个日历年审核一次全部制造过程”是2009 版标准中没有明确规定的，在本次换版中已明确，同时增加了“效率”的要求。

2016 版标准中“如果顾客未指定，组织应确定采用的审核方法”，此要求明确提出组织应确定采用的审核方法。

2016 版标准“在每个审核计划内，每个制造过程的审核应涵盖所有发生的班次，包括适当的交接班抽样”，此要求明确规定了如果组织有不同班次的生产安排，在制造过程审核时应包含对不同班次及交接班均要审核的要求。

2016 版标准“制造过程审核应包括过程风险分析（如 PFMEA）、控制计划和相关文件有效执行的审核”，此要求明确要求组织在实施制造过程审核时，要关注 FMEA/CP/WI（SOP）有效执行的程度。

4）2016 版标准条款 9. 2. 2. 4 产品审核更强调了采用顾客户特定要求的方法，如果没有顾客特定要求，组织也需要确定合适的审核方法。

5）2016 版标准删除的内容如下：

①2009 版标准中条款 8. 2. 2. 4 内部审核计划中的注“每类审核应当使用特定的检查表”，2016 版标准此要求已取消。

②2009 版标准中条款 8. 2. 2. 5 内部审核资格“组织应具有资格审核本标准要求的内部审核员”已取消。但 2016 版标准条款在 7. 2. 3 对“内部审核员能力”提出的要求更高。

转版注意事项

2016 版标准在条款 7. 2. 3 对内部体系审核员、制造过程审核员、产品审核员的能力要求提出了明确的规定。组织在策划审核时应该注意审核员能力与安排审核活动的匹配性，同时还要定义内审员的每年度最低审核次数的要求。

在审核方案策划时增加了“对组织产生影响的变化”，提示组织要有风险意识。这就要求审核员在审核时要关注组织在策划审核方案时考虑可能对组织有影响的变更、风险和机遇。

汽车行业运用最佳实践案例

某大型一级汽车配件生产企业，主要产品服务于大众系列汽车，公司内部品质在同行处于一流地位，管理成熟度高，公司不良 PPM 很低。考虑到客户的特定要求和内部经常被客户或总部审核，所以在内部审核方案策划时，以三年为一个周期覆盖到所有过程，指定审核组长编制每年的审核计划和排程，确保三年周期内所有过程和条款要求都被审核到。审核员的选择按审核员的技能矩阵表中的能力来确定审核的过程或对象。按照客户特定要求，过程审核方法按《VDA6. 3 过程审核》执行，产品审核按《VDA6. 5 产品审核》执行。

某中小型二级汽车注塑配件生产企业，主要产品以客户来图订制加工为主，作为直接客户的一级供应商没有传递最终顾客的特定要求。该公司产品稳定，过程能力很高，PPM 很低，所以直接客户对于该企业的年度审核基于该公司的实际业绩表现免于审核。基于公司的各过程的绩效表现，审核方案策划时，要求每年均进行全过程和全条款的内部质量体系审核和过程及产品审核，公司的核心制造过程注塑过程按《CQI－23 特殊过程：注塑系统评估》标准来实施，其他制造过程由具备相关能力要求的专业人员按 5M1E 的方法编制了对应的检查表来实施审核。

某小型企业成立不久，人员专业能力强，但体系能力较弱。虽然产品由于技术领先于同行，但考虑到管理的成熟度，审核方案策划时针对内部审核员能力不足的现状，为了提高审核的有效性，特别聘请了有资格的外部审核员来协助公司来做内部体系审核，保证审核有效性的同时也作为对公司内审员的培训方式来提升内审员的能力。同时针对管理体系过程效率和有效性提升的要求，审核方案策划了内部审核计划，每半年进行一次全体系全过程的审核安排。

组织运行时常见失效点及可能的应对措施

常见失效点	可能的应对措施
1）部分过程没有被审核，夜班没有被覆盖 2）顾客特殊要求没有被审核到 3）参加审核的审核员没有资质 4）审核的不符合项没有关闭或措施无效 5）未使用过程方法	1）在审核方案策划时准备一份内部各过程清单，夜班加入审核计划内 2）编制一份顾客特定要求清单 3）编制审核员技能矩阵表 4）审核的不合格项的管理参照 8D 要求去实施 5）可按乌龟图思路准备审核清单

管理工具包

乌龟图、检查表、《CQI－8 分层过程审核》、《CQI－9 特殊过程：热处理系统评估》、《CQI－11 特殊过程：电镀系统评估》、《CQI－12 特殊过程：涂装系统评估》、《CQI－15 特殊过程：焊接系统评估》、《CQI－17 特殊过程：锡焊系统评估》、《CQI－23 特殊过程：注塑系统评估》、《CQI－27 特殊过程：铸造系统评估》、《VDA6. 3 过程审核》、《VDA6. 5 产品审核》。

通过认证所需的最低资料要求

文件：文件化的内部审核过程，可单独形成一份文件或并入别的程序文件中。

记录：审核方案、审核计划、审核记录、审核报告、纠正或采取的纠正措施的证据、各级别审核员的能力矩阵。

77 管理评审

IATF 16949：2016 条款原文

9.3 管理评审

9.3.1.1 管理评审（补充）

管理评审应至少每年进行一次。应基于影响质量管理体系和绩效相关问题的内部或外部更改造成的顾客要求符合性的风险，提高管理评审的频率。

9.3.2.1 管理评审输入（补充）

a）不良质量成本（内部和外部不符合成本）；

b）过程有效性的衡量；

c）过程效率的衡量；

d）产品符合性；

e）对现有操作更改和新设施或新产品进行的制造可行性评估（见 7.1.3.1 条）；

f）顾客满意（见 ISO9001：2015 第 9.1.2 条）；

g）对照维护目标的绩效评审；

h）保修绩效（在适用的情况下）；

i）顾客记分卡评审（在适用的情况下）；

j）通过风险分析（如 FMEA）识别的潜在使用现场失效标识；

k）实际使用现场失效及其对安全或环境的影响。

9.3.3.1 管理评审输出（补充）

当未实现顾客绩效目标时，最高管理者应形成一个文件化的措施计划并实施。

条款解析

条款 9.3.1.1 明确指出管理评审一年至少一次，如果出现了重大变更等要相应地增加管理评审的频率。

条款 9.3.2.1

a）不良质量成本指因处理不良发生的成本、趋势的分析。

b）过程有效性指过程目标达成情况及其趋势分析，关注的是过程结果，可以作为 KPI 考核指标。

c）过程效率的衡量指过程中为实现目标所付出的代价（人员、资金、时间等）。

d）产品符合性是对所有要求（顾客的、相关国家法律法规的、组织自己的）的符合性，不单单是合格率，也可以是其他认证，如 3C、CE、RoHS 等。

e）对现有操作更改和新产品进行的制造可行性评估是对设备、人员、技术、生产力等的需求。

f）顾客满意中包括顾客的反馈（9.3.2 c-1 的要求），不仅要汇报当期的情况，还要进行趋势分析。站在组织的角度来看顾客满意的程度。

g）对照维护目标的绩效评审是设备（工装/量具）维护的绩效，主要是看是否需要新设备或对旧设备的大范围整修等需求。

h）保修绩效指产品售后情况，为产品今后的改进指明了方向。

i）顾客计分卡评审是顾客对组织的质量、交付等方面的评分。一般主机厂都有打分系统，主机厂非常看重这项评分。站在顾客的立场来看满意程度，会影响组织在主机厂的排名等。

j）通过风险分析识别的潜在适用现场失效标识是识别潜在使用现场失效，识别方法是风险分析（如 FMEA）。意思就是找到产品在车辆实际使用中可能存在的各种问题，以便在管理评审时确定改善对策。1972 年的福特油箱案就是很好例子。当时福特知道油箱存在风险，但计算利益成本，发现出事后给予的赔偿远远低于更改设计和召回产品，所以决定不改设计，以至于后来造成的社会反响非常恶劣，致使公司名誉受损、股票大跌，损失远远大于更改设计和召回产品。

k）实际使用现场失效及其对安全或环境的影响是已经发生的问题及其对安全或环境的影响分析报告，如撞击后安全气囊无法正常弹出对人员安全的影响。

另外，2016 版标准的其他条款提到必须要作为管理评审输入但没有列到本条款的内容如下：

1）条款 7.1.3.1 制造可行性评估和产能策划的评价应为管理评审的输入，检验实际生产中是否达到了制造可行性报告或生产能力评估报告中的要求。

2）条款 8.3.4.1 产品和过程的设计和开发期间特定阶段的测量应被确定、分析、以汇总结果的形式来报告，作为对管理评审的输入。APQP 的总结认定报告中应体现对各阶段的验证结果，以及项目完结后的结论。

3）条款 9.2.2.1 应对审核方案有效性进行评审，作为管理评审的一部分。对年度审核方案（打分制）进行判定，审核优先顺序是否按照重要度来进行排序，安排是否合理。

当顾客的目标未达成时，应制定相应的管理措施计划，并由最高管理者发布。条款 9.3.3.1 是 2016 版新增要求，实施时一定要由高层发布相关的管理措施计划。

应用要点

1）将管理评审的要求融入相应的程序文件、三级文件中，确保传达到相关部门。

2）将管理评审的要求转化成公司绩效目标，分解到各个部门，定期跟踪、评价。

3）管理评审会议频率根据公司不同情况而定，可以一年一次，也可以一年多次，如分月、分季度进行。如果分月或分季度进行，可以每次进行会议总结，年末汇总出具一份管理评审报告。

该条款存在的管理价值

确保本公司质量管理体系的持续适宜性、充分性和有效性，并与公司的战略方向保持一致。

通过对过程和产品及体系的各项指标的变化趋势结合公司所处环境和市场的变化，帮助公司识别风险并提出改进的机会。

该条款主要涉及哪些过程

顾客反馈与沟通过程，产品设计和开发过程，生产过程，交付过程，工厂设施及设备管理过程，人力资源管理过程，文件、记录控制过程，供方管理及采购控制过程，顾客满意过程，领导作用过程，策划过程，分析与评价过程，内部审核过程，持续改进过程。

ISO/TS 16949：2009 条款内容

5.6 管理评审

5.6.1 总则

ISO9001：2008 质量管理体系要求

5.6 管理评审

5.6.1 总则

最高管理者应按策划的时间间隔评审质量管理体系，以确保其持续的适宜性、充分性和有效性。评审应包括评价改进的机会和质量管理体系变更的需要，包括质量方针和质量目标变更的需求。

应保持管理评审的记录（见 4.2.4）。

5.6.1.1 质量管理体系绩效

作为持续改进过程的一个必不可少的部分，这些评审应包括对质量管理体系的所有要求及其绩效趋势的评审。

对质量目标进行监视及对不良质量成本定期报告和评价应是管理评审的一部分内容。

5.6.2 评审输入

ISO9001：2008 质量管理体系要求

5.6.2 评审输入

管理评审的输入应包括以下方面的信息：

a）评审结果；

b）顾客反馈；

c）过程的绩效和产品的符合性；

d）预防措施和纠正措施的状况；

e）以往管理评审的跟踪措施；

f）可能影响质量管理体系的变更；

g）改进的建议。

5.6.2.1 评审输入（补充）

管理评审输入应包括实际和潜在外部失效，及其对质量、安全或环境的影响分析。

5.6.3 评审输出

ISO9001：2008 质量管理体系要求

5.6.3 评审输出

管理评审的输出应包括与以下方面有关的任何决定和措施：

a）质量管理体系有效性及其过程有效性的改进；

b）与顾客要求有关的产品的改进

c）资源需求。

新旧版本差异分析

条款9.3.1 增加需确保的要点：与组织战略方向一致。

条款9.3.1.1 对管理评审的频率进一步规定。

条款9.3.2.1 增加了输入补充的具体项（第b)~i）项）。

条款9.3.3.1 说明，当顾客目标未达成时，要制定措施计划，不同于管理评审的改进措施计划。

转版注意事项

1）注意输入、输出的增加项，一定要评审，不要漏项。

2）注意管理评审时内部审核的依据一定是2016版标准，但进行内部审核时管理评审还未实施，所以在新版管理评审完成后，需要针对新版管理评审内容补充进行内部审核，以确保管理评审的完整性。

汽车行业运用最佳实践案例

通过管理评审可以找出公司体系运行的可改善点，并对其进行完善，以发挥体系更大的作用。

通过管理评审会议，发现公司虽然进行了一些的培训，但是培训没有系统性，培训后的效果不显著，人员能力提升较慢。后将该事项列入改善项进行完善，随后公司建立规范化的培训制度，要求人员一岗多能；同时还发布了培训奖励制度，由不同专业领域的员工对有需求的员工进行培训，年终由员工投票选出最佳讲师，给予奖励。

组织运行时常见失效点及可能的应对措施

常见失效点	可能的应对措施
1）针对管理评审后的改善事项未制定措施计划或措施计划未实施 2）评审的内容输入不完整，输出不全面	1）由专人负责措施计划的制定、实施、跟踪，并由最高管理者进行监督，将该项结果记入到年终考核 2）可以对输入内容做成查检表，防止漏项

☞ 管理工具包

管理评审会议、头脑风暴、公司例会、绩效指标管理表。

☞ 通过认证所需的最低资料要求

文件：管理评审程序。

记录：管理评审计划、管理评审输入资料、管理评审报告、管理评审整改措施计划、管理评审整改措施报告。

78 问题解决

IATF 16949：2016 条款原文

10.2.3　问题解决

组织应有形成文件的问题解决过程，包括：

a）用于各种类型和规模的问题（如新产品开发、当前制造问题、使用现场失效、审核发现）的明确方法；

b）控制不符合输出所必要的遏制、临时措施及相关活动（见 ISO 9001 第 8.7 条）；

c）根本原因分析、采用的方法、分析以及结果；

d）系统性纠正措施的实施，包括对相似过程和产品的影响；

e）对已实施纠正措施有效性的验证；

f）适当对形成文件的信息（如 PFMEA，控制计划）评审，必要时更新。

若顾客对问题解决有特别规定的过程、工具或系统，组织应采用这些过程、工具或系统，除非顾客另行批准。

条款解析

本条款对问题解决提出了具体的要求。问题解决首先应策划形成文件的过程，该过程应包括 a）~f）项的要求内容。

a）策划明确各种类型和规模的明确方法。完整识别组织内部的问题类型和规模，如新品开发期间的问题、当前制造过程问题、使用现场失效问题、各类审核发现的问题。应采取适宜的解决方法，针对不同规模的问题，如偶发问题、现场点的失效、批量问题、恶性问题等，也应策划不同的适宜的解决方法。

b）~f）项分别对应 8D 逻辑中的环节。

b）对应 8D 中的 D3 遏制措施，应做到以下几点：行动措施已定义和实施（有效性及其依据，风险识别），受影响的区域已全面识别并确保顾客处不发生（如检查供应商处或库存的产品状态），投诉零件的特殊标签，需要时内部的质量防火墙得到更新，通知顾客遏制措施及其状态并得到批准（如挑拣、返工等遏制措施），有典型的遏制措施，如标识隔离、返工/返修、100% 挑选（库房、运输途中、中转/在制品区）、停止生产线、停止发货、让步接收、降级使用等。

c）对应 8D 中的 D4 根本原因分析，应做到以下几点：使用鱼骨图、故障树等方法进行可能原因的分析；使用故障再现法找到直接原因；不能故障再现的（如使用推理式的），内部需要进行评审，使用 5WHY 等方法对直接原因进行询问；找出为什么发生/流出的根本原因（技术原因 TRC/管理原因 MRC），根据分析出的根本原因，对进一步受影响零件实施风险评估，列出受影响产品的生产时间范围、预计的数量等。

d）对应 8D 中的 D5 确定纠正措施并验证有效性，应做到以下几点：针对根本原因确定可能防止发生/流出的纠正措施（分别针对 TRC/MRC），首选防错措施，明确措施的责任人和完成时间，进行措施有效性的验证，确保不发生新的问题。

e）对应 8D 中的 D6 执行纠正措施并跟踪有效性，应做到以下几点：执行防止发生/流出的纠正措施（分别针对 TRC/MRC），文件化的证据/确认（措施的有效性确认），取消 D3 的遏制措施，必要时得到顾客批准，明确措施的责任人和完成时间。

f）对应 8D 中的 D7 预防再发生，应做到以下几点：文件化的更新（CP、FMEA、QAM、程序文件等），确保预防措施被实施，员工受到培训，经验分享到其他类似过程和产品（根本原因是否影响到其他过程/区域）。f）的要求实际上否决了 ISO 9001：2015 条款 10.2.1 中的“需要时”，要求一定要进行标准化。

若顾客对问题解决有特别规定的过程、工具或系统，组织应采用这些过程、工具或系统，除非顾客另行批准。这强调了顾客的特殊要求。如果顾客明确提出了不同于组织的问题解决方法，组织应按照顾客的要求进行。

应用要点

实际工作中组织应该编写适用于组织的问题解决文件。汽车行业一般按照 8D 逻辑进行问题的处理，在组织内部能获得相应的 8D 指南、程序、手册等，并获得与 8D 文件相关的其他支持性文件。

组织应对问题解决过程进行管理，如标准化和格式化的问题解决表、合格的受过培训的团队组长和团队成员，内部应规定团队组长和成员所需要的技能矩阵资质要求（如问题解决方法的知识、组长必须具备 8D 项目经验和组织能力、产品及工艺知识等），以及组长和成员需要承担的职责要求。每年应组织至少 1 次内部 8D 质量工具评估，每年至少组织 1 次内部方法的交流或者与其他方法的联动活动并保存相应的记录。其他相关部门被邀请参与到团队的问题解决过程中，如果需要时，邀请顾客、供应商，确保参与并保留参与 8D 团队活动的记录。

应组织内部参加经验交流（会议、研讨、培训）等，定期跟踪内部 8D 报告的进展情况。

对于问题处理应制定时间规则。如 8D 时间规则定义：对于外部问题，以顾客的要求为准，超出顾客规定的期限应报顾客批准（若顾客没有要求按照内部要求执行）；对于内部问题，时间规则要求参考 1－2－14－60 的原则执行（或者根据整改措施的时间确定），超出此原则的内部必须进行评审。

另外，在问题解决过程中，强化领导层的参与和支持。

该条款存在的管理价值

该条款的管理价值在于，一个组织一定会遇到各个过程、各种各样的问题，问题一定是存在的。那么如何既快速又有效地解决问题，就需要系统地策划和管理该过程。一个有效的问题解决流程能帮助组织快速找到和消除根本原因，降低内外部损失，提高顾客满意度。

该条款主要涉及哪些过程

不符合输出的控制。

ISO/TS 16949：2009 条款内容

8.5.2.1 解决问题

组织应有一个确定的过程用于解决问题，使根本原因得到识别并消除。

若有顾客规定的解决问题的方式，则组织应采用此方式。

新旧版本差异分析

变化点主要在于 2016 版标准进一步明确了问题解决必须满足 a）~f）项的细化要求，实际上要求按照 8D 逻辑进行系统的问题解决。

转版注意事项

1）是否策划并文件化一个问题解决的过程。

2）是否有内外部问题清单，尤其是顾客投诉清单。

3）是否按照 a）~f）项的要求进行问题的处理。

4）是否能体现问题处理的有效性等。

汽车行业运用最佳实践案例

某企业制定了“纠正预防措施程序”，规定了企业在何种情况下发起纠正措施要求，并参照顾客的要求规定了在 24 小时内必须采取遏制措施、3 个工作日内给出初始原因分析、14 日内给出根本原因分析、60 天内关闭结案的时间的要求。对相关流程、报告要求、职责均做出了规定。

以下是某企业实际运行中关于问题解决的方式和能力的培训案例，从生活中的场景中让大家易于理解。

防止杯子再摔破（从纠正与预防角度分析）

第一步：问题描述	今天王经理左手把放在办公桌边缘的一个玻璃水杯撞到地板上打碎了
第二步：纠正	纠正（临时对策）：刘助理立即把打碎的杯子清理干净，给王经理换一个新杯子
第三步：原因分析	是因为办公桌上对杯子的位置没有定位
第四步：纠正与预防措施	纠正措施：刘助理在王经理办公桌的左侧位置画一个杯子底大小的圆圈，杯子放在圆圈定位放置 预防措施：办公室所有办公桌都同样定位放置杯子，落实到5S制度中
第五步：验证、结案	再未出现杯子摔碎的事件

质量“三现”原则	现场	解决问题要到问题发生的场所去
	现物	对发生问题的对象进行确认
	现实	依据事实和数据找出问题的根源

组织运行时常见失效点及可能的应对措施

常见失效点	可能的应对措施
1）没有文件化的问题解决过程 2）问题解决过程中的有效性不足	1）识别和策划问题解决的过程 2）严格按照8D逻辑进行每一步的实施，特别是根本原因的分析，一定要使用鱼刺图、FTA、5WHY等工具进行，从技术的原因和管理的原因两个维度展开，同时纠正措施一定和根本原因有针对性和逻辑关系

管理工具包

8D管理流程、8D评价标准、8D格式化表单，鱼刺图，5W，FMEA，CPK，FTA等。

通过认证所需的最低资料要求

文件：问题解决过程、防错方法的使用规定。

记录：内外部问题处理清单、问题处理的报告（如8D）等。

79 防　错

IATF 16949：2016 条款原文

10.2.4　防错

组织应有一个形成文件的过程，用于确定适当防错方法的使用。所采用方法的详细信息应在过程风险中（如 PFMEA）形成文件，试验频率应记录在控制计划中。

过程应包括防错装置失效或模拟失效的试验。应保持记录。若使用挑战件，则应在可行时对挑战件进行标识、控制、验证和校准。防错装置失效应有一个反应计划。

条款解析

“防错”本义就是“防止错误”，意即在过程失误发生之前就加以防止，或错误发生后能够自动识别出来。这是一种在作业过程中采用自动作用、报警、标识、分类等手段，使作业人员不特别注意也不会失误的方法。

防错装置的作用体现在具有即使有人为疏忽也不会发生错误的构造；具有外行人来做也不会错的构造；具有不管是谁或在何时工作都不会出差错的构造。防错装置要求作业安全、没有危险。

防错有两种途径：重新设计产品和制造过程；其五大思路为：减少、检测、简化、替代、消除；十大法则为：断根、保险、自动、顺序、隔离、相符、复制、层别、警告、缓和；四个效果是：不接受、不制造、不传递、不产生；三个等级是：警告、停机、纠正。

1）“形成文件的过程”。企业应建立一个文件，使用戴明环和乌龟图，完整地描述防错过程，包括但不限于防错的策划、防错的实施、防错的检查、防错的持续改进。

2）“确定适当的防错方法”。这些方法包括但不限于：设计防错、设备防错、工艺防错，尽量不选择管理防错。

3）“应在过程风险中形成文件，试验频率应记录在控制计划中”。明确要求防错方法的详细阐述必须记录在如 PFMEA 的文件中，且其探测防错是否满足要求的试验频率必须在控制计划中进行规定。

4）“过程应包括防错装置失效或模拟失效的试验，应保持纪录”。明确要求必须主动实施防错失效试验，对于一些不能实际实施的试验，可以采用模拟分析的方式进行，且对于试验的策划、实施、结果、分析改进进行文件化记录。

5）“若使用挑战件，则应在可行时对挑战件进行标识、控制、验证和校准”。该挑战件为已知规范、经校准并且可追溯到标准的零件，其预期结果用于确认防错装置的功能性，该挑战件应进行标识、控制、验证和校准。

6）“防错装置失效应有一个反应计划”。对于潜在发生的防错装置失效，应在控制计划中规定一系列行动来继续保证产品质量，如旁路策划和管理。

应用要点

本条款有形成文件的要求，意味着需要一个单列或放入其他程序的文件化的过程。

适当的防错应用应在 PFMEA 和 CP 中得到体现；防错点应识别和形成清单（防错装置在工艺文件中应有识别号和位置）；应定义防错装置验证频率；确定标准样件（好/坏）及检查的失效模式；应规定防错装置的评估和验证（用过程历史记录确定验证的频率，过程是否稳定，遏制可疑品的有效程度）；防错装置挑战件的纳入计量管理（定义校准周期并实施）；应制定防错失效反应计划（防错装置不能检测出不合格，什么时候停机，何时需要维修，送哪里检修等）。

该条款存在的管理价值

1）作为一种以追求零缺陷为目的的理念和手段，防错有助于避免流入不合格品、生产不合格品、流出不合格品，最终降低不良质量损失。

2）防错的适当应用有助于降低对人的要求，是产品合格率的重要保证措施。

3）防错是智能化生产制造的必经之路。智能化生产设备虽然在效率、准确度等方面优于密集型人力生产，但在复杂性、高度适应性等方面尚不及人力，因此重视防错覆盖率是大势所趋。

4）防错装置在装配型企业几乎必不可少的一种方法。

该条款主要涉及哪些过程

产品设计过程、制造设计过程、过程控制的临时更改、生产和服务提供过程。

ISO/TS 16949：2009 条款内容

8.5.2.2　防错

组织应在纠正措施的过程中采用防错方法。

新旧版本差异分析

1）把被动实施防错变为主动实施防错。

2）将防错作为生产控制的四大方法之一（详见 IATF 16949：2016 附录 A）。

转版注意事项

防错必须作为一个形成文件的过程来实施。

汽车行业运用最佳实践案例

以下是某企业实际运行过程中对防错装置管理的清单和验证记录。组织通过《防错装置管理办法》规定了防错装置应用场所、使用要求、通验证方法、职责归属等方面。

防错装置清单										
序号	产品/生产线	工位编号及名称	防错装置编号	防错装置名称	设立日期	防错功能	检查方法	检查频次	失效备用方案	备注

防错检查/验证记录表										
序号	产品/生产线	工位编号及名称	防错装置编号	防错装置名称	检查方法	检查频次	检查日期	检查结果		备注
								合格记录	失效处理记录	

组织运行时常见失效点及可能的应对措施

常见失效点	可能的应对措施
1）未形成文件 2）未在 FMEA 及 CP 中体现 3）未对防错装置失效或模拟失效进行试验，且未保持记录 4）未对挑战件在可行时进行标识、控制、验证和校准 5）未制定防错装置失效的反应计划	1）对防错过程形成文件 2）针对新增的防错要求，组织对 PFMEA 及 CP 等进行回顾和评审，识别出过程防错点，并 PFMEA 及 CP 中文件化 3）对防错装置的模拟实效验证按照 CP 要求，设计验证记录表单，培训相关人员，按标准进行记录 4）挑战件需要纳入周期校准的管理，做好标识、控制、验证和校准 5）针对不同类型的防错装置、不同的失效模式制定分层的反应计划并实施（如照相系统失效后应策划逐级上报）、切换到其他已得到验证放行的检测方式（如有效的人工 100% 检测）等

管理工具包

Andon 安灯系统。

通过认证所需的最低资料要求

文件：防错方法的使用的规定，包括防错装置失效的应急反应计划。

记录：防错清单及防错失效或模拟失效验证记录，防错装置失效的应急反应计划实施的记录。

80 保修管理体系

IATF 16949：2016 条款原文

10.2.5 保修管理体系

当组织被要求为其产品提供保修时，组织应实施一个保修管理过程。组织应在该过程中包含一个保修件分析法，包括 NTF（未发现故障）。当顾客指定时，组织应实施所要求的保修管理过程。

条款解析

NTF 表示针对服务期间被替换的零件，经车辆或零件制造商分析，满足“良品件”的全部要求（也称为“未发现错误”或“故障未发现”）。

假设顾客投诉产品有问题，当被投诉的产品返回到公司后，公司内部品质及技术人员等对产品进行全面检验确认没有发现任何不良状况（包括功能性能方面的验证），但顾客或者在实际使用的中确实又发现产品不满足要求。这时不能判定投诉产品为良品，需要从多种角度去分析（如是不是设置的问题，是不是双方控制方法有问题，是不是顾客的工艺变更造成的，等等）。这个未发现故障件，所有步骤、所有分析验证全部确认完成，还是没有找到原因，那么才能被称作为 NTF。

1）“当组织被要求为其产品提供保修时，组织应实施一个保修管理过程。当顾客指定时，组织应实施所要求的保修管理过程”。解析：当顾客要求组织为交付的产品提供保修服务，提出保修期的要求时，组织就需要建立一个保修管理过程。当然，如果顾客没有提出要求，组织也无须必须建立此过程。

2）“组织应在该过程中包含一个保修件分析法，包括 NTF（未发现故障）”。如果需要实施保修管理过程，需要注意在这个过程中包含一个保修件分析法（对在保修范围内的产品如何分析，包括 NTF）。

针对 NTF 件的处理结果及检验结果都要保留相应的记录。不要轻易把投诉件就定义为 NTF 件，这是需要有充足的证据支持的。

对于保修期，首先要遵守法律法规的要求，如果国家要求进行“三包”，那保修期就要按照国家法律规定的要求去制定；如果法律法规没有要求，那就看顾客有没有要求。如果顾客有要求，按照顾客的要求去执行；如果客户没有要求，就可以综合考虑来制定期限执行。

应用要点

保修管理过程的启动，是在有要求的条件下，也就是客户向组织提出了保修期的要求时进行。所以要在识别客户的要求输入时要特别注意顾客有没有提出这方面的要求。如果顾客提出，那么注意在过程中增加保修件分析法包括 NTF（未发现故障）。

组织如果没有保修责任，可在质量手册或相关程序文件中申明。

该条款存在的管理价值

保修在汽车行业是非常普遍的一个现象。2009 版标准条款在 8.2 中隐含了这个意思，但没有 2016 版这么明确的要求。保修过程作为一个单独条款的出现，也使整个体系的运行过程更完善、更完整。

该条款主要涉及哪些过程

顾客沟通过程（投诉处理、明确要求等）、产品交付过程。

ISO/TS 16949：2009 条款内容

无。

新旧版本差异分析

本条款是 2016 版标准新增内容。

转版注意事项

本条款是 2016 版标准新增内容。如客户对保修管理过程有要求，可按照本条款的要求实施管理。

汽车行业运用最佳实践案例

某公司开发的速度控制用传感器，设计目标包含如下内容：①产品有效期 2 年；②整车装车后行驶 100000 公里；③累计运行 5000 小时运行。以上三条以任一条先到为保修服务终止日期。在保修期内，如发生质量问题，经 × 公司与 4S 店共同分析，确定为产品本身造成的，由公司所有相关费用。

某日接到 4S 店反馈，车辆行驶过程中突然熄火。经 4S 店检测，熄火是由传感器组件中一塑料件断裂引起，并提供了该传感器组件的塑料件编码。经公司客服数据库查询，确认该零件尚在有效期内。公司立即按照“顾客服务手册”和“保修管理手册”，派出应用工程师和售后服务工程师到 4S 店开展调查。

应用工程师按照手册的规定程序，对车身电子控制系统等元器件进行了检测和分析，并按“保修服务条例”向 4S 店申请备用车，经公司高层批准通过后，由原事故车主在发生故障的路段进行实地模拟驾驶，准备故障再现。应用工程师发现，原车主驾驶习惯于急加速，应用工程师使用电脑对 ODB 采样数据进行收集。

售后服务工程师将失效零件委托外部机构进行多项试验和检测，并未发现失效原因。欲按照“顾客服务手册”的 NTF 判定准则进行退换处理时，4S 店维修人员反馈，该车辆发动机油箱底壳有极其轻微的渗漏。质量工程师怀疑，可能是油污对塑料件加快老化的影响。经过使用应用工程师的采样数据、塑料粒子物性、零部件动态干涉分析、CAE 特殊工况检查和 DOE 实验设计分析后，确定渗漏的汽油加速了传感器组件的老化。

针对此次反馈，公司承担了部分费用，但获益良多。公司据此与供应商共同进行了塑料粒子改性实验，并成功申请了专利。

组织运行时常见失效点及可能的应对措施

常见失效点	可能的应对措施
针对顾客要求没有识别“顾客是否对保修管理提出要求”	在策划过程和表单时将不同阶段的异常分析分类，不同类型的异常需要确认分析点进行提前规划，并体现在表单中作为备忘，在分析时按照备忘一项一项进行验证确认

管理工具包

QC 新老七大手法、8D、CQI－19、VDA－FFA 售后失效分析等。

通过认证所需的最低资料要求

文件：如果顾客要求实施保修管理过程，建立此过程的管理文件。

记录：根据文件的规定，对整个过程的实施保留需要保留的文件化信息（客户的要求、管理文件、保修单等）。

81 顾客投诉和使用现场失效试验分析

IATF 16949：2016 条款原文

10.2.6　顾客投诉和使用现场失效试验分析

组织应对顾客投诉和使用现场失效，包括退货零件，进行分析，并且应采取问题解决和纠正措施以预防再次发生。

在顾客要求的情况下，这应包括最终顾客产品系统内，组织产品嵌入式软件相互作用的分析。

组织应向顾客并且在组织内部传达试验、分析的结果。

条款解析

1）“组织应对顾客投诉和使用现场失效，包括退货零件，进行分析，并且应采取问题解决和纠正措施以预防再次发生”。这里再次强调了对于顾客投诉和使用现场失效的这些零部件，需要采用问题解决和纠正措施的方式来防止问题再次发生。问题解决在条款 10.2.3 中，纠正措施在条款 10.2 里面。所以这里再次强调了对顾客投诉和使用现场失效件，包括退货件，同步需要进行问题解决和纠正措施这样的一个动作。

2）“在顾客要求的情况下，这应包括最终顾客产品系统内，组织产品嵌入式软件相互作用的分析”。这是 2016 版标准中增加的内容。这句话有一个假设的条件，就是在顾客要求的情况下。如果顾客有要求，当组织提供给顾客的产品是嵌入式软件或者与嵌入式软件发生相互作用时，对于顾客投诉和使用现场失效分析需要做到什么样程度明确了边界要求。

3）“组织应向顾客并且在组织内部传达试验、分析的结果”。这是 2016 版标准中增加的内容。2009 版只是要保存分析的记录，而且在要求时可提供，并没有说需要在组织内部和外部传达这些分析的结果。2016 版中明确了除要保存记录外，还要在组织的内部和外部（顾客）传达试验/分析的结果。

应用要点

1）在顾客投诉和使用现场失效时按照条款 10.2.3 和 10.2 的要去实施。

2）如果顾客有要求，并且组织提供给顾客的产品是嵌入式软件或者与嵌入式软件发生相互作用，对于顾客投诉和使用现场失效分析需要做产品嵌入式软件相互作用的分析。

该条款存在的管理价值

此条款对顾客投诉和使用现场失效试验分析的要求更具体更全面，在 2009 版记录要求的基础上增加了对这些分析结果的内外部交流的要求。另外，还重点说明了如果产品是嵌入式软件或者与嵌入式软件相互作用，那么在分析时要注意与嵌入式软件在实际使用过程中相互作用的分析。随着科技的发展，汽车行业嵌入式软件越来越多、功能越来越强大，甚至无人驾驶汽车已经出现，所以软件的影响会越来越大，进而产品、软件间的相互作用是非常需要关注的点，也是未来的大趋势。

该条款主要涉及哪些过程

顾客沟通过程（异常沟通反馈）。

ISO/TS 16949：2009 条款内容

8.5.2.4　退货产品试验、分析

组织应对从顾客制造厂、工程部门及其代理商退回的产品进行分析。组织应尽可能缩短该过程周期。应保存分析的记录，而且在需要时可获得此记录。组织应进行有效的分析，适当时采取纠正措施以预防再次发生。

注：周期应与确定根源，纠正措施和实施的效性监督相一致。

8.5.3　预防措施

组织应确定措施，以消除潜在不合格的原因，防止不合格的发生。预防措施应与潜在问题的影响程度相适应。

应编制形成文件的程序，以规定以下方面的要求：

a）确定潜在不合格及其原因；

b）评价防止不合格发生的措施的需求；

c）确定和实施所需的措施；

d）记录所采取措施的结果（见4.2.4）；

e）评审所采取的预防措施的有效性。

新旧版本差异分析

顾客投诉和使用现场失效试验分析时：

1）2009版只是要保存分析的记录，而且在要求时可提供；2016版中明确了，除2009版要求外，还要增加了在组织的内部和外部（顾客）传达试验、分析的结果的要求。

2）如果顾客有要求并且组织提供给顾客的产品是嵌入式软件或者与嵌入式软件发生相互作用，对于顾客投诉和使用现场失效分析需要做产品嵌入式软件相互作用的分析。

转版注意事项

1）顾客投诉和使用现场失效试验分析时，增加了在组织的内部和外部（顾客）传达试验、分析的结果的要求。

2）如果顾客有要求，并且组织提供给顾客的产品是嵌入式软件或者与嵌入式软件发生相互作用，对于顾客投诉和使用现场失效分析需要做产品嵌入式软件相互作用的分析。

汽车行业运用最佳实践案例

某公司给 EAXXX 发动机提供发动机零部件，这款发动机路测时发现凸轮轴某部件断裂，发动机故障。针对此问题，联合某整厂、发动机凸轮轴提供方一起，在某公司生产现场、实验现场重现断裂件的生产、检验的每一个环节的控制，结论是原因不明。针对此情况，某公司增添了声波探伤检测仪用于过程控制，增添了磁粉探伤仪用于成品的 100% 的检测。

组织运行时常见失效点及可能的应对措施

常见失效点	可能的应对措施
异常分析不全面，遗漏组织产品嵌入式软件相互作用的分析	在策划过程和表单时将不同阶段的异常分析分类，不同类型的异常需要确认分析点，进行提前规划并体现在表单中作为备忘，在分析时按照备忘一项一项进行验证确认

管理工具包

QC 新老七大手法、8D、VDA－FFA 售后失效分析等。

通过认证所需的最低资料要求

文件：无特别文件化的要求，可在其他程序中一并规定。

记录：顾客投诉和使用现场失效问题的汇总、针对每一项问题进行的分析验证证据、取问题解决和纠正措施以预防再次发生的证据、每一项问题应在组织的内部和外部（顾客）传达试验/分析的结果的证据。

如果顾客有要求，并且组织提供给顾客的产品是嵌入式软件或者与嵌入式软件发生相互作用，对于顾客投诉和使用现场失效分析需要做产品嵌入式软件相互作用的分析，保留分析的证据。

所有问题有效性验证及结案跟踪，如确实无法结案的也要说明理由，并有负责人签批。

82 持续改进

IATF 16949：2016 条款原文

10.3.1　持续改进（补充）

组织应有一个形成文件的持续改进过程。组织在本过程中包括以下内容：

a）对所采用方法、目标、测量、有效性和形成文件的信息的识别。

b）一个制造过程改进行动计划，重点放在减少过程变差和浪费。

c）风险分析（如 FMEA）。

注：持续改进是当制造过程有统计能力且稳定，或者产品特性为可预测且满足顾客要求时实施的。

条款解析

1）“组织应有一个形成文件的持续改进过程”。企业应建立一个文件，使用戴明环和乌龟图，完整地描述持续改进过程。持续改进可以是日常渐进的改进活动，也可以是突破性的改进项目。

2）“对所采用方法、目标、测量、有效性和形成文件的信息的识别”。该过程需包含持续改进的方法、目标、测量、评价有效性，并识别哪些信息需要形成文件。

3）“一个制造过程改进行动计划，重点放在减少过程变差和浪费”。必须制定一个基于制造过程的改进行动计划，主要关注与产品特性和制造过程参数变差的控制和减少，其重点应放在减少过程变差和浪费上。

4）“风险分析（如 FMEA）”。该过程必须包括风险分析。

5）“注：持续改进是当制造过程有统计能力且稳定，或者产品特性为可预测且满足顾客要求时实施的”。公司应优先考虑保证制造过程有统计能力且稳定，或者产品特性为可预测且满足顾客要求时实施，这些是前提条件，所以持续改进是好上加好。持续改进的空间很大，能使产品的品质精益求精，使过程效率更高，使成本进一步降低，使组织的资源（人财物）更能充分发挥效益。

应用要点

形成持续改进的过程文件。重点放在减少过程变差和浪费的制造过程改进行动计划，可以从点持续改进和系统持续改进两方面展开。

改进过程中进行风险分析控制和管理改进过程中的风险。

该条款存在的管理价值

1）持续改进有助于减少过程变化、减少浪费、控制风险。

2）持续改进是好上加好，持续改进永无止境，只有开始没有结束，永远在路上。

该条款主要涉及哪些过程

所有过程。

ISO/TS 16949：2009 条款内容

8.5.1.1 组织的持续改进

组织应确定一个持续改进的过程。

8.5.1.2 制造过程的改进

制造过程改进应持续地关注于产品特性及制造过程参数变差的控制和减少。

注 1：在控制计划中将受控特性形成文件

注 2：持续改进是当制造过程有能力且稳定或当产品特性可预测且满足顾客要求时实施的。

新旧版本差异分析

1）新增减少过程变差和浪费作为制造过程持续改进的重点。

2）要求制造过程有“统计”能力，突出量化要求。

转版注意事项

持续改进必须作为一个形成文件的过程实施；形成组织持续改进的清单和改进跟踪管理，并强化持续改进的目的，从减少变差和浪费。

汽车行业运用最佳实践案例

某公司通过 QCC 品质圈、精益活动、6 西格码活动或提案管理制度的方法，每年制定持续改善的计划并按计划实施。项目完成情况通过各种看板、报告等形式展示，如下图所示。

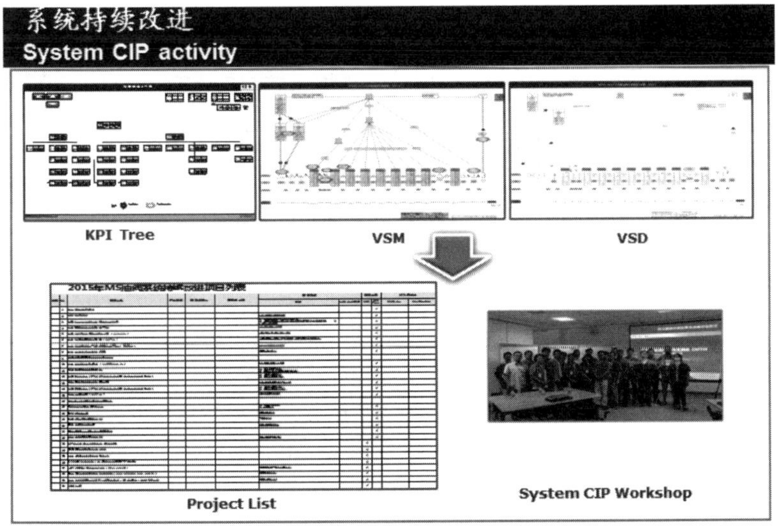

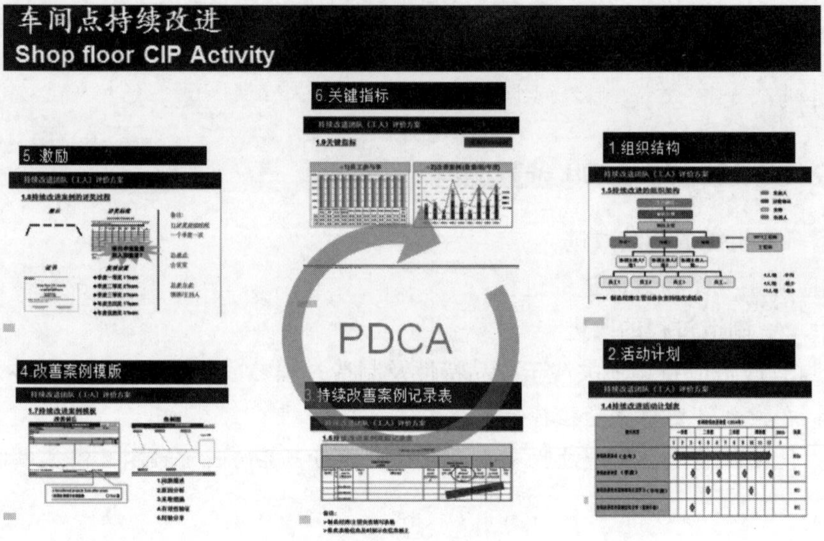

组织运行时常见失效点及可能的应对措施

常见失效点	可能的应对措施
1）没有策划持续改进的过程文件 2）未对组织持续改进进行有效管理和跟踪 3）制造过程的持续改进未突出减少过程变差和浪费的重点，效果没有量化等 4）未对持续改进的活动进行风险分析	1）形成系统性持续改进的过程文件 2）过程策划时应建立组织持续改进的管理机制、表单、责任人、定期跟踪进度等 3）所有持续改进项目需要明确项目目标，项目目标应符合 SMART 原则，能体现效益，效果能量化 4）所有持续改进项目在改变过程要素时，均需要进行风险分析，根据需要按照 ECR 进行管理

管理工具包

精益生产中的系统持续改进和现场点持续改进机制，DOE，SWOT，CPK，SPC，KPI 等。

通过认证所需的最低资料要求

文件：有一个文件化的持续改进过程，可以单列或并入其他文件中。

记录：持续改进项目清单、持续改进项目资料、持续改进项目风险分析、持续改进项目评价表。

后　记

用系统的思维去聚焦一点的精准。打造工匠精神从践行标准开始。

——道尔（中国）有限公司　全晶丽

谨以此书为读者在推进标准化的道路上抛砖引玉。愿所有学习和践行标准的人士，励精图治，为中华民族的质量管理体系培养星星之火。

——上海毓恬冠佳汽车零部件有限公司　刘　威

相信标准，践行标准，依托标准，接受监督，自我完善！

——弗兰德机电传动系统有限公司　杨　君

一个负责任的体系人员，需要面临的是继续遇山开路、遇水架桥。我们需要有一颗坚韧、果敢的心。

——健鼎电子有限公司　刘喜丽

管控和预防风险，理解并落实顾客特殊要求，过程的方法建立体系，运用五大核心工具解决问题，所有这一切都是IATF 16949标准带给我们的。愿所有质量人继续用好这一黄金标准，做各自领域的质量守护神。

——道达尔（天津）工业有限公司　杨　静

IATF 16949是汽车工业质量管理的精华。让每一个过程拥有者真正理解过程目标和方法，结合组织实际深化落地，在落地实践中体现标准的力量！

——无锡威孚高科技集团股份有限公司　魏江涛

适宜的即是最好的。根据企业运行环境量身打造的管理体系，才能真正为企业的发展保驾护航！

——宜润邦科技（天津）有限公司　董　伟

人力资源是企业创新和发展的不竭动力！践行标准，任重道远。

——资深HR经理　温爱军

学习、分享、交流、感悟，成长的路上感恩有你的陪伴，标准中我们寻找各自的身影。

——天津森博智睿企业管理咨询有限公司　天马行空

企业推动IATF 16949，除了让各流程紧密连接、不断追求零缺陷外，也让高阶主管审视各流程绩效，提供必要的资源。从上而下，从下而上，环环相扣，缺一不可。想要公司运营再向上精进，那么好好研究这本“蓝宝书”是你最佳的选择。

——台湾晶技股份有限公司　林佳燕

企业应时刻以清醒的头脑看待汽车质量管理，永远不忽视质量管理中的任何环节，满足顾客要求的同时不断地持续改善！

——天津普兰能源科技有限公司　单庆文

质量认证是市场经济条件下加强质量管理、提高市场效率的基础性制度。站在顾客角度思考汽车行业的特殊要求，通过对标准的学习和应用，促进汽车供应链各级企业的质量经营。

——北汽福田汽车股份有限公司　刘小力

质量管理是一个系统工程，需要我们全体人员的热情参与以及积极努力。我们需要全面的质量。

——无锡贝龙机械科技有限公司　倪晓群

汇集诸多专业人士编写的“蓝宝书”不只是为了解读标准，更重要的是让企业把标准与业务流程整合，持续改进，强调缺陷预防，减少变差和浪费。

——道尔（中国）有限公司　沈思华

IATF 16949是汽车行业不同组织共同的“语言”，是我们交流的工具，也是我们汽车行业最基本的管理工具。

——上汽通用东岳汽车有限公司　王　强

IATF 16949标准是工具。不要将“工具”变成“利刃”，来刺伤企业、拖累企业。本书教我们如何利用IATF 16949标准这个工具，更高效地管理企业。

——天津博顿电子有限公司　董　雪

通过实践世界汽车行业的标准IATF 16949，有助于企业建立有效的、切实可行的控制程序和方法，实现自我检查、发现问题、寻求改进、自我完善的管理机制，从而提高企业产品的市场竞争力，增强生存力。同时体现了企业与时俱进、对市场变化做出快速反应的意识。

——河北长安汽车有限公司　闫东明

标准引领做强中国制造，愿我对标准的解释、解读能帮您实施、实践标准。

——河北钢铁集团唐山钢铁集团有限责任公司　林少田

产品质量是最诚实的，阐述着一个组织对诚信、责任的践行。体系标准为组织持续发展提供了方法指导。

——长城汽车股份有限公司　张　松

企业的生存和发展与风险、机遇同在，我们应当以专业、认真、负责的态度砥砺前行。执行标准、注重过程、活用方法，提升风险和机遇的应对知识、确保管理体系运行有效、合规，我们有着不可推卸的责任和义务。伴随新起点、同奋进、共筑梦！

——英德奥克莱电源有限公司　谢续记

标准是无数成功企业管理的智慧结晶，是组织获得永续经营的制胜法宝，精读实施指南将助力企业走在卓越运营的道路上。

——广州安飞诺电子有限公司　杨　琴

让质量管理体系成就企业卓越运营，必须敏捷适应多变的市场经济环境，才能保持企业的持续发展，提高企业的市场竞争力！

——瀚德（中国）汽车密封系统有限公司　纪兰洁

解读标准，为了使用者更好的践行；用好标准，促进使用者助力企业管理提升。

——河北中亿永兴工贸有限公司　陈连杰

想要获得客户信赖很容易，那就是做客户认同或者客户也在做的事，并且把这些事做得更全面、更落地。“蓝宝书”集合了众多专家的宝贵实务经验，仔细研究“蓝宝书”，您对IATF 16949的认知与功力将获得大幅提升；好好落实“蓝宝书”，您公司将远远超越竞争对手。

——宗达企管顾问有限公司　江名宗

品质是价值和尊严的起点，更是企业生存和发展的命脉。只有建立稳健的并且与自身业务相匹配的质量管理体系，才能够将企业的品质文化内化于组织的全员参与，外化于企业的变革创新，为企业提供源源不断的发展动力！

——宁波吉利罗佑发动机零部件有限公司　刘永生

一群质量爱好者在一个机缘巧合的情况下共同编写了一本关于如何理解贯彻并实施IATF 16949新标的书籍。希望对所有对此标准有兴趣的朋友们有所帮助。大家一起学习，共勉之。

——盖尔领汽车部件（苏州）有限公司　潘　蕾

IATF 16949：2016从战术方法和战略方向上再次突破性修订，根据内外部情景变化采用风险思维将汽车质量管理要求提升到与时俱进的同步高度，不仅考虑事情活动，而且在务实和务虚层面上更加全面和明确要求。它进一步拓宽了汽车质量管理系统的有效手段和方法。

——湖南裕丰紧固件有限公司　熊正武

IATF 16949汽车业质量管理体系标准，是汽车行业的生命。把汽车质量管理作为企业管理重中之重，开拓市场，作为质量保证的标志有助于企业获得客户的信任，参与国际竞争，预防质量事故，防止漏洞，降本增效，改进产品和质量过程，减少生产变差，提高整体效率，为企业竞标全球性汽车采购合同提供附加信誉，为汽车供应链提供全球统一的质量体系方法，获得汽车行业的最佳实践。

——深圳睿智恒信管理咨询有限公司　邱　丰

销售是企业的敲门砖，质量是企业的生命。让我们运用质量标准为提高公司的质量管理水平和企业的可持续发展做出贡献！

——弗兰科希管件系统（上海）有限公司　陈　燕

指导企业用简单适用的方法推行IATF 16949，不仅是完成认证，而且是帮助企业提升内部管理，这才是本书的目的。在内容中对新版IATF 16949的标准原文做了详细的解说，同时通过以往的经验，指出了推行中可能出现的错误或问题点。其中重点讲了IATF标准的要求如何操作，如何编写文件，每个过程要做哪些动作，如何内审及管理评审，目的是帮助大家很好地了解新版IATF标准的重点和关键点。文件是标准，需要根据企业的实际量身定做，这也是影响体系推行效果的主要原因。也希望大家能从本书中找到答案，持续改进，精益求精！

——戴姆勒大中华区投资有限公司　蔡　彤

质量管理体系的思维应该在每个公司的每个员工中得到普及。

——东风本田汽车有限公司　周瑞之

以标准保证质量，以质量提升品牌。

——北京现代汽车有限公司　张　弛

标准是衡量异常有无的尺子。没有这把尺子，改善就无从谈起。没有改善，企业就没有发展。

——同方环球物流有限公司　张立强

体系的践行不能只停留在“知道”，更需要“做道”，才会真正“得道”。

——威廉姆斯（苏州）控制系统有限公司　王晓微

质量是企业的生存之本，流程体系运用好坏决定着企业在未来激烈的市场竞争中的命运。

——吉利集团供应链质量与工程中心　郑文杰

结合汽车行业的发展趋势，编者对新版IATF标准给予了非常专业的解读。通俗易懂、具体实用，值得学习、收藏和践行。

——奇瑞汽车股份有限公司　刘克勤

质量是企业真正的竞争力和生命线，本书阐述了如何在生产中打造和控制质量，为撬动汽车质量管理打开了一扇大门。

——天津一汽丰田汽车有限公司　石春利

质量管理的关键是质量策划的正确性、员工的执行力、领导的监督作用和员工的责任心，这样才能使质量管理体系有效落地。

——奥科宁克（秦皇岛）铝业有限公司　张少瑜

汽车行业质量管理体系是基于工具运用实现系统思维的管理工具。它不仅可以帮助我们在工作中规避风险，也帮助我们让生活更精彩。

——袁亚红

“蓝宝书”是我参与编写的第一部体系书籍，希望通过此书将我所学、所感、所用的体系工作经验分享给大家，希望能够给大家一些帮助和分享！

——朱　琦

古人云：以铜为鉴，可以正衣冠；以人为鉴，可以明得失；以史为鉴，可以知兴替。以标准解释和实践操作结合而成的“蓝宝书”，为从事组织管理工作者，提供了一面可以检视及对照的镜子。

——陈明珠

日积跬步，必至千里；日积小流，必成江海。

——鲁亚珍

汽车质量标准对汽车行业人来说不可或缺，它起着指导、提醒且伴随的作用。希望我们能更好理解标准、执行标准。让我们汽车行业越来越好！

——刘晓艺

质量管理体系的真正落地，需要从领导做起，全员从“心”做起！

——许　明